现代图情评论

| 第 1 辑 |

朱晓江

主 编

杭州师范大学图书馆（学术期刊社）

主 办

商务印书馆
The Commercial Press

发刊词

　　江南四月，草木葱茏，生机勃勃；而时代大势，亦挟技术变革之动能，迅疾演进，一如钱江潮水之咆哮奔腾，气象磅礴，形态万千。现代图情工作，亦在此时代大潮之裹挟下前行，其势或稍趋平缓，然偶一驻足，返身回望，辄其前后变化，亦不可谓不大。浙江，素称文物之邦，有天一阁、嘉业堂等传统藏书楼，又有浙江图书馆等现代文教机构，图书文化事业，赓续绵延。当此之际，杭州师范大学图书馆决意发起创办《现代图情评论》，以先贤投身图书文化事业之精神为感召，立足当下，瞻望未来，集合同人，研究学理，探讨问题，而谋求共进。兹将本刊发稿宗旨及编辑原则陈述如下：

　　其一，本刊以促进现代图书馆工作发展为宗旨，理论与实行并重；

　　其二，本刊对于来稿持开放态度，形式非必论文，话题无分古今，而立场可兼技术人文，举凡关心现代图书馆发展且言之有物之文稿，皆在欢迎之列；

　　其三，本刊发稿，期以促成图书馆界、学术界、教育界及相关企业、平台融合互通之势，打破学科畛域，而以更大视野看待现代图书馆事业之发展；

　　其四，来稿以具前沿性、针对性、交叉性为佳，字数不限，力求文质兼美；

　　其五，本刊视情况每年出版 1—2 期，每期约 30 万字。

　　祈请各界同人赐稿，我们无任期待！

目 录

专题
现代图书馆的功能变化与发展转型

目录

论衡

史料

对谈

谶纬人生

吕宗力先生访谈记

报告

杭州师范大学图书馆 2023 年度文献资源建设分析报告

现代图情评论

第1辑

专题

现代图书馆的功能变化与发展转型

编者按

21 世纪以来，随着数字技术及其应用的日益成熟，传统图书馆的组织架构、运行状态及其功能面向，都在发生相应变化。如何应对这些变化，推动现代图书馆事业的发展，并更好地服务社会与研究工作，成为当下图书馆界一项亟待开展的工作。以此，本刊特组织"现代图书馆的功能变化与发展转型"专题讨论，邀请图书馆业界、学术界及相关学术资源平台的专家、学者，共同研讨。本期编发的 6 篇文章，都是作者们长期思考的结果，可供业界参考。我们也期待有更多关心现代图书馆事业发展的专家、学者，能加入到我们的讨论中来，我们将持续关注、刊发相关的意见与研究。

教育数字化背景下
高校图书馆的定位与转型 *

陈　凌

数字化时代，整个社会都要重新思考自身的价值和定位。对于高校图书馆来说，这样的思考，需要结合教育数字化背景下的数字化转型来加以理解。

数字化转型的意涵

我们正站在数字时代的"门口"。人类社会发展到现在，已迈入工业 4.0 或后工业时代。所谓工业 4.0，是指在前面几次工业革命基础上叠加了包括人工智能、能源、生命与空间等各方面技术的第四次工业革命。这些变化将对社会进行全面重塑，我们的生活、工作、学习等各方面也都将因此而发生剧烈的变化。国家很早就预见到这样一个时代的来临，"十三五"规划时便已经开始全面布局，数字中国、数字经济等一项项规划陆续推出，而其中核心的一点就是全面的数字化转型。

* 陈凌，北京大学图书馆研究馆员、教育部高等学校图书情报工作指导委员会秘书长。
本文根据作者 2024 年 3 月在杭州师范大学图书馆主办的"现代图书馆的功能变化与发展转型"论坛上的发言录音整理而成，并经作者审阅校订。

怎么来理解这个转型呢？实际上，数字化转型的实质在于颠覆与重构。我以油车为例，略作说明。油车发展了上百年，有相当多成熟的技术（如发动机、变速箱等等），形成了众多的专利壁垒，想要赶超是很难的；再者，油车的发展本身也到了天花板，很多方面再难做出突破。但是，我们完全可以在一个新思路上去做，新能源车的出现就是一种彻底的颠覆。这是数字化转型给我们带来的启示。新能源车完全可以成为"第三生活空间"，它有无限的、可扩展的应用可能性。也就是说，尽管都是车，形状上看起来都差不多，新能源车却跳出了基本的代步功能——已经翻过一座山，或者说突破了油车的天花板——有了更大的发展空间。

习近平总书记在中央政治局第五次集体学习时强调："教育数字化是我国开辟教育发展新赛道和塑造教育发展新优势的重要突破口。"[1]这就要求我们不再亦步亦趋地跟着国外大学教育发展的历程，而是要利用数字化手段找出新的途径，走新的赛道。就像新能源车不是在油车技术的基础上做进一步的改进和提升，而是采用新的技术路线，实现油车的代步功能的同时，通过数字化手段赋予它更多的能力。教育数字化转型也是一样（《教育部 2022 年工作要点》正式提出要实施教育数字化战略行动）。在这样一个背景下，图书馆人，尤其是高校图书馆人，就不可避免地要去思考这样的转型。

1　《习近平主持中央政治局第五次集体学习并发表重要讲话》，中华人民共和国中央人民政府网站，2023 年 5 月 29 日，https://www.gov.cn/yaowen/liebiao/202305/content_6883632.htm?eqid=abb8fc20000416fe000000046486ae53。

数字化转型的战略意义

北京师范大学黄荣怀教授、杭州师范大学杨俊锋教授曾经合写了一篇文章，叫作《教育数字化转型的内涵与实施路径》，里面谈道："教育数字化转型的战略意义与数字中国、数字经济同脉，是教育主动适应新一轮科技革命趋势，从数字社会角度重新思考人才培养规格，优化和升级数字化学习环境，变革教学和评价模式，推动体制和机制创新，建立适应智能时代的包容、公平、绿色、高质量和可持续的智慧教育体系，完善时时能学、处处可学、人人皆学的终身持续学习体系。"[1] 2022 年，教育部发布《无限的可能：世界高等教育数字化发展报告》。在这个报告里，我们读到一个信息："重构"，即对教育的新生态、新模式、新流程的重构。

针对即将进入的数字时代，整个人才培养以及教育体系应该怎样构建？这里面，可能涉及很多概念——数字化转型、数字化转化、数字化升级等等。这些概念，是从国外引进的，最早由 IBM 提出，现在图书馆做的许多事情，其实都是在做数字化升级。回过头来想想，这些年我们做了这么多的工作，引进了这么多的智能化设备、数据库系统、应用软件系统等，图书馆从本质上有什么改变吗？仍然是以采、编、流为基础，只不过图书馆员的工作从最早的收索书条，到后来开放书架直接帮读者取书，变为现在的自助借还，读者不需要到出纳台和馆员打交道了而已。但是，这在本质上有变化吗？没有！它只是把每一

---

[1] 黄荣怀、杨俊锋，《教育数字化转型的内涵与实施路径》，《中国教育报》，2022 年 4 月 6 日第 4 版。

个业务流程，用计算机的手段重新梳理，提高了效率罢了。图书馆的整个业务流程没有质的变化。现在的数字化转型就在要求我们思考未来时代是怎样的。

过去的修道院图书馆也好，藏书楼也好，都是以藏为主；而公共图书馆体系的建立，是一个真正的模式转变，它首先是思维上的转变，思维上的转变引发了后面一系列的变化。同理，现在我们说要数字化转型，但还没有哪个图书馆，至少我还没有看到哪个图书馆真正做到了数字化转型。呼吁了那么多年，我们实际上做的还是数字化升级。真正的转型，一定要有新的思维方式。我们需要重新思考面向未来的、面向整个未来社会生态的数字化转型是什么样的，需要一个全面系统的、整体性的思维，以及一个数字化的思维来实现这个转型。

所谓数字化思维，是指在数字化环境下进行思考和决策。它强调利用数字技术和数据分析手段，快速获取、整合和分析信息，以更加有效地解决问题和推动创新，是一种包括多种思维模型和方法的综合性思维模型。数字化思维是一种变革的思维，即以数据、数字技术为驱动力的组织变革和个人变革的思维。当说到要转型、提升，我们有转型的目标，然而，用什么方式来实现呢？这就需要用数字化思维。但是，更重要的还是应该回到图书馆的定位，因为如何转型、转型成什么样，核心还是在于我们对自身的定位。

高校图书馆的转型缘由

教育部高教司领导曾经和我谈到，图书馆历来是信息化建设的先锋，现在却落在了教育信息化的后面，或者说偏离了教育现代化、教育数字化的发展。其根本原因是什么呢？我服务于图书馆工作已经20多年，我的一个感觉是，我们的图书馆都是在自身层面上努力，缺乏从更高层次（学校发展、教育发展）上来思考或定位图书馆的发展。据说爱因斯坦曾说过，同一层面的问题，不可能在同一层面解决（即我们无法用提出问题的思维来解决问题），只有在高于它的层面才能解决。我认为，现代图书馆的发展已经到了一个瓶颈，很多问题不可能通过图书馆自身来解决。我们必须突破，突破图书馆的边界，甚至突破教育的边界，从人类社会的整个发展来看，我们这个行当应该去做什么！我们需要回过头来审视，图书馆的核心价值在哪里。

关于这点，其实有相当多的描述。我不是图书馆学出身，但我觉得阮冈纳赞《图书馆学五定律》代表了一部分图书馆学的价值观。其最核心的，尤其在现在还能够被用户普遍认可的，我认为只有一个：节省读者的时间。如果提供的服务不能帮到读者，那我们所做的工作有什么价值？百来年前"图书馆学五定律"的提出，实事求是地说，也是一种观念上的转变，我们不是把书藏起来——多说一句，现在还有这种余毒，有些图书馆对待古籍，还是把它当成自己的东西藏起来，觉得这是我的自留地，不肯开放使用。在这一点上，复旦大学图书馆做得很好，它在全国率先开放古籍使用，实现共享。

过去，因为信息不畅，我们确实需要一个图书馆，尤其是一个贴近教员、学生的图书馆，不让他们花大量时间到处找东西。我们把这些东西搬到图书馆来，利用有限的精力与能力，使"每位读者有其书""每本书有其读者"。图书馆通过科学化的排架管理，编撰二次、三次文献，节省读者的时间，让他们很方便地找到这些东西，所以图书馆不可或缺，甚至可以说，只有一流的图书馆才能支撑起一流的大学。但是，现在这个时代，获取信息的渠道很多。极端地说，一些前沿的学术领域，其很多信息图书馆甚至都不掌握；即使学者获得了相关有价值资源的信息，也不再像过去那样向图书馆推荐，通过图书馆去帮助他获得，原因就在于，他们有太多的渠道去获得这些信息了。这一现象背后折射出图书馆服务的滞后。比如相当多的新书从到馆到真正上架并能够借阅至少要几个月，就这几个月的时间差，削弱了图书馆存在的价值，甚至意义。有的人说，买数字资源嘛！那是不是专门成立一个这方面的采购小组就可以了？我想说，那图书馆用来干什么？图书馆的价值体现在哪里？我们的本质是信息服务，是为读者提供信息服务支撑的。这个信息服务支撑在于，帮助读者节省时间。ChatGPT 为什么受欢迎？不是因为它给你提供了原始资料，而是因为它给你做了一个加工。它是一个工业品，有很多附加值。所以我认为，图书馆存在的核心价值之一就在于我们能够帮读者节省时间。

那怎么才能帮助读者节省时间呢？其实不管是现在的教育数字化还是未来的教育改革，一直在强调的都是"以学生为中心"。未来大学的核心特征就是"以学生为中心"。我国现在已经达到了普及化教育阶段，毛入学率不断提高，2022 年是 59.6%，今年超过了六成（60.2%），那么自然要思考：怎么才能够让那些更加优秀的人，或者未来可能会引领发展的领军人物，有一个更好的成长空间。现在的人才培养模式、教育教学改革等各方面应该全都围绕这一点来展开思考。高校图书馆不同于公共图书馆，是从属于所在大学的二级机构，其价值实现是体现在学校的价值实现之中的。节省读者的时间，其底层逻辑在于对学校人才培养、科学研究等方面的提升。

高校图书馆的前进方向

未来的学校是什么样的呢？如果说是"以学生为中心"的，那么构建一个学校体系，其实相当于提供各种资源设施，学生在这个空间里面生活，可以"呼叫"各种资源。这个时候，学校教学中心的资源、学生自主学习的资源，甚至科研中心的资源都是围绕培养学生来安排的。我当年在系里也曾管理过国家实验室，我就想，我们是不是能把学校在开展的一些研究课题，以及重点实验室做的部分实验公开，让学生可以来参观、去参与。他们将来可能也会进入这些领域的研究，可以把学习到的知识关联起来，这就能够使他们更好地去理解知识应该怎样构建以及激发他们的兴趣。学校所有的资源都是教学资源，研究室也是教学资源，那么把课题开放，谁感兴趣，都能来观摩、体会，也是一项教学。

图书馆是什么？高校图书馆的核心是什么？就是提供学术信息服务。高校图书馆的本质和公共图书馆是不一样的，我们要提供学术信息服务。在信息不畅的时候，在计算机网络发展起来之前，高校图书馆和公共图书馆从专业上来说，从业务流程上来说，从形式上来说，基本一样，只是提供的资料不一样，相似度可能在百分之八九十。但是随着进一步发展，我觉得，高校图书馆和公共图书馆在信息组织管理专业技能上仍是一样的，而其他方面会越走越远。所以，如果重新来思考，我大胆地说，高校图书馆不是一个纯粹的图书馆。图书馆是生产资料，我们图书馆人是在利用生产资料，利用我们的能力，即我们的生产力，把它变成服务产品，去支撑、服务于学校所有的以人才培养为中心的体系。高校图书馆是提供学术信息服务保障的体系——

一种服务性而不是馆藏式的保障。作为一个专业的团队，我们图书馆人最有资格承担学校学术信息的保障与服务，即作为主要责任者、统筹建设者和运营服务主导者。图书馆不能只把自己定位为后勤服务式的辅助单位，而要考虑到自身作为重要的育人机构和场所，是高校育人体系中的一个重要组成，在学校育人体系和模式中，扮演育人辅助、育人伙伴和育人主体三种角色。

王余光教授谈到，高校图书馆更多的是学校文化建设的场所，给学生一种潜移默化的熏陶，在他们的成长过程中留下美好的、值得怀念的东西。但是我想每个时代给各自的学生留下的校园记忆，包括对图书馆的回忆，都是不一样的。在以纸书为主的时代，楼宇（图书馆本身）确实给大家留下了深刻印象，但现在模式更多元了，特别是数字阅读（包括融媒体等各种形式），给我们带来的不是纯文字的、印在书上的图像，而是体验。从这个意义上来讲，我们就要思考图书馆场所的变化。现在很多学校已经逐渐把图书馆的空间和学校的智慧教室空间、师生活动空间，甚至是餐饮空间融合在一起。北大有些食堂从早上一直开到晚上，学生会在那儿自习，食堂也成了学生的学习场所。校园内不同的场所空间都在争夺学生，我们应该统筹考虑，图书馆的空间应该变成什么样？图书馆应该不只是简单地提供资源服务的场地，而应该是一个育人场所。例如，现在图书馆多多少少都掌握了一些数字资源，那么能不能开发一些平台，把它变成一个实训的场所，让学生学习课程的时候能够充分利用这些数据库，不断训练他们的能力。

在这种情况下，我们图书馆人一定要去思考一些问题：用各种技术手段不断武装自己，把功能做得全而又全、大而又大，有用吗？

图书馆现在有无数的功能，但都真正地被读者接受了吗？所以现在要做的不是盲目追求上很多的系统，而是思考——我们究竟要为读者做什么，怎么被需要，怎么才能有用。北美的图书馆提出一个观念，即如何把图书馆从一个学校的内部知识服务提供者转变为一个教育生态中有着最丰富资源的学习、研究合作伙伴。知识服务提供者是后勤，伙伴的意义则是"特种兵部队"中不可缺少的一员，无法被随便替代。

所以，我们图书馆人是不是应该思考，在新的时代，尤其是在素质教育、通识教育等方面，我们究竟应该承担什么责任？我觉得：第一，育人辅助。这是传统的角色，我们还需要对它做进一步的升级，以做得更好。第二，育人伙伴。相当于"产业升级"，就是说我们怎么成为教师、研究者的伙伴。第三，育人主体。图书馆不仅仅是服务场所，同时也是由专业馆员团队主导的"学堂"和"实训基地"，它可以填补学校育人环节的空缺、丰富完善学校育人体系。这是我对图书馆应该怎么在大学里重新定位的思考。

高校图书馆的转型难点

其实，就算我们看到了未来的方向，图书馆发展仍面临着巨大的难题。靠买进各种工具来改进某一环节的方式，我认为已经到天花板了，上不去了，无法突破。另外，有些图书馆专业技术人员、资金、能力等有限，走不了大馆的发展道路，也必须找到新的发展模式。随着业务链、知识链越拉越长，服务面也越来越宽，加上事业编制会进一步压缩甚至可能取消，人才流动加剧，经费增长缓慢，甚至赖以

"安身立命"的资源——正式出版物也有了新变化（其实说极端一点，现在一些图书馆纯靠买数据库也能做下去），所以在这种情况下，图书馆更需要做出一些改变。

首先，需要重新改变资源建设观。拥有正式出版物已不是当前图书馆学科服务的核心竞争力。墨尔本大学重新对"学术信息"（scholarly information）进行了定义，用这一概念替代传统的"图书馆资源"（library collection）："一种由全校各方创建和分享的日益重要的财富"，至少包括四个类型的信息与收藏，"（1）学者在学习、研究和教学中利用的出版信息与资源；（2）以教学为目的创作的各种类型的资料；（3）在研究过程中创建的信息，比如研究数据、学术会议记录、与合作方的谈话与备忘等；（4）研究成果"。[1] 其中第二、第三条就是说学校在研究、教学过程中所产生的资料都应该成为学术信息。这就不再是传统的正式出版物了。

其次，需要思考如何建立大馆藏体系和如何去服务。我们需要把自己的基础梳理清楚，轻装上阵。只有把这些最基础的东西捋顺了，才能实现真正的转型。而这就需要我们高校图书馆做出调整，把和公共图书馆共性的东西标准化、规范化，靠社会化分工，减轻图书馆的负担，专注于进行知识升级，去做更高层次的服务。这样才有价值。如果仍然被这些共性的东西拽着，我们就没法往前走。除此之外，外包托管的形态也会发生变化，我们就得进一步去思考、去了解。例如，如果要搭建一套技术路线，那么这套技术路线就要能够真正解决图书

1　聂华，《转型中的澳大利亚大学图书馆：重新定位、重塑功能、重现价值》，《大学图书馆学报》，2017年第6期。

馆走向未来发展时所面临的问题，并且它必须是开放式的、动态的、可局部调整的，即滚动式发展的，不用动不动就得换一个系统。而作为图书馆人，我们要去关注这个技术路线的建构，积极参与、共同推动新的业态生成，有了新业态的支持，图书馆才能够完成转型。

创新 & 回归？ *

面向未来的大学图书馆使命再思考

叶艳鸣

在迈向中国式现代化新时代的征程上，以教育数字化为核心的教育现代化变革如火如荼。为适应新的变革，大学图书馆不断创新发展，做着许多未曾做过的事，进行着从传统向数字化、智慧化转型的探索。大学图书馆的定位到底是什么？图书馆该向何处转型？这是当今图书馆需要回答的重要课题。

讨论现代图书馆的功能变化与发展转型，首先需要认识的是：现在图书馆的"型"到底是什么？从学术的角度，或者从图书馆自身发展的角度，人们把图书馆划分为第一代图书馆、第二代图书馆，现在又有人说新一代图书馆已经来临，那么，在这一更新迭代的进程中，图书馆的"型"究竟发生了什么变化？我们需要在这一问题上有个基本判断，才能清楚路在何方，又该走向何方。

* 叶艳鸣，中国索引学会副理事长、超星集团副总经理。

本文根据作者 2024 年 3 月在杭州师范大学图书馆主办的"现代图书馆的功能变化与发展转型"论坛上的发言录音整理而成，并经作者审阅校订。

大学与大学图书馆

从最本质的角度去分析大学和大学图书馆的定位，图书馆人都会想到著名的"图书馆学五定律"。在阮冈纳赞关于图书馆核心定位的五条定律中，有两条是最关键的：

第一，它是围绕着"书"展开的，"读者有其书"是它的根本出发点。离开了"书"，这个机构可能是网络中心，可能是网上的继续教育学院，也可能是一个公共空间。而作为一个社会分工中独立出来的专门机构，图书馆可以存续至今，正是因为它负责为人类文明发展收集、提供海量的文献信息资源。尽管读者可以靠个人能力获得一定的文献，但只有图书馆才能帮助读者用最短的路径、最便捷的方式、最少的成本去得到几乎所有资源。图书馆的这一社会职能是它得以存续的动力。

第二，它是围绕着"用"展开的，即"书是为了用的""书有其读者"。书是为了用的，这是非常重要的思想。过去虽然图书馆也很强调利用，讲了很多的理念，甚至把书的借还率作为考核指标，但"借"和"用"之间还是有差别的，"借"了未见得就"用"了。实际上，读者到图书馆，除看馆内藏书外，还可能是来上自习、讨论甚至是漫无目的发呆的，这就是今天的现状。

现在对图书馆"型"的理解被固化成了一个行业的概念。在《普通高等学校图书馆规程》（2015）里，高校图书馆的定义是学校的文献信息资源中心。这就是所谓资源中心的定位。正是基于这样的认识，在教育大发展的时代，为学校教学科研提供坚实的文献信息资源保障一直是高校图书馆不懈奋斗的目标。经过几代图书馆人几十年奋斗，今天的大学图书馆已经拥有 12.57 亿条堪称海量的文献资源基础，这是最优质的学术资源。如果把这 12.57 亿条学术资源换算成页数，我们拥有的资源总量可能已经超千亿页了。

海量的文献为"辨章学术、考镜源流"奠定了坚实的基础。比如，研究"人的本质"时，可以从非物质文化、思想政治教育、价值观、主体理论等方面着手；可以有马克思主义、费尔巴哈派、亚里士多德派等相关观点；也可以从时间上，看过去是怎样研究，现在又是怎么研究的；甚至可以看到哪些权威的人、哪些代表性的观点是怎么看人性的本质的。海纳百川、兼容并蓄地站在前人认识的基础上才可能有全面、创新性的研究。《礼记·中庸》有云："博学之，审问之，慎思之，明辨之，笃行之。"所谓"博学之"，就是需要广泛涉猎前人相关成果；所谓"审问之""明辨之"，就是得系统、全面地比较、甄别出真伪与价值，在思考与批判中明辨是非，最后才能够踏踏实实地做学问。用一句时髦的话来讲，你得有足够的语料！这就是图书馆存在的价值。要达到这样的海量资源，只有图书馆能做到。

显然，这样的知识创新路径，除了需要海量资源的支撑，掌握对这些资源的筛选、甄别、取舍、吸收和利用的能力才是最重要的。从这个意义上，要找好图书馆的定位，图书馆馆长首先得是思想家，其次还应该是教育家。1921 年爱因斯坦在波士顿答记者问中说："大学教育的价值并不在于学习许多事实，而在于训练如何思考。"[1] 在人工智能、信息技术日新月异的今天，等到"脑机接口"技术可以把图书馆海量资源以芯片方式植入人的大脑时，图书馆还能干什么？这是我们要思考的问题。

1　沃尔特·艾萨克森，《爱因斯坦传》，张卜天译，湖南科学技术出版社，2012 年，第 264 页。

还是爱因斯坦所说，"学校的目标应当是培养有独立行动和独立思考的个人"。[1] 换句时髦的话来说，图书馆要提供的不仅仅是原料，更是用这些原料训练出的超强的"算法"。算法，才是智慧。正是在这个意义上，杜威说："学校所能做或需要做的一切，就是培养学生思维的能力。"[2]

从教育的本质来看，1972 年联合国教科文组织在《学会生存——教育世界的今天和明天》中就明确提出，教育在历史上第一次把为一个尚未存在的社会培养新人作为目标。意思就是说，教育的目的不是针对今天，而是面向未来的。这就是所谓"教育面向未来"的思想。

什么是大学教育？北京大学的钱理群教授说，大学教育就是爱读书的校长和爱读书的老师带着一群学生读书。我的理解，教育的实质就是老师带着一组学生精读一本本书，讨论一个个难点，并梳理知识发生发展的内在逻辑。用一本本教材、一门门课程去训练学生掌握学习知识，读懂知识，养成自我未来学习的能力，这才是大学的根本。

参照这样一些认识，我认为大学图书馆真实的价值不仅仅在于能够提供多少书，更在于提供语料——在图书馆这个高能多模态大模型训练器里训练出学生学会读书的能力。图书馆应该把这个定位找回来，这才是大学图书馆存在的根本价值所在。

但是现实很骨感，我们现在的"型"是有短板的。在高校图书馆的定位中，实际上缺失了"学习"作为职能的使命定位。这就是新时代图书馆转型需要解决的重大课题。

1　许良英、赵中立、张宣三编译，《爱因斯坦文集》第 3 卷，商务印书馆，1979 年，第 143 页。
2　赵祥麟、王承绪编译，《杜威教育论著选》，华东师范大学出版社，1981 年，第 180 页。

悄然发生的变化

在这样的前提下，图书馆面向未来发展，无论是观念、体制，还是资源体系、服务体系、组织架构、业务流程，都需要全面的创新变革，这就是转型。而这样的变革有着深刻的外部和内部环境的强力推动。

第一个推动力是外部环境。在全面建设社会主义现代化强国，实现第二个百年奋斗目标，以中国式现代化全面推进中华民族伟大复兴的精神指导下，中国高等教育正发生着深刻的变化，即从过去规模化扩张的大众化教育走向全面高质量提升的世界一流大学教育。在规模化扩张阶段，师生数量的快速增长必然导致资源需求总量的急剧增加，图书馆的发展中心也必然倾向于解决供给侧保障的问题；而建设具有一流水平的高质量大学教育体系，关键是着力于学生协作、探索、创新学习能力的培养。因此，大学图书馆的定位也将从资源中心走向面向未来的学习中心，相应地，图书馆也就应该成为"创造未来"的学习中心。

第二个推动力是内部环境。在以教育数字化为核心的变革中，无论是教育形态还是学习内容，都正发生深刻的变化。随着慕课学习和现代网络教学的广泛普及，传统课堂学习的内容发生改变。一门课，教师围绕每一个知识点，通过大纲、视频、课件、试题、教学参考等，源源不断地为深入、系统学习提供丰富原料。这些学习原料主要靠图书馆提供，教师和图书馆都将成为学生吸收知识的重要来源。但是，过去图书馆都是以整本书刊按学科分类这样粗放的资源供给方式提供服务的，这样很难适应如此精准、精细化学习的需要。

2002 年慕课引入我国后就给人眼前一亮的全新震撼：课程任何一

章的任何一个知识点，都会推荐扩展阅读。这个内容不是整本书，而是书中的一段话、一篇文章，一个视频中的一小截，它让学生知道这个知识点不是只有一种观点，让学生养成兼容并蓄、眼界开阔的思维习惯，培养出把书读活的学习能力。传统的学习方式是填鸭式、灌输式的，完成一个个考试，把一本本教科书读薄，最后全部抛弃，就毕业了。但面向未来的学习，应该是以知识图谱逻辑为主线，由已知读到未知，产生问题，进而触发解决问题的冲动和激情，是一个把书"读厚"的过程。这就是探究式的创新性学习。

基于这样的认识，大学图书馆就要从以资源保障为己任的资源中心走向支持探究式学习的未来学习中心，以支撑这场学习方式的变革。那么，这样的变革，路在何方？这是更难的题目。

路在何方

教育思想决定了学习方法，决定了大学图书馆的服务方式。

现行的教育强调整体性和标准性。统一的教材、统一的教参、统一的计划、统一的进度、统一的作业，甚至连作息时间都是统一的。整齐划一的动作，整齐划一的标准，培养出来的学生是标准化的产品，但适应性很差。面向未来的教育思想则强调一种团队式、协作式、探究式的学习，着眼于创新思维的激发，着眼于批判思考能力的培育，着眼于解决问题能力的锻炼，着眼于社会情感能力的养成。面向未来的学习素养要在这个层面发力。

大学要注重培养批判能力，即"慎思之，明辨之"里的"辨"。这种能力不仅仅在于借了多少书，看了多少书，甚至说学了多少书。

学生在图书馆里学习的真正价值在于他在架子上翻阅、在书库里面寻找的过程，在看了100篇文章后的放弃——挑出那么几篇有价值的文章仔细读一读，借以形成思想的来龙去脉，以及建立在这个基础上的对于知识的甄别和批判能力。这种甄别、批判能力才是最可贵的学习能力。可以说，选择的智慧是最难的智慧。计算机神经网络算法训练出的学习能力的强大就是在不断地试错、纠错中逼近真理，人工智能就是用这样的模型训练出来的。

如果说，专业、学科知识的系统学习构建了人的知识骨架，那么贯穿人生始终的第二课堂——图书馆学习，将赋予人拥有知识的血脉和生长基因。图书馆是最能够为学生的素养培养（批判能力、甄别能力、自主学习……）发挥作用的地方。作为未来学习中心主战场的图书馆应该是一个新型教育平台：不仅仅是传统课堂的延伸，更应该是一个汇集各种教育资源和专业知识的、跨学科的、灵活自主的学习平台。

来看一个例证。刚刚卸任西安交通大学校长的王树国教授推崇"欧林模式"（Olin Way），就是美国富兰克林·欧林工程学院（Franklin W. Olin College of Engineering）的教学组织模式。这个私立学院有两个重要特点：所学知识的实用性，以及跨学科学习。大一的学生要学习工程、微积分和物理相融合的整体课程——并且探索三门课程之间的联系——就是所谓的交叉学科。人文的"自我"跟"历史""艺术"如何融合？如果开一门课，这个课怎么教，学生看什么书才靠谱？"欧林"在招生的时候，有两个世纪之问（即"欧林之问"）："你想改变世界吗？""你想通过什么手段改变世界？"这两个问题答不好，就很难被录取。"欧林之问"让我们看到了未来学习的目标。

王树国教授在一次访谈中提到，未来，大学的知识垄断不复存在，唯一能占优势的就是知识的广度。我们不是教学生在某一方面特别专、特别能，而是要关注广度。为什么呢？今天解决现实的发展和创新问题都需要综合的系统思维，必须考虑多种因素，也就是所谓的大模型思想、复杂算法。在这一背景下，一个全新的学科——交叉学科——产生了，无法划归任何单一学科的，都可以放到这里。比如，钢丝和音乐，金属的钢丝和音乐之间是什么关系？工艺和艺术之美如何完美融合，创造出人类的音乐？它指的是这个概念。

就图书馆而言，无论是现在火爆异常的智慧图书馆，还是新一代图书馆，都还停留在业务层面；而放在未来学习层面去理解，我认为，图书馆的转"型"，之一就是全面整合各类学习资源：第一，图书馆应该按知识之间的逻辑关系整合知识，将所有知识整合成一个库，一个与知识学习密切关联的知识资源图谱。第二，图书馆应该按照新的人才培养目标，联通、贯穿馆、院、校的学习资源。现在已经生成了大量的慕课、"金课"和微课。它们被存在教研室，存在教务处，存在教育系统，存在技术公司，存在互联网上，唯独没在图书馆作为宝贵的教育资源提供给学习者使用。第三，全面构建图书馆学习场景，就是"用书"的场景，而不仅仅作为阅览、借还的场所。第四，建立面向学习全流程的学习管理体系。过去我们在未来学习中心的讨论、智慧图书馆的讨论中，对这一环节都有忽视。

图书馆的转"型"，之二是要建立虚实结合的学习空间。过去图书馆试图建设信息共享空间（information commons，即 IC 空间）。时任上海交通大学图书馆馆长陈进教授进一步提出 IC^2 概念，第一个 C 指空间（commons），第二个 C 是交流（communicate）。未来，我们可能需要构建 AIC^2 空间，这里的 AI 就是人工智能（artificial intelligence），在这个空间里部署数码摄像进行直录播，能利用AI语音、视频自动识别技术记录下发言和讨论内容，还能自动多语种翻译，能跨课程、跨院、跨系地与学习导师互动、内容分享，更能为不在场甚至不在校的学生提供终身交流的通道，在虚实融合的空间里完成学习、讨论、辅导、记录、保存、加工和复制使用，让未来学习中心成为不受时空限制、贯穿终身的新型学习社区。

图书馆的转"型"，之三是要构建一个创新性的学习平台。20世纪八九十年代，某理工大学分析化学专业有一个传统，在专业课开始之前，任课老师会给本科生布置一个作业，就是用一个月的时间完成2000字的综述，描述近三年分析化学的最新进展。事实证明，在本科毕业设计（论文）的抽查中，这个专业学生的参考文献质量是最高的，同时在研究生学位论文的开题中，这些学生对专业前沿动态的综述也非常好。这就是项目化的自主学习，一种未教先学的有益尝试。

未来学习是进阶式的学习。前面提到，严谨的课堂教学是齐步走的教学模式，学生按照教学大纲的要求按部就班循序渐进地一个个完成学习任务；而在现行图书馆学习环境下，学生的学习还是以兴趣与自觉性驱动的自由散漫式为主，是个体兴趣爱好的学习。

当前，大学教育正在兴起基于专业、课程和知识点的知识图谱导学，从过去以教学大纲这样一种死板的单线条知识组织结构和教学进度的安排为主，走向立体跨越的知识脉络化学习，按照从一个知识到另一个知识的生成逻辑引导学生扩展学习、融会贯通。知识图谱不仅仅是知识导航器，更是学习的路由器、网关，通过进阶、闯关、评价，也通过引导学生进行科学的、受控的、系统而自主的学习，形成体系化、系统化的知识结构和综合能力。

图书馆应该做的是，利用先进的 AI 技术，自动地、高效地为每一个知识点，为每一个"关"配送相应的学习"弹药"。按知识图谱重构学习资源供应链，是大学图书馆知识组织新的前进方向。进阶学习，它不仅仅是人工智能。

未来学习还应该是受控的学习。图书馆要切入另一个概念，即要让学生在图书馆的学习是受控的、有更高压力的、有管理的学习，而不仅仅是散漫的、自发的。就像王树国教授指出的那样，任何教学服务的改革如果进入不了评价体系，就会丧失动力，就没法进行了。因此，利用与课堂教学一体化打通的学习平台，记录、评测学生在第二课堂学习的每一个环节，建立自主学习大数据辅助管理体系，使得未来学习中心的学习成为大学教育必不可少且规范可控的正规教育的有机组成部分，未来学习中心的学习才能健康、可持续地开展。

结　语

当机器会学习了，我们感到世界都变了。当人会学习了，未来将按我们的意志而改变，这是大学图书馆应该为之奋斗的方向。不忘初心，回归本源，让大学图书馆从资源中心走向未来学习中心，从辅助教学走向参与教学，甚至主动承担教育中间某个必不可少的环节、某些任务，这是高校图书馆在未来所要肩负的新的历史使命。

数字时代，图书馆的功能和使命刍议*

周立民

数字化问题，不仅仅是资源配置的改变，而且还是工作思维的颠覆

在人类的文明史中，图书馆享有殿堂般的重要位置。人们最爱引用的是博尔赫斯（Jorge Luis Borges）的那句诗："我心里一直都在暗暗设想／天堂应该是图书馆的模样。"[1] 在一本小说中，未来的图书管理员给图书馆馆长的信中写道："图书馆就是我的避风港。我总能在书架的一角找到自己的窝儿，在那里看看书，做做梦。"她甚至认为，这是"一个可以被称为家的地方"。[2] 这个图书馆的馆长站得更高："图书馆是一座城市的肺脏，书籍就是人们呼吸的新鲜空气。它让我们的心脏持续跳动，让我们的头脑充满想象，让我们永葆希望之光。有了这座图书馆，读者才能了解外面的信息，才能聚在一起从社群中汲取

---

* 周立民，上海巴金故居常务副馆长。

1 豪尔赫·路易斯·博尔赫斯，《关于天赐的诗》，《诗人》，林之木译，上海译文出版社，2016 年，第 64 页。

2 珍妮特·斯凯斯琳·查尔斯，《巴黎图书馆》，张文跃译，中信出版集团，2021 年，第 10 页。

力量。"[1] 无论从个人，到城市、族群、国家，图书馆都扮演着不可或缺的角色。然而，这会不会只是对以往两千多年的历史而说呢？自从进入数字时代，图书馆还能坐稳这个位置吗？

从情感上讲，让汗牛充栋的图书化为灰烬，使成为城市风景的图书馆变成长满野草的冷宫，非人所愿。可是，置身数字时代，哪怕再老派的人，也无法回避数字媒介、互联网技术乃至 AI 兴起对人们的生活和社会产生的巨大影响。《大英图书馆书籍史话》（*Books as History*）的作者早在 2008 年就指出：

> 新技术的快速发展让我们阅读文本的方式产生了巨大的改变。我们能预见到在未来社会，书籍将不再是传播思想和信息的主要媒介，在某些领域，这已经是现实。如果对这些新发展持否定态度，那不仅是如同鸵鸟般把头埋进沙子里，而且还有可能错过电子通信所带来的机会和益处。传统上由书籍承载的信息将会有新的传递和阅读方式，未来这种不可避免的变化也会影响我们的世界观和价值观，会影响到我们与书籍以及与图书馆的关系。[2]

时至今日，这些看法已不是"预言"，而是日常生活里的现实。从电脑，阅读器，到手机，这些阅读媒介全面进入生活，已经在酝酿这样的改变。借助数字搜索引擎功能、互联网传播技术，仅仅从获取信息而言，人们可以不必依赖图书馆，甚至在很多情况下，图书馆只

---

1 珍妮特·斯凯斯琳·查尔斯，《巴黎图书馆》，张文跃译，中信出版集团，2021 年，第 174 页。
2 大卫·皮尔森，《大英图书馆书籍史话》，恺蒂译，译林出版社，2019 年，第 169 页。

是人们万不得已时的选择。

1996 年，当谷歌（Google）还只是一个学生项目时，它的主持者就有"发展技术，建立一个统一的世界数字图书馆"的想法。2002 年，他们启动"海洋计划"（Project Ocean），野心勃勃要扫描世界上所有图书。当时，密歇根大学要把 700 万册的馆藏图书全部数字化，估算需要 1000 年时间。而谷歌的项目主持人认为：他们只需要六年左右。这并非胡夸海口，谷歌和密歇根大学、哈佛大学、斯坦福大学、牛津大学、纽约公共图书馆等合作，在十年多一点的时间里就完成约 2500 万册图书的数字化。[1] 虽然这个项目因遭遇版权、反垄断等司法问题，一度受阻；但是，今天，恐怕已经很少有人怀疑建立一座数字化的"亚历山大图书馆"是人类的神话，今天的学者和公众早已习惯利用各种各样的数字图书馆从事研究和阅读。超星数字图书馆，读秀，中国知网，中国国家数字图书馆，全国报刊索引，Z-Library，还有数不清的古籍数字资源……它们虽然谈不上完善，但是已经初具规模，在使用的便捷程度、花费成本等方面的优越性都是传统图书馆不可比的。更重要的是，它们的使用人口在不断增长，也就是说，公众的阅读习惯和选择的转变速度很快。十五年前，学者严锋断言：

> 传统图书馆一定会被颠覆，它在将来可能就是一座博物馆。图书馆当然会存在，但它的功能和存在形式完全将被改变。比如善本书等珍贵图书，一般人根本就没办法接触，但现在它们都逐

1　James Somers，李静云编译，《谷歌的图书扫描计划为何失败》，澎湃网，2017 年 5 月 8 日，https://www.thepaper.cn/newsDetail_forward_1679335。

渐被电子化了，任何人都能看到。所以我认为，图书馆传统的实体借阅功能一定会慢慢消失，数字化是必由之路。[1]

　　大概，目前还到不了对传统图书馆进行"临终关怀"的阶段，但是，传统图书馆面临如此形势，充耳不闻，掩耳盗铃，或高卧大梦，显然并不明智。既然如此，只有清醒面对、迎头赶上，并积极寻找突破之路。实际上，每个图书馆近年中的经费分配倾斜度和数字资源储藏率不断在提升。这很可能是因应硬性规定和指标要求而被动地接受改变，图书馆是否有自觉转型意识，是否在战略规划上向数字化转变，这才是问题的关键。——那些数字资源，不应该像以往的纸质图书，仅仅存在于书库中，而是如何能活跃在读者的使用中；数字化问题，不仅仅是资源配置的改变，还是工作思维的颠覆。这个转型，是颠覆式的，对图书馆，对图书出版，对人类的阅读方式，对信息的传播方式，都是如此，而且这不是某个领域的孤立现象，而是整个社会互为一体的系统转变。如果意识不到它的颠覆性，只要设想一个场景就够了：如果人们通过个人手机或家庭电脑就能对需求的信息、图书唾手可得，还需要一座座庞大的图书馆吗？找几个"充分"的理由不难，难的是挡不住现实推进的步伐。这好比毛笔或者书法艺术，不会有人否认它们的价值，然而，作为书写工具，它们退出大众的日常生活也是不争的事实，甚至连笔都将消失，"无纸化"已不是天方夜谭。

　　接下来这些问题就顺理成章：图书馆采购和收藏中纸质书与电子

1　石剑峰整理，《严锋谈 Google 图书馆风波》，《东方早报·上海书评》，2009 年 11 月 15 日 B2 版。

书的比例、平衡，图书馆自身特色藏品数字化，各图书馆之间数字资源的协调和整合，[1] 数字资源的出借与管理，数字资源的使用辅导，数字资源的人才培养和队伍建设，等等。这些都将成为图书馆业务的主题。与此同时，每个公共图书馆不得不思考：当数字图书馆最终建成时，公共图书馆在大众阅读和社会文化服务体系中究竟要扮演什么角色？它的功能，难道又要退回原始的"藏书楼"吗？

图书馆不是只有砖瓦和书，它的核心是那些彼此关心的人

倔强的图书馆界不会坐以待毙，在数字时代早已展开绝地反击。以中国的图书馆而言，它是中国近十多年来变化最大的公共文化机构，完全改变了以往的封闭状态，打开大门，纳入读者，并主动地策划和组织大量的文化活动，丰富图书馆的文化供给。这种服务姿态的转变，使图书馆由藏书楼、图书衙门，变成读者之家。这些足以使从业者骄傲的不俗成就，也许给他们造成错觉，使之并未充分意识到数字化时代颠覆性的危机，不过，它的好处也显而易见：大家都在探索绝处逢生的自救之路，也许还认为这就是康庄大道。毕竟，我们面对的现实是场馆、藏书、人员等具体的存在，这些哪一样都不可能手一挥化成风，说"转型"就了事。痛苦的例子不是没有，原来雄霸全球的中国纺织业，当它转型时，多少纺织工人下岗的痛苦很多人一定记忆犹新。而从国

1　例如，前些年数字化风潮一拥而上，各家图书馆都在数字化，造成资源重复、浪费，甚至一些劣质版本的图书也堂而皇之进入，其实各家如果能够资源整合，这些问题很轻易就避免了。

家文化战略上讲，大的鼓励、大的投入和法治保障，使很多图书馆界人士绝对不会把自己与下岗纺织工人的命运相提并论。

比较一下近十年来与之前建设的馆舍，不难发现图书馆界奋力一搏的发力点。新的馆舍在图书馆最方便、最重要的位置，都是阔大的活动空间：展厅，报告厅，多媒体室，甚至还配有咖啡厅。各馆阅览的改造都是重点，很多采取全域的、开放的阅览空间，并将它们与活动空间、休闲空间打通、共融。而老式馆舍，这些空间逼仄不说，还经常在图书馆中处于附属地位，比如展厅，不少老式图书馆都没有这个设置，近年来迫于形势新增、临时改造出来的展厅，并不标准，而且位置不佳，也不方便公众参观。老式图书馆阅览室的设置，是一个学生自习室的样子，拥挤，规整，完全不顾读者的阅读享受和体验……图书馆空间设置和功能的变化，恰恰体现了当今图书馆追求的方向：从藏书楼，到阅览室，再到阅读空间。空间是一个多功能的复合体，是一个讲究体验、营造氛围、重视交流、多向发散的地方。如果说，人们质疑在家里都能查到资料、获取信息，何必还要图书馆存在的话，那么，阅读空间所带给读者的显然是大于信息查阅、获取知识的单一功能，它是一个综合的互动体验区，正是在这一点上，图书馆的努力或许可以将自身从面临的数字化危机中解救出来。

事实上，因为讲座、展览、读书会、交流座谈、亲子阅读等活动的开展，乃至这些活动的现场直播，图书馆已经成为社会文化输出的前沿阵地。"到图书馆听讲座"已经是很多图书馆的宣传语，它直白地告诉人们，在图书馆不仅仅能读书、借书。而这种现场氛围的体验感，也是当代人参与社会生活、文化消费的一种方式，至少，在目前，一座虚拟的图书馆还是难以提供这些功能和服务的。自古而来，图书馆的功能就并非像我们想象的那么单一，学者约翰·克拉克（John Willis Clark）谈到罗马公共图书馆时指出："这些地方不仅用来阅读、寻找参考资料，而且也是文人学士聚会的场所。"[1]

前面提到的纪实小说《巴黎图书馆》中更为真切地表达了一个常年的读者对于图书馆的情感：

> 不管我的情绪有多低落，只要来到这个图书馆，总会有人伸出热情之手，把我从沮丧的泥沼中拉出来，并确保我不会再跌落下去。图书馆不是只有砖瓦和书，它的核心是那些彼此关心的人。很多人来自异国他乡，却在这里扎下根。这些根慢慢发芽，长出了善良友爱、志同道合的枝叶。我也曾在其他图书馆待过，那些地方的人彬彬有礼，却透着一种冷漠和疏离："你好，小姐。""再见，小姐。"那些地方的藏书没有任何问题，只是人们之间缺少一种真正的社群情谊。而这个图书馆却有家的感觉。[2]

由此可以窥见一个读者对于图书馆更高层次的需求：它提供心灵慰藉和情绪价值，而这些是与具体环境、氛围、境遇、人员有着直接关系的，这些都具有相当的可感性、唯一性，而不是机械、复制或标准化设置。这位读者所追求的"社群情谊"和"家的感觉"，将冰冷的图书馆变成温暖的港湾，它也提示图书馆，从书本位向人本位转变。

这或许是图书馆自救的曙光，这光来自人，人对条件的利用，情

1　约翰·威利斯·克拉克，《照管图书：图书馆及其设备的发展》，杨传纬译，浙江大学出版社，2014年，第15页。

2　珍妮特·斯凯斯琳·查尔斯，《巴黎图书馆》，张文跃译，中信出版集团，2021年，第9页。

感对温度的提升。很多新型图书馆已经充分意识到这些，2022 年秋天，国内单体建筑面积最大的图书馆——上海图书馆东馆正式开馆，从宣传定位中就能看出，它已经突破传统图书馆的思路，转向空间营造和体验的培育：上海图书馆东馆建筑面积 11.5 万平方米，地上 7 层、地下 2 层，提供座位近 6000 个，可满足每年 200 余场讲座、上千场各类学术活动的文化需求，读者年接待量预计可达 400 万人次。该馆开放主题阅读服务空间（22 个）、智慧文创区和散布在各楼层的团队研讨室、终身学习室、阅读静音舱，提供全年龄段、普惠均等，同时又兼备精准化、个性化的公共文化服务，这让这座可阅读的建筑更有温度。借阅、展陈、活动和全媒体服务无边界融合的服务模式为国内图书馆界首创，传递"阅人、阅城、阅世界""读文、读艺、读科技"的阅读意境。[1] 很显然，这里"阅读服务空间"是关键词，"更有温度"的体验感是运营者看重的发力点。随后开放的上海徐家汇书院，将一个区级图书馆变成一个网红打卡地，之所以如此，同样是因为：图书馆，不仅仅是借书、读书的地方，就是读书也可以有不同的氛围和感觉。为此，图书馆的经营和活动策划已经溢出原来业务范畴。今年是人民作家巴金诞辰 120 周年，徐家汇书院便与巴金故居合作，将二层的阅读空间打造为巴金书房主题阅读区，既是巴金和同时代作家作品的阅览室，也有巴金的文献展览，全年还有大量的线上线下的活动。一个阅览室，通过经营者的思路拓宽，成了无限延展的阅读空间。

这些努力最终是否可以挽救图书馆于数字时代，尚需时间检验和

1　《国内单体建筑面积最大图书馆正式开馆》，京报网，2022 年 9 月 28 日，https://news.bjd.com.cn//2022/09/28/10170946.shtml。

更多的创新、探索去推动，图书馆更应把自己的特色和优势发挥出来，找到属于自己的道路，而不是被动的功能叠加，"十全大补"，不见得就能根治百病。何况，我们往往从图书馆自身的单一路径来看待这些变化和发展，如果从整个社会体系而言，各领域或文化场所都在转型和探索，也都有新的面貌呈现，淹没其中而没有凸显个性的话，公众为什么一定要选择图书馆呢？在这些变化中，图书馆究竟有哪些独占鳌头的优势呢？就像大多数个性化的书店在卖书之外都多了咖啡销售的业务，增加了休闲和交流的功能，从书店本身而言已经是竭尽所能。可是，读者的一句话也足以击垮它们所有的努力：街上咖啡馆那么多，喝一杯咖啡，我为什么偏偏要去书店呢？

献身于自己的使命，
分享图书馆事业的高贵与尊严

问题又回到根本：图书馆在人类社会中存在的价值和使命是什么？

在图书馆的传统业务模式相对萎缩的预设和前提下，探讨图书馆的转型，以及今后的存在价值和肩负的使命，我认为有必要作一个限定，那就是目前图书馆的层次和功能的差别。不同层次的图书馆在社会和公众中担负的使命也应该有差别。以公共图书馆为基准，不妨分作这样几个层次：第一个层次是国家图书馆，第二是文化中心城市图书馆，第三是市县层面的图书馆，第四是社区图书馆（图书室、书屋等）。在公共图书馆之外，还有学院图书馆、专业图书馆、私人图书馆等，从藏书特色来划分，它们可根据具体状况分属第二或第三层次。本文还是以公共图书馆为主要讨论对象。在这四个层次的公共图书馆中，它们共同的功能和使命正如《中华人民共和国公共图书馆法》第三条所规定："公共图书馆是社会主义公共文化服务体系的重要组成部分，应当将推动、引导、服务全民阅读作为重要任务。"所不同的是，第一、第二层次图书馆相对于后两个层次的图书馆，它们还需要承担继往开来的使命。"继往"是一个国家和民族文化命脉的承传和延续，"开来"是对人类文化走向的把握、引领，同时也有如何将当代文化资源交付给未来的使命。换言之，第三、第四层次的图书馆，在今后更多考虑的是阅读氛围的营造，阅读现场交流的实现，全民阅读的引领，做到这些，它们便不辱使命；而第一、第二层次的图书馆，仅仅有这些，远远不够。

继往开来的文化使命，针对图书馆而言，更为具体的理解是：如何保存、塑造国家和民族记忆。

一个国家和民族，不能没有"记忆"，它的保存在现代社会是通过多种方式进行的，比如档案馆的文献、博物馆的藏品、史书的书写乃至相关的学术研究等等，图书馆在国家和民族记忆的保存中，无疑处于各种机构中的核心地位。在数字时代，这是双向的使命，一方面是如何保存和遴选数字化的信息，另外一方面是对于传统纸质图书和文献的保存。此二者在某种程度上面对的困惑都是一致的，比如目前大量的报刊网页（尤其是报纸）、App 内容，有很多不到十年，在各自网站和来源处就已经被删除，不留痕迹，而在纸质出版减少或断绝的情况下，如果不能及时处理好这部分文献、信息，后人将来查阅和研究某方面或某时段的历史时，将面临基础史料不可挽回地缺失的窘境。据悉，"2010 年，大英图书馆公布了未来的收藏政策，也就是'首选格式为数字资料，积极地从纸质印刷向数字化过渡'"。[1]面对海量的数字信息，它们是否需要全部保存，又如何保存，和传统文献一样，它们的保存标准、方式又是什么？鉴于数字文献的超高共享性，它们的保存和开发不必各自为政，国家图书馆可以协作各中心图书馆共建共享。

数字时代，如何利用和处置纸质资源，乃至使之获得新生，是图书馆必须认真对待的问题。尽管纸质资源在总体上不断萎缩，但是相当长一段时间，它不会消失，还将新增。那么，它们的采购和入藏依据是"萧规曹随"、一如既往，还是要做出改变和调整？纸质图书逐渐退出公众的日常生活，并不意味着它们就是图书馆的负资产，恰恰相反，它们才是"镇馆之宝"，是保存国家和民族记忆的宝库。除了它们珍稀、易损的特点和保藏条件的限制，还有社会的原因，比如个人购藏渠道的减少，保存纸质资源的习惯改变，从而使图书馆的纸质资源成为独一无二的文化财富——书是图书馆之本，只有在这一点上，它才轻而易举地胜过大剧院、科技馆、游乐场。这仿佛是个吊诡的问题，在习惯性的天下大势顺之者昌的思维把控下，人们通常都认为一个新的事物必将"取代""淘汰"旧事物，极其容易让人们轻视纸质资源，乃至抛弃它们。然而，在某些领域里，除旧布新未必更宝贵，如果这样，反而将图书馆立于不败之地的根本给抛弃了；如果那样，图书馆可能真的就不需要存在了。

哪怕所有的纸质图书都数字化了，这些图书的原本仍然在人类文明史和国家记忆中有着不可替代的作用。图书馆对于"书"应该有着不限于获取文本内容的认识，英国学者大卫·皮尔森（David Pearson）

1　大卫·皮尔森，《大英图书馆书籍史话》，恺蒂译，译林出版社，2019年，第177页。

反复强调："如果书籍存在的理由纯粹是承载文本，那么它们的消亡指日可待。我们需要认识到书籍的意义远大于此，否则，我们就可能集体做出错误的决定，影响到后世的文化传承。……书籍作为艺术实物的特性，不仅是人类交流史的一部分，也是艺术设计史的一部分。"他认为退出日常阅读的图书也是"历史遗产"："书籍会渐渐拥有自己独特的历史，从而成为人类更广泛的历史遗产的一部分。"因此，图书馆也拥有了一项特殊的功能："图书馆的存在，不仅是为了给读者提供文本内容，也是为了能在将来照看这些内容。不同的图书馆会对不同的主题有所侧重，它们可能有自己特殊的使命。在世界各地，图书馆的藏书都是保存人类文学文化遗产的重要组成部分。"[1]未来太遥远，即以现实举例，因为某种需要查阅一本书的不同版别和印次的版本时，个人收藏很难齐全，此时图书馆的确发挥了不可替代的作用。

　　保存国家和民族记忆，未必都是风和日丽、轻松自在，或者坐等资源滚滚来，它也可能是一项艰巨的工作。比如，当人类文明遭遇破坏、面临灾难、经受考验的时候，图书馆承担的使命，就不再是轻松的话题。在中华民族的历史上，这样的遭遇也不在少数。比如，抗战时期的故宫文物南迁，又如郑振铎等人在沦陷区为中央图书馆抢救珍本图书。有些典籍，没有这样的使命和承担，随时都可能不复存在。有人曾说过：

　　　　在焚书45年之后，德国必须承认，当时纳粹致命性的政策

1　大卫·皮尔森，《大英图书馆书籍史话》，恺蒂译，译林出版社，2019年，第15—16、17、169页。

居然直到现在仍有巨大影响。而且，一些著作被焚的诗人作家仍然藏匿地苟延活着，在被遗忘的阴影下残喘，没有人对这些人或这些文学感兴趣，这个事实对德国造成的震撼真可谓不小。泽尔克的书虽然搜罗了一些作品与作家，例如女作家科伊恩（Irmgard Keun），唤起了人们与读者的回忆，但是，泽尔克所挑选出来的，只是所有牺牲者中很小的部分，大多数受害的文人仍笼罩在阴影中。……榜上有名的包括94位以德语写作的作家、37名以外语写作的作家。并不是所有这些生命从出生到离开人世都能被完整地重组建构，也不是所有的作品都能被重新找到。[1]

正义，有时候脆弱得需要呵护。图书馆应当秉承千百年来的人文传统，成为呵护文明的殿堂。当面对外在强力，矫扭、篡改、删除国家和民族记忆的时候，它能够以自身的担当挺身而出或默默守护，这才是它立于不败之地的价值之源。

数字时代，图书馆何为？不会也不可能有现成的解决方案，本文只是从意识到的问题上发表一些浅见，在瞬息万变的当代社会中，很多预言很快就会落空，真正的解决途径还是面对挑战、勇于尝试；同时，又必须有所坚守。图书馆事业作为人类古老又全新的一项事业，应该有它一以贯之的信念，它们正如韦伯（Max Weber）所提倡的以某种职业为志业的精神：

在科学的领域里，只有那些全心全意地为事业服务（rein der

1　福尔克尔·魏德曼，《焚书之书》，宋淑明译，中信出版集团，2017年，第2页。

Sache）的人，才具有"人格"。而且，这一点也不仅限于科学领域。我们知道，所有伟大的艺术家都是心无旁骛地做自己的事业（Sache），为自己的事业服务。……只有发自内心地献身于自己的使命，才能提升自己，使自己达到自己宣称致力的那项事业的高贵与尊严。[1]

对于图书馆人来说，情怀不是装饰，它是血液里的信仰，只有这样，不管面临什么样的社会变化，这项事业的"高贵与尊严"都不会变化。

1　马克斯·韦伯，《科学作为天职》，李康译，李猛编《科学作为天职：韦伯与我们时代的命运》，生活·读书·新知三联书店，2018年，第16、17页。

"数字人文"不能代替图书馆学[*]

王 贺

  《现代图情评论》创刊在即，朱晓江先生请我就"现代图书馆的功能变化与发展转型"这一主题写篇短文，这让我不由得回想起自己与图书馆学界结缘的经历。的确，数年之前我曾经做过一项图书馆史研究，部分成果揭载于《图书馆杂志》《中国当代文学史料》等处；我也曾撰文纪念过一位不凡的图书馆员，当然他同时也是一位中国近现代文学与文献研究的专家；至于实际走访、调查、利用各地图书馆，而后做研究，更是二十年学术生涯之家常便饭，其间除了利用图书馆藏，撰述专论、专书，还发表过《"中研院"文哲所图书馆的周锦先生赠书》《岁末西北访书》等长短不一的随笔、札记，以略志因缘，发抒胸臆。但即便是这样，我仍然不能算作图书馆学领域的内行，想要对这一主题做出深刻的回应，颇有点不自量力，因此，这里要写的只是一点愚见，一些思考未必成熟、周全，或如古人所谓"犹以景象浅，欲广岩壑幽"，¹ 衷心希望学界前辈、先进不吝赐教。

---

* 王贺，上海师范大学人文学院副教授、数字人文研究中心研究员兼副主任。
 本文系上海市"文化转型与现代中国"重点创新团队项目、上海市人才发展资金资助项目阶段性成果。
1 刘学箕，《方是闲居士小稿》卷上，元至正刻本。

　　正如本文题目所示，我的核心观点是"数字人文"（digital humanities）不能代替图书馆学（library science）。近年来，"数字人文"成为学界焦点，发展极为迅速，无论是在中国，还是在其他国家和地区的学术界，其风头之健，似无出其右者。与此同时，我们时常也能听到这样一种论调，即图书馆应该全面拥抱、接受、支持"数字人文"，甚至言语之间，大有以"数字人文"取代图书馆学的架势。记得在一次学术活动上，有听众也向我提出过这样的问题，我当即便表明了拙见，提出了一点论证和分析，但因为时间有限，未能充分展开。我想，之所以会有这种"取代论"（无以名之，姑妄一说，识者谅之），大抵与"数字人文"领域目前核心的研究力量就来自图书馆学界（及与之相邻的档案学、情报学），其次才是人文学科这一现状有关。对于许多图书馆员、图书馆学研究者来说，从主张并实现纸质文献的电子化、数字化，到数字图书馆（智慧图书馆）、各种数据库建设，再到"数字人文"，可谓一脉相承。[1] 而早期的"数字人文"研究者，也倾向于将自己的工作领域定义为利用数字技术、方法、工具来研究人文学科，因此与那些在图书馆学界内部的技术支持者（往往来自图书馆的数字化部门）的想法、实践，亦可谓不谋而合（尽管他们当中很少有人真正从事实际的人文研究）。也正因此，谈及"数字人文"，有学者便将其视作图书馆学的一个分支或衍生领域，其在文献数字化、数字化档案管理、数字内容再造、知识共享与社会服务等方面的工作，也显著地表明了一点：图书馆利用与时俱进的技术手段，推动了知识的传

1　较早出版的"数字人文"著作《数字图书馆与数字人文的挑战》（*Digital Libraries and the Challenges of Digital Humanities*）就来自作者里德伯－考克斯（Jeffrey A. Rydberg-Cox）多年来对数字图书馆项目的研究。

播与研究。这也正是两个领域得以连接起来的根本之所在。当然，它们之间还有许多交叉点和重叠之处，此不赘述。

但是，在我看来，"数字人文"和图书馆学，这两个学问领域之间仍有一定的分别。以"数字人文"而论，如果说早期"数字人文"研究者主张利用数字技术、方法、工具研究人文学科，那么，在发展了半个多世纪后的今天，我们可能越来越多地意识到事情的另外一方面的重要性，此即以人文学科的眼光反思、批判数字文化产品、数字时代、数字社会、数字日常生活，从人文研究的角度对数字技术、方法、工具等进行评估，同样也应该构成"数字人文"研究一个不可或缺的组成部分。事实上，这一趋势（亦可视作一个"数字人文"正在发展中的子领域）也被称为"批判性数字人文"，正在国内外不断取得进展。而且，今天有越来越多的同行认为，"数字人文"的重心乃为"人文"，绝非"数字"，其所推崇、依赖的计算思维和定量分析（具体表现为数据挖掘、数据可视化等）方法，所瞄准的对象应为（大多数时候亦属）人文学科中的研究议题、问题。"数字人文"这一新领域虽然竭力宣称将致力于融合人文科学和数理科学（含统计学）、社会科学、信息科学、数据科学等领域的研究理论和方法，然而，基于同样的理由，我们不难推知其指归——仍是准备为研究人文学科，提供新的研究典范和新的解释。但是，图书馆学，特别是数字时代的图书馆学，究竟在做什么？或者它希望自己能做什么呢？今天，图书馆学巨擘阮冈纳赞于 20 世纪 30 年代提出的"图书馆学五定律"，或已不再被视为金科玉律、光彩夺目（除了第五定律"图书馆是一个生长着的有机体"），[1] 而同时代另一重要图书馆学家皮尔斯·巴特勒（Pierce Butler）提出的，将图书馆看成一个将人类记忆移植到活着的个人意识的社会装置（即"借助于图书将社会积蓄的经验传递给每一位社会个体成员"，换言之，知识及其社会传递构成图书馆学研究和实务的核心议题）的看法，[2] 也不断受到挑战，因互联网和其他形形色色的新新媒介，已成为个人和社会记忆生产、保存、传递、再生产最重要的空间。此后，受当代信息科学的启发，中国学者王子舟又将图书馆学的研究重心从图书馆一端，扩充到客观知识（超越传统的"文献"定义）、知识集合（超越传统的"图书馆"）、知识受众（超越传统的"读者"）三端，[3] 但在论及其用途、贡献等问题时，似乎又再一次回到了传统图书馆学的天地中来。不过，无论如何，说图书馆学是较多研究以图书馆为代表的信息服务机构的建设、管理、运作及信息资源的获取、组织、利用等方面问题，探讨其组织结构、服务理论和实务、相关技术、文献管理、知识组织等方面内容，以帮助人们更有效地获取并利用信息资源，促进知识的传播与共享的一个学科，可能较少引起争议。

而恰恰也正是在这些方面，我们可以更清晰地窥见两者在研究目标和对象、发展旨趣、定位等层面的分别。概括说来，图书馆学侧重于图书馆、档案馆等机构的管理、组织和服务，包括收集、分类、保存和传播各种形式的信息资源，"数字人文"则更注重利用数字技术

---

1 参见阮冈纳赞，《图书馆学五定律》，夏云等合译，书目文献出版社，1988年，第308—337页。

2 参见皮尔斯·巴特勒，《图书馆学导论》，谢欢译，海洋出版社，2018年，第1、38页。

3 参见王子舟，《图书馆学是什么》，北京大学出版社，2008年，第37—70页。

"书界"智能柜（王贺　摄）

和计算机工具来研究人类文化遗产（包括非物质文化遗产）、文献资料、艺术作品等人文领域的课题、问题。显然，后者的重心在于研究，对象多为人文学术本身，而前者的研究使命、任务，相对就不那么突出，它所关心的范围，也更加广泛，绝不仅仅局限于人文学科需要使用的文献资料和数据。另外，"数字人文"在数据分析、数据可视化、自然语言处理等方面有着更深入的应用和发展，可以帮助研究者从海量数据的挖掘和分析中，得出新的思想观点、见解和叙述、解释模式，也更加注重技术手段在人文学科研究中的运用，相形之下，图书馆学却更加强调信息资源的保护与管理，以及知识组织与传播方面的工作，更多关注信息资源机构如何有效地服务普罗大众和学术界，故此，两者虽然有不少交叉点和重叠之处，但在研究范畴、研究对象和方法论等等方面都存在着一定、明显的差异。

当然，据我理解，之所以主张由"数字人文"取代图书馆学，还有一个直接的原因是，"数字人文"也向我们提供了一个承诺，即希望能够促进书籍、数据、信息、知识的有效传播，甚至是公开、免费、无限的访问和获取。透过数字媒介、技术、方法和工具（及在线协作平台、众包模式等），它不仅得以加快一般的学术研究进程，也在很大程度上跨越了时空限制和语言交流等方面的障碍，促进了全球范围内的知识交流，为全球专业人士，及专业人士与普罗大众之间的交流、合作，创造了更多更为广泛、形式更为多元的机会。另一方面，由于"数字人文"学者更加精通数字技术，能够利用数据挖掘、数据可视化等方法，善于发现隐藏于文献资料和海量数据背后的信息，并可为研究结论提供直观展示的图表、图形等，能够帮助我们推进对既有问题的重新认识，甚至提出新的问题和观察角度等，[1]大大扩充和超越了一般的图书馆员、图书馆学家专门研讨的范围，甚至从获取资料和数据到完成整个研究、推广我们的研究成果，都允许我们无须透过图书馆及其专业人士便可进行，乃至有时像搜索引擎厂商一样，忘记了正是由于图书管理员（特别是他们当中许多女性图书管理员的劳动，几乎从未被视为创造性劳动）和信息科学家数十年来的累积工作，才为其长足发展奠定了基础；[2]此外，柯里尔（Brett D. Currier）、米尔扎（Rafia Mirza）、唐宁（Jeff Downing）等人认为，公共、技术和行政图书馆员皆已具备创建成功的"数字人文"项目所需的管理技能，[3]这似乎也暗示着他们已同时可以从事实际的"数字人文"研究工作，也正如波斯纳（Miriam Posner）所指出的那样，在全球范围内，一座又一座的图书馆正通过建立"数字人文"中心、提供"数字人文"服务、培育和设立新的职位——"数字人文"馆员（在一定程度上也是既有的学科专业馆员被取代的结果）等形式，为"数字人文"发展注入强劲动力。[4]至此，真可谓万事俱备，只欠东风，也难怪在一些更加激进

---

1 关于这一问题的深入分析，请参王贺，《数字人文与中国现代文学》，上海三联书店，2023 年，第 21—36 页。

2 参见 Ochigame, Rodrigo (2020) Informatics of the Oppressed. *Logic(s)* 11. https://logicmag.io/care/informatics-of-the-oppressed/。

3 对这一观点及相关问题的讨论，参见 Millson-Martula, Christopher & Kevin Gunn (2017) The Digital Humanities: Implications for Librarians, Libraries, and Librarianship. *College & Undergraduate Libraries* 24 (2–4)。

4 参见 Posner, Miriam (2013) No Half Measures: Overcoming Common Challenges to Doing Digital Humanities in the Library. *Journal of Library Administration* 53 (1)。当然，该文也讨论了图书馆提供"数字人文"服务时需要克服的挑战，包括馆员"数字人文"培训机会的不足、缺乏整合资源的权力、跨学科合作机会和经验的匮乏等问题，并提出了与之相应的应对办法和建议。

的"数字人文"学者看来，互联网和其他的数字基础设施（亦即"数字人文"赖以发展的基础），不仅可以取代图书馆、档案馆、博物馆而存在，就连对这些机构的制度、历史和实践，及相关理论工作予以研究的图书馆学，似乎也可以被取消、被废除了。

但是，在此我必须指出，"数字人文"因其先天缺陷，在可以预计的时间里并不能完全兑现它的承诺、实现它的宏伟远景。在诸多我们可以想象、理解的缺陷中，至为重要的大约有两个：一是其所仰仗的数据，数字化、数据化的文献资料，极易受破坏、篡改，或丢失。这些可能的原因包括硬件故障、软件问题、网络攻击、自然灾害、人为因素（如战争，人为删除、误操作或恶意行为等），它们都有可能导致数据丢失或被篡改、破坏，因此，确保定期备份重要数据，并采取一定的安全措施，以防止不必要的损失，是非常重要的（我们或许可以设想一个阿桑奇式的加密访问和永久储存的方法），但遗憾的是，到目前为止，无论是区块链、云计算、物联网，还是其他的数字技术（如我们想象中的"元宇宙"），都没有办法提供一个可以长期且完全有效的、一劳永逸的，能够保存任何数据和信息，真正对公众负责的空间和方案。二是其不免过分沉溺于数据分析和计算，在追求与自然科学可以媲美的精确性和客观性的同时，往往忽略了对历史、文化、文学等方面课题的深层次理解。在常见的、定量的"数字人文"研究中，自数据建模至确定算法、统计分析、做出解释，这一系列研究环节，因对人文文献资料（此时已转换为"数据"）所在语境缺少充分理解，对其意涵及其特殊性、偶然性缺乏必要估计，对数据错误、冗余或缺损等问题所传递出的超越数据本身的信息与认识的欠考虑，甚

上海图书馆东馆内景（王贺　摄）

至是因拥有自以为是的"全数据"而产生的"倒放电影"[1]"时代错置"（anachronism）式的认识论谬误等因素的存在，都在制约着学者，使其无法保证其所做出的研究和分析必然有效，也无法准确解释何以在特定时期、特定地区、特定人群（乃至某一作家、学者）中间会发生那样（而非这样）的事件或行为。[2] 因此，在进行研究和分析时，我们既需要注重定量分析、实证研究，也需要综合考虑历史、文化、文学等多方面因素，才有望得出更具有说服力和准确性的结论，但问题是，这样的研究还是"数字人文"的吗？这难道不是比较理想的学术研究理路、形式吗？与"数字人文"又有何干？

而图书馆学家皮尔斯·巴特勒的论述，虽然发表于近一个世纪之前，且并非专门针对上述"数字人文"第二个方面的局限而发，却透露出一种远迈时贤俊彦、绝伦逸群的预见性。在他看来：

> 人类文明中没有哪一种事物比文学与上述精神价值的联系更为紧密，图书馆学中的大部分重要内容其实与文学一样，与人类精神世界价值紧密联系，这也注定这部分内容不可能成为科学，因为这些内容的本质是属于人文层面。科学的方法适合用来阐释

1　罗志田，《民国史研究的"倒放电影"倾向》，《社会科学研究》，1999 年第 4 期。

2　"数字人文"研究不仅依赖数据，还依赖大量的关联数据，希望以"相关性"解释代替既有的因果关系解释，但一项对搜索引擎的研究发现，任何量化的"相关性"都是一种解释性、规范性且具有一定政治后果的行为，因此，批判性研究（对应"数字人文"领域即为"批判性数字人文"研究）将努力提高反霸权的知识传统和历史上被边缘化的观点的可见度，寻求建立更加自由、公开的信息传播和流通体系，扩大批评声音，消除语言、国家、种族、性别和阶级障碍，并试图重新建立索引世界的算法、界面和策略，参见 Ochigame, Rodrigo (2020) Informatics of the Oppressed. *Logic(s)* 11. https://logicmag.io/care/informatics-of-the-oppressed/。

图书馆学中一些机械的内容，很多主观内容用科学方法去阐释是根本不能想象的。例如，科学的方法可以用来研究一首诗的韵律、语音、语言、修辞以及历史发展，但是当一位科学家读完一首诗的最后一个词时，对于这首诗所表现的独特的余音绕梁般的精神境界之美其实还未理解完。当然，有些人无法容忍用自然科学的那些方法来研究诗歌，即使只是涉及诗歌的一些结构要素。其他有包容心的人则认为这种用自然科学的方法来研究诗歌也是很有启发的，他们认为这种方法并不彻底妨碍欣赏诗歌的美。……事实上以精神价值为代表的主观世界与以科学为表现的客观世界在同一领域并不互相排斥，是相互共存的关系，也不存在谁取代谁的情况。[1]

如果说皮尔斯·巴特勒此时尚未来得及思考数字时代图书馆和图书馆学的意义，那么，当代美学家、媒体研究者、策展人鲍里斯·格罗伊斯（Boris Groys）则有力地（同时也是在图书馆学外部眺望这一领域时）弥补了这一缺憾。在其眼中，真正的、艺术范畴中的"新"（在我看来也包括文化、文学、学术范畴中真正的创新）无法在技术框架内实现，一个重要原因是"新的科技产品总是会取代旧的产品"：

一辆新款轿车淘汰旧款的，一台新的冰箱取代老式的，一台新的 iPhone 取代过时的 iPhone。这就意味着，在我们今天的消费文化的语境下，新旧对比已经变得不可能了。这种文化将自己

1　皮尔斯·巴特勒，《图书馆学导论》，谢欢译，海洋出版社，2018年，第37—38页。

表现为一个巨大的超级市场，在这里，旧的产品被新的替代，并被永远地扔在一边。因此，这个超级市场就像一个巨大的遗忘机器那样运作着，它不断地抹去过去，让具有历史深度的思想变得不可能。这种消费主义的文明产生出一个永恒的当下。当我们步入这个超级市场的时候，我们觉得自己在那里看到的东西永远已经是最新的了，而它们也会一直保持在当下的状态。这就是科技和消费与艺术和哲学之间最根本的差异。[1]

所幸"文化存在于档案库中——它们被保存在诸如图书馆、博物馆和电影资料馆中。这些档案库并不消除过去，相反，它们创造出一个能够把过去和当下，并且有可能也可以和未来，进行对比的空间。艺术家或者知识分子就是游走在当下的日常现实和档案库之间的那个中间人"，[2]向我们进一步揭示了图书馆在今时今日尤为重要（甚或随世运推移，益愈重要）的价值。

但鲍里斯·格罗伊斯的洞见绝非他一人所独有，实际上也是不少图书馆员、图书馆学家的共识。譬如，牛津大学饱蠹楼图书馆馆长理查德·奥文登（Richard Ovenden）在论及我们何以永远需要纸质文献、永远需要图书馆和档案馆时，就曾经提出过下述五条理由：第一，它们支持整个社会和社会内部特定社群的教育；第二，它们提供多样化的知识和思想；第三，它们通过维护关键权利和鼓励决策中的廉正，

1　鲍里斯·格罗伊斯，《论新：文化档案库与世俗世界之间的价值交换》，潘律译，重庆大学出版社，2018 年，第 vii—viii 页。

2　鲍里斯·格罗伊斯，《论新：文化档案库与世俗世界之间的价值交换》，潘律译，重庆大学出版社，2018 年，第 viii 页。

流动图书车（王贺　摄）

以支持公民的福祉和开放社会的原则；第四，它们提供了一个固定的参照点，允许人们通过信息透明、核查、引用和复制来判别真相和谎言；第五，它们通过保存社会和文化的书面记录，来帮助社会确认其文化和历史身份。[1] 其实，理查德·奥文登可能还疏忽了两点：其一，图书馆还是一个公民参与公共事务、促进社会交往的场所，一个真实、可感的公共空间（明乎此，我们或可以少一点对读者在图书馆千姿百态的阅读行为的批评和指责）；其二，图书馆还具有神圣、崇高的象征意义，是一个乡村、市镇、城市、社区、大学和研究机构积极追求文化、文学、艺术、学术和真理的象征物，我们不能想象一个没有图书馆的家园，一个纸质读物完全消失、"一切都存进了 iPad"[2] 的未来（知乎此，或亦可减少我们对陷入低迷的读者到馆率的焦虑之感）。[3] 既然如此，在图书馆这片土壤上生长出来的图书馆学，又有何理由需要被取消，或被其他的学问领域所代替呢？

1　理查德·奥文登，《焚书：知识的受难史》，刘佳玥译，民主与建设出版社，2023 年，第 247—256 页。

2　夏尔·丹齐格，《为什么读书：毫无用处的万能文学手册》，阎雪梅译，广西师范大学出版社，2012 年，第 295 页。

3　虽然读者到馆率低迷是一个全球性现象，但我国的情况可能相对比较特殊。首先，迄今为止我国公共图书馆的建设数量、水平仍较低，平均每百万人只拥有 2.08 座公共图书馆，远逊于以美国（平均每百万人拥有 54.43 座公共图书馆）为代表的发达国家。因此，如果它的读者是真正有阅读需要、有利用图书馆习惯、"求知若渴"的读者，恰应拥有更高的到馆率，以致图书馆门庭若市才对。然而，事实正好相反。这是否暗示着国民的教育水平、所拥有的真实经济收入水平以及可以支配的闲暇时间等仍相对较低、较少？其次，我国似乎还存在着一种近书店而远图书馆的文化现象，亦即许多人在查阅资料时的第一选择是书店，而非图书馆，参见 Yi, Zhixian (2013) History of Library Developments in China. IFLA WLIC 2013. https://library.ifla.org/143/1/164-yi-en.pdf。再次，如何维护公民言论自由，实现信息的自由流通，仍严重困扰着当代（转下页）

一言以蔽之，无论是将图书馆、图书馆学看作一种现代科学、社会科学，还是人文学科的一个分支领域，它们皆有其不可被取代的意义和价值，亦有其他任何事物不能发挥的积极作用。因之，一个更加合适的做法是，将"数字人文"与图书馆学结合起来，以不断推进馆藏数字化、策划数字展陈、深度挖掘与分析数字资源、跨学科研究等方式，促进两者之间的交流与合作，助力个体和社会在知识获取和发展上取得更好成果，推动人文学科及一切学问在数字时代有所创新，而非相反。实际上，那种将图书馆学传统和"数字人文"割裂起来的做法，业已引起学界警惕。如有学者指出，"近些年'数字人文'工具的开发，似并未充分参照、总结目录学的传统和源流，从中获得宝贵的经验和启示；图书馆学界与文献学界、文史研究者各自为政，疏于交通，或系造成此一现况的重要原因"。[1] 而在我看来，"数字人文"可充作数字时代图书馆学界与人文学者之间的一个津筏、一道桥梁，将文学、艺术学、历史学、人类学、文献学、语言学等领域的研究者，与图书馆员（我们最亲密的合作伙伴，最熟悉文献资料和数据的一群

（接上页）中国的图书馆事业。例如，如何让港台地区、海外出版的书刊，以及一些内容优质的非正式出版物，进入公共图书馆，或是将一些内部阅览的书从闭架书库移出，并且保证图书馆书目数据库、联机查询系统中能够完整查询所有书目数据，以保障言论自由这一公民"最根本的权利"或"第一权利"（张文显，《二十世纪西方法哲学思潮研究》，法律出版社，1996年，第555页），将马克思提出的"发表意见的自由是一切自由中最神圣的，因为它是一切的基础"（中共中央马克思恩格斯列宁斯大林著作编译局编译，《马克思恩格斯全集》第11卷，人民出版社，1995年，第573页）这一重要理念落到实处，恐怕不能不引起中国图书馆学界的反思。最后，图书馆通过数字技术提供电子书和数字出版物，开放远程借阅服务，以及社区自助借还书服务（如"书界"智能柜）。而所有这些原因，可能在某种程度上影响了实际的读者到馆率。

1 王贺著，王静编，《数字时代的目录之学》，香港大学饶宗颐学术馆，2021年，第34页。

人，通常他们的技术水平也高于一般的人文学者）乃至图书馆学家紧密地联系起来，从而展开线上线下、各个方向、多种形式的互动与共同研究（不限于"数字人文"项目），就我们使用的概念术语（例如，我曾撰文指出数据科学、图书馆学所谓的"本体"，和我们人文学者一般所理解的"本体"非为一物）[1]、研究资料和数据、研究主题和问题、研究假设和框架、研究路线和主要发现、研究意义和影响等问题进行充分的讨论、商榷，甚至一道探索新的学术发表、出版、传播和评价模式（而非继续加固纸质期刊论文和专书作为主要发表形式的统治地位，阻碍数字时代的学术创新，任其他形式的学术和艺术、文化生产自生自灭），推进"数字人文"教育教学（尽管"数字人文"课程建设项目不如大型数字展陈项目、数据平台建设项目那样夺人眼球）[2]……

而展开这一切互动和共同研究（及教育教学、社会服务）的目标，是通过充分吸收、继承、保存口述文化、书写文化和印刷文化遗产，并对其进行及时记录、整理、保存、研究和分析，为数字时代可以继续使之滋养我们的身心灵，进而孕育出新的、真正属于人类的成就（数字文化？数字文明？），做出我们自己的、应有的贡献。这也就意味着人文学者需要同时修习人文学术和数字技术，发展线上线下、定性定量混合型的研究和教学，而对于图书馆而言，传统的服务一般主要集中于提供纸质文献和物理空间等方面，但今天除了不能"自废武功"，弱化固有之服务、特色外，还需要设法提供更为丰富、多元的数字化

1　王贺，《何谓"中国数字人文"？》，《田家炳中华文化中心通讯》（香港），2022年第2期。
2　苏芳荔，《图书馆数字人文服务》，中国纺织出版社有限公司，2021年，第196页。

服务，包括数字资源的采集、整理、保存和传播，以及为研究者提供数字工具和方法，帮助我们更好地利用数字资源进行研究等方面。[1] 这些方面的工作，既可以说是"数字人文"得以发生、发展的题中应有之义，同时也成为数字时代图书馆学新的、重要的研究议题和实务。

　　总之，借由以上极为扼要的论述，我希望已经充分阐明"数字人文"不能代替图书馆学这一观点。实际上，在我看来，与其说让"数字人文"代替图书馆学而"一家独大"、包罗万象、反失其本，毋宁说"数字人文 + 图书馆学"才是今时今日甚至未来很长一段时间内图书馆学宜努力探索的发展方向。

1　参见 Posner, Miriam (2013) No Half Measures: Overcoming Common Challenges to Doing Digital Humanities in the Library. *Journal of Library Administration* 53 (1)。

关于图书馆服务功能演化与
智能化转型的若干思考 *

赵继海

图书馆是一个不断生长的有机体。近年来，AI 技术蓬勃发展，特别是基于大模型的生成式 AI 技术产品的不断涌现，以 ChatGPT、Midjourney 和 Sora 为代表的文生文、文生图、文生音视频产品风生水起，开始广泛向社会各个领域渗透。[1] AI 技术与各类业务的逐步融合，将引发继互联网技术之后的新一轮技术革命。[2] 而且，AI 技术不同于以往应用的单项技术，它将成为人们赖以生存其中的生态。不管是主动还是被动，愿意还是不愿意，各行各业的运行以及人们的工作、学习和生活都将会处于 AI 的环境之中。AI 技术与元宇宙的数字孪生、仿真等技术的融合，将进一步改变教学、研究的范式和人们工作、学习、生活的方式。面临 AI 技术产品的不断涌现和渗透应用，图书馆将向智能化转型发展，这已经成了业界的共识。[3] 但是，在推进智能

赵继海，浙大宁波理工学院图书馆研究馆员。

1 Hiter, Shelby (2024) Generative AI Landscape: Trends of 2024 and Beyond. https://www.eweek.com/artificial-intelligence/generative-ai-landscape/.

2 王战、郭进，《人工智能与新一轮科技革命》，上海人民出版社，2023 年。

3 初景利、任娇菡、王译晗，《从数字图书馆到智慧图书馆》，《大学图书馆学报》，2022 年第 2 期。

化转型发展中，图书馆当下主要的抓手是什么？在技术与需求不断变化的环境下如何创新图书馆服务？怎样保持并增强图书馆在 AI 时代的核心竞争力？这些是需要深入探讨的问题。

一、图书馆服务功能的多元演化

（一）图书馆服务功能的演变分化

公共图书馆和高校图书馆是我国图书馆的两大主要类型。在历史上，公共图书馆和高校图书馆的服务内容相似，机构设置相近，不同图书馆之间的业务运行形态基本类同。随着技术和需求的发展，不同类型图书馆的服务功能越来越分化。目前，公共图书馆和高校图书馆的服务内容特别是服务重点，已经很不相同。比如，随着读者需求的增长、图书资源的丰富和服务体系的发展，我国公共图书馆系统图书外借量不断增长，[1] 图书流通仍然是公共图书馆最重要的服务功能，大力开展阅读推广活动有其依据与效果。而高校图书馆系统近十多年来的图书外借量则不断下降，[2] 虽然高校图书馆的阅读推广活动也在广泛开展，图书资源不断丰富，借阅过程方便快捷，图书流通普遍实现了自动化、自助化，但总体上仍然难以遏制图书外借量下降的趋势。其

1　《2023年浙江省公共图书馆界要事盘点》，"浙江图书馆"公众号，2023年3月1日，https://mp.weixin.qq.com/s/XVRaKOSdRKDafCzLM4FLFA。

2　王莹，《部分高校图书馆借阅量断崖式下降，大学生不爱看书了？》，半月谈网，2024年1月12日，http://www.banyuetan.org/jy/detail/20240112/1000200033136041705045359094417349_1.html。

主要原因应是在需求侧，即师生对电子资源的阅读量在增长，对纸质图书的阅读量在减少。因而，高校图书馆的服务重心在向嵌入式的学习服务、学科服务、研究服务和出版服务方向转变。不仅如此，在公共图书馆系统或高校图书馆系统内部，因规模、层次、要素投入的不同，图书馆之间的功能也在分化。比如，规模较大的研究型大学图书馆实力雄厚，服务功能更为多元，而规模较小的高校图书馆，受制于资源投入、馆员力量和用户需求，服务内容较少。因此，研究图书馆服务功能的转型发展问题，对不同类型、规模、层次的图书馆来说，在实现数字化、智能化的技术过程具有共性，但对于面向用户的服务功能、服务内容则是各不相同的。

（二）图书馆服务功能演变分化的推动力

二十多年来，促使图书馆服务功能演变分化的推动力主要来自外部。应当承认，图书馆是较为稳定的体系结构，内部的变革转型力量是比较微弱的。

一是技术的力量。技术是图书馆转型发展的第一推动力。互联网和数字技术的发展，大量的硬软件技术产品、技术服务和数字资源进入图书馆系统，扩大了图书馆服务的时空范围，提高了图书馆服务的效率。另一方面，新技术的普及，改变了用户获取信息资源的途径，推动了用户对图书馆需求的变化。在 AI 时代，技术发展将持续不断地催生出新产品、新资源、新服务、新需求，继续引发图书馆生态的改变和转型。不同图书馆对于技术理解和选择应用的差异，是导致其服务功能演变分化的底层逻辑。

二是市场的力量。数字技术、AI 技术对图书馆转型发展的推动主要通过市场实现，新的技术产品、技术服务、数字资源是市场的供给侧，通过市场的力量进入图书馆。另一方面，读者或用户是需求侧，也可以看作一种市场力量。互联网和数字技术极大改变了用户获取信息的载体和方式，高校图书流通的下降、纸本报刊少人问津是突出的需求改变。AI 时代，图书馆用户需求市场将进一步变化。图书馆是公益性机构，提供的服务是公共产品，但仍然需要参与市场的博弈。技术产品、服务产品、数字资源产品的供给逐步充斥市场，给图书馆评估选择这些产品带来了挑战。用户需求多元且不断变化，作为单个图书馆，无论大小，既无力也无必要去满足用户的各种需求，图书馆所能提供给用户的服务，应是围绕文献信息资源、空间设施资源和馆员智力资源，彰显其业务特色的服务。因技术和资源发展引发的用户需求的不同，是各级各类图书馆服务功能演变分化的根本原因。

三是政策的力量。政策支持是图书馆转型发展的重要保障。二十余年来，国家、地方政府和相关部门出台了大量的支持政策，各级财政给予了很大的资金支持，对于推进全国性、地方性、行业性图书馆的数字化工程起到了关键的支撑作用，极大地推动了数字资源的共建共享和文化信息资源的均等化服务，同时也促进了各级各类图书馆的数字化转型。浙江省政府实施的数字化改革决策，全面推进了全省各地、各部门和各单位的数字化建设与服务进程，也推动了图书馆系统与其他系统的数据融合和开放共享，使图书馆成为全社会泛在可及、智慧便捷、公平普惠的数字化服务体系的组成部分。不同图书馆获取政策支持、项目资金的能力存在差异，这在很大程度上决定了图书馆转型的成效，也加剧了图书馆服务功能的演变分化。

二、以全要素数据化为抓手推进图书馆智能化转型

近年来图书馆界一般认为，数字图书馆正在向智慧图书馆转型。我国图书馆界对"智慧图书馆"和"智能图书馆"的概念有过争论，[1]但在服务层面上，并无必要去区分"智慧"与"智能"，而应把注意力放在如何运用 AI 技术解决图书馆服务中的痛点、难点和堵点问题上，最大限度地满足用户需求，努力提供精准、便捷、友好的图书馆服务，逐步实现图书馆的智能化转型。

数据是 AI 技术的基础，也是智慧图书馆建设的关键资源。梳理图书馆数据治理中的问题，分析图书馆数据治理的重点，对于实现图书馆智能化转型发展是至关重要的。

（一）图书馆数据治理中的主要问题

1. 数据采集管理缺位

AI 技术的发展需要以海量数据为基础，无论是机器学习训练还是其他算法优化，只有在海量、高质量的数据基础上，才能训练机器获得人工智能。图书馆的数据涉及各个业务环节，包括用户数据、进馆数据、流通数据、数字资源访问数据、RFID（射频识别技术）数据、环境控制数据、建筑和设备运维数据、视频监控数据等等。目前图书馆数据不论从质还是量上都显不足，有些数据是空白，有些数据没有

1　初景利、段美珍，《从智能图书馆到智慧图书馆》，《国家图书馆学刊》，2019 年第 1 期。

得到整合。[1]如图书馆对来自智能终端设备的半结构化数据、非结构化数据的收集与管理还处于探索阶段。[2]图书馆普遍缺乏对管理运行数据的采集、分析和利用，离数据驱动的业务决策相去甚远。

2. 数据"孤岛"现象

目前，图书馆各类数据来源不一，集成管理系统、电子资源管理系统、空间和座位管理系统、设备设施管理系统、建筑安保管理系统、办公自动化管理系统等等相互独立，它们之间的数据标准不尽一致，导致数据中心平台采集、整合、处理数据存在困难，更难以实现与其他行业数据的互联互通。

3. 文献数据的颗粒度较粗

图书馆文献数据库配置较为丰富，但数据单元的颗粒度较粗。文献数据库中的图书基本是以"种"为单元，论文基本是以"篇"为单元，音视频基本是以"集"为单元进行组织，用户也是以"种""篇""集"为单元获取的。数字对象的粒度不细，不利于文献数据价值的挖掘，制约图书馆服务的智能化、知识化发展。

4. 用户数据治理粗放

用户数据是图书馆的宝贵资源。图书馆用户数据采集不足，管理粗放，用户数据分析不够，制约用户数据价值挖掘和利用。比如，图书馆的新媒体和社交平台关注的粉丝是重要的用户数据资源，但新媒体平台的用户数据采集管理尚未形成业务规范。基于行为数据的用户

---

1 陆祝政、宓永迪，《图书馆大数据的价值应用与风险控制》，《图书馆研究与工作》，2019 年第 6 期。

2 苏云，《从"互联网+"到"人工智能+"：不断升级的图书馆发展引擎》，《图书与情报》，2017 年第 6 期。

画像、个性化精准服务还处于零星分散的起步阶段。

5. 物理空间设施数据化滞后

许多研究表明，读者进入实体图书馆的主要目的已不再是借还图书，而是利用图书馆的空间、设施资源进行自主学习和研究。图书馆物理空间和设施设备的服务需求旺盛，但支撑空间和设施设备服务的相关数据的采集、管理严重滞后，制约图书馆空间设施设备的精细化、可视化揭示，不利于空间设施设备的有效利用。

（二）推进图书馆全要素数据化

我国图书馆文献数字化取得了卓越成就，现在已经到了图书馆构成要素的全面数据化的阶段，即实现图书馆全要素数据化，这应该成为当前图书馆推进服务智能化转型的重要抓手。

构成图书馆的要素包括馆舍、文献资源、设施设备、读者（用户）、馆员、规章制度等。随着数字化的发展，文献资源基本上数字化了，图书馆集成管理系统建立了简单的读者数据库。但是，构成图书馆的其他要素，数据化工作还未全面展开，或者只是零星积累了一些数据。为了推进图书馆服务智能化，图书馆的各类组成要素必须进行数据化，文献数字资源和读者数据也需要扩充和进一步数据化，以构建图书馆数字孪生，逐步实现实体图书馆和虚拟图书馆的实时数据交互，提升用户体验，提高服务效率和质量。

一是图书馆物理空间的数据化。应当将图书馆建筑和布局的空间资源进行数字建模，对图书馆物理空间进行全方位立体映射、全息感知部署，构建图书馆空间数字孪生体。读者可在图书馆物理空间和数字孪生空间之间自由切换，实时交互，虚实融合，从而拓展和优化图书馆空间资源的服务功能。[1]

二是数字化文献资源的细粒度化。文献资源不仅要数字化（digitization），还要数据化（datafication），即对数字资源进行结构化、细粒化处理，使之成为标准化、精准化的数据对象。文献内容的细粒度标引是把文献中的知识单元进行重新组织、整合的基础，有助于深度挖掘、发现文献数据的价值。[2]例如，对文本类数字资源实现章节级、段落级、图、表等的细粒度标引，形成新的知识单元。[3]对文献中的人物、机构、地名、事件等也应作为知识单元进行标引，以便抽取知识，整合形成知识库。细粒度的数据化有利于将文献检索和获取朝着知识检索和获取的方向转化，有利于知识的关联和综合，提高文献服务的智能化水平，满足用户对知识化、专题化的服务需求。

三是图书馆设施设备的数据化。采集图书馆管理、门禁、自助服务、监控、水电、消防等各类设施设备系统所产生的数据。挖掘和利用数据，对设施设备系统进行全生命周期监测与管理，及时排除故障，保障正常运转。运用数字孪生系统对设施设备资源进行优化配置，提升图书馆设施设备系统的使用效率，物尽其用。

四是推进读者（用户）的数据化。读者（用户）不仅是图书馆的服务对象，也是图书馆的重要资源。图书馆集成管理系统中有读者的

---

1 张艳丰、欧志梅，《数字孪生技术驱动下智慧图书馆场景化服务模式研究》，《情报理论与实践》，2022年第8期。

2 章成志、谢雨欣、宋云天，《学术文本中细粒度知识实体的关联分析》，《图书馆论坛》，2021年第3期。

3 王彦君，《智慧图书馆文献精细化标引流程及关键技术研究》，《河南图书馆学刊》，2022年第11期。

基本数据，其社交平台也都建立了标准不一的用户数据。图书馆应将尽可能多的用户数据进行收集和标准化，扩充用户数据的字段或属性，整合成统一的用户数据库，进而构建用户数字孪生体，所有的用户实体都有相应的数字孪生体与之对应。利用数据聚类分析、关联分析、挖掘分析为用户画像，产生用户标签，以实现为每位用户在特定的时间、空间提供专门化、个性化的精准服务。运用用户数字孪生体，分析挖掘其对图书馆文献资源、空间资源、设备资源的实时需求和潜在需求，优化各类资源配置和服务场景设计，提高图书馆文献资源、设备资源和空间资源的使用效率，进而提高服务质量和用户满意度。

五是馆员的数据化。将馆员属性与行为数据化，形成馆员数字孪生体。在数字孪生系统中，实现馆员、用户、资源的互联互通，虚实融合。利用馆员数字孪生体与用户实时互动，实现馆员与用户服务的精准匹配，智能系统可为不同场景、不同需求的用户调配最合适的馆员提供服务，以人尽其才，最大限度实现馆员价值，提高服务的质量与效率。

不仅图书馆各组成要素需要数据化，图书馆管理服务的制度和业务过程也需要数据化。移动化、网络化办公与服务过程的数据需要采集管理。随着政府部门、社会机构数字化改革转型的深入发展，越来越多的图书馆数据可以与其他数据平台进行交换、整合，其他数据平台的数据也将成为图书馆数据的重要来源。所以，图书馆要利用好政府部门和社会机构数字化改革转型的机遇，跳出图书馆自身进行数字化、智能化建设，以获取更多的资源和技术支持，同时也更好地赋能全社会的数字化、智能化转型。

（三）以数据业务化推进图书馆服务智能化转型发展

图书馆全要素、管理服务全过程数据化，其目的是将数据业务化，也就是将数据转化为图书馆服务智能化的项目、内容、举措，实现数据的价值，推进服务创新，实现图书馆服务的高质量发展。

业务数据化和数据业务化是相辅相成的过程。我们需要对图书馆全要素、管理服务全过程的数据化所生产的海量数据，进行有效的数据治理。

图书馆数据治理包含各类数据标准制定、数据质量管理、元数据管理、主数据管理、数据模型、数据标签、数据服务、数据安全管理等内容。运用数据全生命周期管理的思想和方法，[1] 引进融合大数据、AI 技术的数据治理产品，使图书馆数据资产实现有效治理，进而挖掘、利用数据价值，反哺图书馆业务创新，赋能图书馆服务智能化。一是利用数据提升图书馆实时感知能力，快速了解用户需求并做出响应。二是利用数据提升图书馆业务决策能力，从经验决策转向数据决策。三是利用数据拓展图书馆服务的广度和深度，开展个性化、定制化的精准服务，提升用户体验。四是整合挖掘数据，实现图书馆业务创新，推出新的业务项目和服务举措，实现图书馆服务的高质量发展。

图书馆业务数据化和数据业务化，是一个螺旋式上升的过程。要不断提升数据的价值密度，拓宽数据应用场景，为业务赋能，驱动图书馆业务的迭代升级。

---

1 张培凤、张连分，《全球科研范式变革下的图书馆科学数据管理服务创新——基于数据管理生命周期的视角》，《图书馆理论与实践》，2019 年第 5 期。

（四）图书馆应主导自身数据的管理与服务

智慧图书馆的支撑技术及其产品基本上由厂商提供、维护，具有共性或一定的普适性；而数据资源将更多地在图书馆系统运行中产生，即使是购买厂商的数字化文献资源，也需要图书馆来选择、采购、整合、评价并提供服务。图书馆的数据资源具有个性或独特性。如果说AI 技术产品将由开发商主导生产、图书馆选择使用，那么在数据资源管理与服务方面，应是由图书馆主导、厂商配合技术支持来共同实施。

三、推进 AI 技术与图书馆专业的融合发展

图书馆智能化转型不是简单地把以 AI 技术为代表的新技术应用到图书馆，而是应当将技术与图书馆业务交叉渗透、融合发展。AI 技术应用要有助于增强图书馆的核心竞争力，而不应是相反。随着技术的渗透应用和迭代发展，图书馆工作重心在不断变化，越来越多的业务会被机器取代，但是，图书馆的核心竞争力不应当被削弱。[1] 图书馆核心竞争力是图书馆行业存在与发展的基石，是区别于其他行业的独特的差别优势以及不断培育增强的竞争优势。图书馆核心竞争力应具备价值性、稀缺性、不可替代性、难以模仿性和延伸性。图书馆的核心竞争力是图书馆区别于其他机构的独特的社会功能的总和，包括文化促进与知识传承、可信赖的有序化信息资源与空间设备资源、服务的公益性与开放性、多方合作与共享机制、信息素养教育与终身学习等。

1　杨广锋，《国内图书馆核心竞争力研究评述》，《图书情报工作》，2007 年第 1 期。

这些专业性社会功能的发挥，推动形成了独特的图书馆文化：读者（用户）第一，服务至上；平等、开放、包容、便捷、友好、守正、创新。虽然其他机构也可能有某个或某些方面的功能，但只有图书馆才具备上述功能的全部。这是图书馆在社会竞争中的比较优势，是图书馆赖以存在和不断发展的基石。AI技术的应用，虽然会改变图书馆的具体工作内容和运行方式，但不应削弱，而应当强化图书馆的独特社会功能，保持图书馆的专业性与不可取代性，拓宽图书馆的发展空间。

因此，必须坚持AI技术应用与图书馆专业服务功能相融合的原则，技术与业务交叉渗透、融合发展，以问题为出发点和落脚点，推进图书馆智能化转型发展。当前图书馆工作中存在着不少难点问题：如何在良莠不齐的出版市场中选择受读者欢迎、有收藏价值的图书，并形成具有特色的馆藏体系？怎样准确评估文献数据库、硬件设备、软件产品的使用绩效？如何增强图书馆对用户的黏性，吸引读者去实体图书馆，以及提高门户网站、移动化平台的活跃用户数和访问量？怎样提高文献资源的利用率？如何提供受用户欢迎的个性化、精准化资源推荐和嵌入式学科服务？怎样评价和提升阅读推广活动的效果？如何集约使用图书馆空间、设备、人力资源？诸如此类问题不胜枚举，都需要运用AI技术与图书馆业务结合探索解决方案。

当前，AI技术呈现加速度、突破性发展的趋势，也将更广泛、深刻地渗透应用于全社会。未来图书馆将会越来越多地应用AI新技术，而且不同的技术将进一步融合发展，协同应用于图书馆业务工作的各个领域和场景。图书馆空间、设备、设施、文献资源、馆员和用户将不断地被数据化、虚拟化，图书馆的各类数据经确定权属而变为数字资产，使其在得到安全保护的基础上发挥价值。AI产品和服务提供商、馆员、用户、图书馆与社会将共同构建智能化服务的生态圈，形成新时代图书馆高质量、可持续发展的新业态，创建以人为本、人与技术融合发展的图书馆新文化。

结 语

不同的图书馆在向数字化、智能化转型发展的过程中，其服务功能在不断演变分化和多元化，以适应各自用户群体的多元需求。数据是图书馆智能化转型发展的基础，图书馆各组成要素和业务过程的数据化是推动转型发展的重要抓手。图书馆应当把不断积累的数据转化成新的业务，以实现数据价值，拓展图书馆的服务功能。图书馆数据的复杂性、专业性、独特性决定了在数据治理中图书馆要起到主导作用。图书馆服务创新要有利于增强其核心竞争力，增加实体图书馆的人气与数字图书馆、智慧图书馆系统的用户黏性。在 AI 时代，操作层面的业务工作将越来越多地交给 AI 工具完成。要驾驭、利用好 AI 工具，图书馆员的意识、观念和想象力变得越来越重要，馆员的主要工作将是构想出全新的服务场景，再交由 AI 系统来实施完成。图书馆员的角色将从直接回答或解决用户的问题逐步转变成对 AI 系统的提示、提问和指令。因而，图书馆要增强对 AI 技术的敏感度，提高对技术的跟踪、消化、利用的能力，加强数据治理和价值挖掘，有效地操控、利用 AI 技术，推动图书馆服务的智能化转型发展。

智慧时代图书馆的
新定位、新功能和新服务探索 *

陈益君　唐章林

　　图书馆是一个生长着的有机体，社会需求和技术进步是推动图书馆变革的不竭动力。文字作为人类信息交流和文化传承的符号，已有几千年的历史。图书馆作为书籍的汇集地，最早可追溯至公元前 4 世纪古希腊神庙的藏书之所。[1]随着人类书写方式、印刷技术、计算机键盘输入、文本扫描、OCR 字符识别、自然语言识别、声音识别技术等的发展，图书馆的资源形态日益丰富多样。目前，各类数据库、电子资源、网络资源等数字资源已成为图书馆资源的重要组成部分。随着信息资源形态、信息传播方式的改变，图书馆的管理思想、技术手段、服务内容和服务方式也随之改变。人类社会正在经历一场以人工智能、大数据、云计算、物联网、区块链、元宇宙、5G 等技术为引领的新一轮科技和产业革命，随着智慧城市、智慧国家、智慧社会等发展理念的确立，智慧校园、智慧图书馆的发展已成为未来愿景。随时随地、主动精准地为用户提供便捷高效、个性化、智慧化的信息与

---

* 陈益君，浙江大学图书馆研究馆员；唐章林，中共浙江省委党校图书馆馆长、副研究馆员。

1 杨光，《智慧图书馆中图书馆交流功能的演变》，《黑河学刊》，2023 年第 5 期。

知识服务，已成为图书馆追求的新目标、新要求和新动能。

一、图书馆的历史变迁

图书馆的发展与演变，总伴随着文献载体的变迁和媒介技术的进步。传统藏书楼是雕版印刷和书写传播的缩影，活字印刷催生传统图书馆的萌芽，数字技术催动现代图书馆的发展，数字出版和网络传播促进数字图书馆的诞生。一部图书馆的发展史，就是一部文字记载、印刷出版和信息传播的文明史，两者之间互为一体、密不可分。封闭式的藏书楼以藏为主，只为统治阶级、士大夫阶层等少数人服务，现代图书馆主要体现为"藏用结合，以用为主"，被动等待、分层服务是其主要特点，数字图书馆以"开放共享、馆际合作、以用为主、主动服务"为管理理念，智慧图书馆追求"个性化、精准化、人性化、智能化"的发展目标。

变革已成为社会发展的新常态，图书馆也常变常新。未来图书馆到底会如何演变，会有哪些功能？ 2016年中国图书馆年会基础理论分会场在铜陵以"未来图书馆的新形态与新功能"为主题进行研讨，其中罗永禄认为，"未来图书馆既是实体图书馆又是智慧图书馆，既是知识中心、学习中心、交流中心，也是创新中心"，[1]图书馆作为文化机构的实体空间的特征不会变，但图书馆对读者的感知、互联互通、协同合作等能力将加强。吴建中指出，图书馆从以书为主体向以知识为

---

1 周亚、孙健、刘敏，《未来图书馆的新形态与新功能——2016年中国图书馆年会基础理论分会场综述》，《图书馆》，2017年第1期。

主体的方向发展，建成"知识中心""学习中心""交流中心"。[1]

南京大学苏新宁教授认为，图书馆有五大重要使命：辅助科技创新、提升全民文化素质、传承历史文化、推动科学普及、引领学科发展。[2] 未来图书馆将发展成为一种网络化运行的数字化、虚拟化、可移动、智慧服务的新形态，其资源全面融合、无缝链接；图书馆的职能也不仅仅是进行文献服务，文化传承、引导学习、助力科研、技能培养是图书馆的基本要求，开展知识服务、品牌运营、数据管理、决策支持将成为基本业态。

二、新时代图书馆的定位

（一）图书馆办馆理念的历史演变

从资源形态、传播方式和技术变革的角度来看，图书馆的发展经历了封闭式的藏书楼，书本式目录为检索途径的传统图书馆，卡片式目录为检索途径的现代图书馆，机读目录（MARC）为检索方式、数字资源日益丰富和网络传播为特征的数字图书馆，目前正处于数字图书馆向智慧图书馆发展的转型期。从封闭式的藏书楼走向开放式的现代图书馆，从被动等待读者上门走向主动服务用户，从以藏书为中心走向以"以人为本、以用户为中心"的办馆理念，既是时代发展的要求，

1　吴建中，《新现实·新业态·新作为——图书馆面临的挑战与机遇》，《数字图书馆论坛》，2020年第8期。

2　苏新宁，《新时代图书馆使命与未来图书馆学教育之思考》，《中国图书馆学报》，2020年第1期。

也是技术推动、技术升级的结果。

在纸本时代，社会信息资源相对匮乏，图书馆是人们获取信息资源的主要场所，在模拟信息环境下，图书馆员很难改变时空的障碍，图书馆依靠图书编目分类技术、卡片目录组织方式和物理空间布局，坐等读者上门；而随着计算机技术在图书馆的应用，数据库、电子资源、网络资源的丰富以及网络传播方式的普及，图书馆的信息服务依靠信息门户、自动化集成系统、数据平台、微信公众号、图书馆官网，通过网络传播、移动服务，逐渐形成数字化、网络化、移动化和智慧化的服务格局。

（二）图书馆发展的新格局新定位

当前，我国图书馆正处于由高速发展转向高质量发展的转型期，大数据、云计算、物联网、区块链、人工智能等技术为图书馆的高质量发展提供了契机，"知识赋能、数据赋能、智慧赋能"[1]为图书馆转型提供了新动能，"创新、协调、绿色、开放、共享"[2]的理念正成为图书馆发展的指导思想。我们知道，图书馆是由人、信息、信息技术和信息政策法规四大要素相互联系、相互作用而形成的信息系统。人工智能算法、算力和算据[3]的加速发展极大地增强了内容生成的智能化水平，未来的网络信息世界将迅速走向专业生产内容（professional

1　柯平、彭亮，《图书馆高质量发展的赋能机制》，《中国图书馆学报》，2021 年第 4 期。

2　刘鹤，《必须实现高质量发展（学习贯彻党的十九届六中全会精神）》，中国共产党新闻网，2021 年 11 月 24 日，http://dangjian.people.com.cn/n1/2021/1124/c117092-32290248.html。

3　张钹、朱军、苏航，《迈向第三代人工智能》，《中国科学：信息科学》，2020 年第 9 期。

generated content，PGC）、用户生产内容（user generated content，UGC）和机器生成内容（artificial intelligence generated content，AIGC）共生、共融的信息生态体系。这必将重塑图书馆的信息生态，对图书馆的信息管理、知识服务带来新的影响和挑战。

认识信息世界的经典理论 DIKW 层级模型，将现实世界按数据（data）、信息（information）、知识（knowledge）、智慧（wisdom）分成四个等级，形成以数据为基础层、信息为第二层、知识为第三层、智慧为顶层的金字塔结构。[1] 从数据到智慧，每一层都经过了数据的识别，信息的加工，以及知识的揭示、提取、关联等工作。未来知识内容正逐步以可计算的关联关系机制——知识图谱——予以表达，现在，互联网已不仅仅是机器与机器、文件与文件的联结，而是知识对象与知识对象的关联。[2] AI 不仅是互联网科技的一项基础能力，也是我们生活中的基础资源，必将成为图书馆发展和变革的驱动力量。未来图书馆的发展应坚持高质量发展的理念，用大数据、云计算、人工智能等颠覆性技术赋能图书馆的变革，用人工智能大模型重塑图书馆的知识组织和业务流程，提升图书馆自动感知用户需求的能力，开展全媒体、全过程、全素养的智慧精准服务。

1　叶继元、陈铭、谢欢等，《数据与信息之间逻辑关系的探讨——兼及 DIKW 概念链模式》，《中国图书馆学报》，2017 年第 3 期。

2　李娇、孙坦、黄永文等，《融合专题知识和科技文献的科研知识图谱构建》，《数字图书馆论坛》，2021 年第 1 期。

三、新时代图书馆的功能

（一）知识组织中心

知识加工、知识组织、知识管理工作是图书馆最基础、最核心、最本质的功能。随着数字化、智能化技术的发展，人类越来越能全面掌握一个事物全生命周期在全空域、全流程、全场景、全价值等方面的完整数据链、信息链和知识链，如何通过科学有序地将人、地、时、事等实体知识，按照事件抽取、实体抽取、概念关联、数据关联等技术要求重新组织，深度揭示信息内容、科学有序组织知识体系，满足用户知识发现、内容挖掘研究的需求，是时代发展的新要求。例如，上海图书馆利用数字人文和人工智能技术，依托馆内历史人文数据平台，对古典小说续作研究进行了场景建设，探索出古典文献研究项目智慧服务的新路径——更好地满足人文学者研究需求——及古典小说阅读推广的新方式。[1] 随着人工智能、机器学习、区块链、智能代理的发展，自动分类、机器编目将降低图书馆员的劳动强度、提高图书馆员的工作效率，使其可以将有限的时间和精力投放到知识组织更加重要的工作上去——这也是智慧时代赋予图书馆员新的工作使命。

如何运用新技术、新方法重塑知识组织体系，值得深入研究和有序推进。图书馆自建资源、购买资源、网络资源的组织形式和内容形态，存在着数据结构、信息揭示、知识发现等方面的差异，如何有效整合

---

[1] 韩春磊、姚啸华、张宏玲等，《新时代古籍智慧化服务实践探讨——以古典小说续作研究场景为例》，《图书馆杂志》，2023 年第 12 期。

不同来源的数字资源，实现数据、信息、实体等更细粒度的融合，一方面需要在语义层面构建映射、集成、协议等标准，实现不同类型资源间的语义连接和互操作；另一方面需要将不同来源的数字资源聚类在同一场景下实现互联互通。[1] 元宇宙整合了 VR（virtual reality，虚拟现实）、AR（augmented reality，增强现实）、MR（mixed reality，混合现实）、XR（extended reality，拓展现实）、区块链、大数据等多重技术，打破了空间的有限性和时间的线性，能将属性、环境、事件等信息在异度空间和同度异构空间之间相互映射，实现信息跳转和虚拟时空的穿梭，数字孪生技术能将不同形式的数字资源以孪生化形式在元宇宙中重构，通过空间映射让数字资源在更高维度实现整合。

在 ChatGPT 引领人工智能浪潮之后，人工智能技术开始向智能体（AI Agent）演进。AI Agent 以大语言模型（large language models，LLMs）为驱动，具有自主理解、感知、规划、记忆和使用工具的能力，能自主决策和解决实际问题。[2] 未来 AI Agent 不仅会为人类提出建议，还将代表人类采取行动。它与人的合作将逐步加深，并过渡到 AI 完成大部分工作的智能体模式。未来每个图书馆员都将拥有一个专属的智能体，此时就需要双向协作，重新构建人机协同关系。如何尽快掌握 AI 技术，并通过构建自身的知识库训练个人智能体，以减少馆员劳动强度、提升工作效率，将成为未来图书馆知识组织的重要任务。

---

1 向安玲、高爽、彭影彤等，《知识重组与场景再构——面向数字资源管理的元宇宙》，《图书情报知识》，2022 年第 1 期。

2 喵喵的科技飞船，《人工智能时代，AI Agent 才是实现超级个体的新突破口》，百家号，2024 年 2 月 6 日，https://baijiahao.baidu.com/s?id=1790130566120479563。

（二）未来学习中心

图书馆作为文献信息资源中心，与生俱来就拥有知识中心、学习中心和交流中心的功能。随着信息技术的发展，以藏书为基础、阅览室为主体、满足个体阅读和研究需求的传统空间布局，已不再满足用户多元化的需要。早在 1970 年代，克赖斯特（Frank L. Christ）[1]、恩赖特（Gwyn Enright）[2] 就将"学习中心"定义为一种服务，基廷（S. Keating）、加布（R. Gabb）[3] 则将"学习中心"的模型转变为"学习共享"的概念，强化了图书馆在教育中的重要性。1990 年代，在学习科学和建构主义理论影响下，探究学习、合作学习、情境学习被引入大学校园，学习空间逐步受到关注。1992 年，美国爱荷华大学图书馆推出"信息拱廊"项目计划并实施，[4] 信息共享空间的理念在全球图书馆空间改造中获得全面认同。2008 年，澳大利亚昆士兰大学雷德·克里夫（D. Radcliffe）提出 PST（pedagogy-space-technology）框架，强调建设学习空间应考虑教学法、空间与技术三个核心要素的相互融合与支持。[5] 从此，有关图书馆空间与价值的问题引起业界思考。

1　Christ, F. L. (1971) Systems for Learning Assistance: Learners, Learning Facilitators, and Learning Centers. *Proceedings of the Annual Conference of the Western College Reading Association* 4 (1).

2　Enright, G. (1975) College Learning Skills: Frontierland Origins of the Learning Assistance Center. *Proceedings of the Annual Conference of the Western College Reading Association* 8 (1).

3　Keating, S. & R. Cabb (2005) *Putting Learning into the Learning Commons: A Literature Review*. Melbourne: Victoria University.

4　曾翠、盛小平，《国外信息共享空间研究进展》，《情报杂志》，2009 年第 12 期。

5　郭玉清、杨玉辉、苏建元，《虚实融合的场馆学习与文化传承》，浙江大学出版社，2019 年，第 146 页。

面向未来的学习中心建设是新时代中国高等教育在图书馆空间建设上的领跑战略。2021 年底，时任教育部高教司吴岩司长在高校图工委成立 40 周年研讨会上首次提出建设"未来学习中心"的任务，并鼓励一批高校先行先试。[1] 吴岩提出，要"通过文献资源整合、空间流程再造，构建智慧学习空间，鼓励团队式、协作式、主题式学习，把图书馆建成信息服务中心、学生学习中心、教学支持中心，改革传统人才培养模式，探索新时代育人新范式"。[2] 时代在变，教学模式也在变。在教育 4.0 背景下，教育环境、教学方式正在发生深刻变化，数字教育成为全球高等教育发展的趋势，以教师为主的教学模式，转向以学生为主。教学模式从知识传授转变为培养学生利用各类信息资源开展自主式学习、参与式学习和探究式学习。[3] 这就需要图书馆通过未来学习中心的建设，引导并支持学生进行自主性、合作性、研究性以及项目式的学习，为研究型、创新型人才的培养提供支持。

高校未来学习中心的建设并非图书馆单个实体的任务，需要联合学校信息中心、教务处、研究生院等机构共同参与。同时，充分利用智慧图书馆的基础设施，将各类教育资源和课程纳入未来学习体系，组建专业支持团队，建立以人才培养为导向，以培养学生多元素养为目的，发挥图书馆的信息服务、学习支持和教学支持等职能，通过机构合作、外部借力、资源整合等方式，有效发挥图书馆在未来学习中心建设中的参与者或主导者的作用。

---

1 张静蓓、徐亚苹、周琼等，《未来学习中心建设：图书馆的角色定位、功能重塑及实践探索》，《农业图书情报学报》，2023 年第 6 期。

2 吴岩，《加快高校图书馆现代化建设 助力高等教育高质量发展》，《大学图书馆学报》，2022 年第 1 期。

3 张静蓓、徐亚苹、周琼等，《未来学习中心建设：图书馆的角色定位、功能重塑及实践探索》，《农业图书情报学报》，2023 年第 6 期。

（三）知识创新中心

面对人工智能技术的快速发展，图书馆应如何构建知识服务体系，助力高校的知识创新和社会的技术进步？近年来，随着图书馆空间改造的兴起，各类研究室、讨论室、会议室、创客空间和报告厅如雨后春笋，方兴未艾。但是，图书馆空间的建设不能停留在简单的热点追逐上，而应建立在调查研究，了解用户需求，结合本校、本单位的现实状况、资源特色和人才储备等条件基础上，应坚守图书馆信息资源保障和知识信息交流的根本。图书馆是各类信息资源、各类媒介信息的聚集地，具有跨学科、跨媒介的综合性特点，应在学校院系、专业研究机构不太关注、不愿关注或者仅凭单个机构力量难以完成的具有通用性、共同性的学科地带建立研究机构，创办知识创新实验室。例如，麻省理工学院的媒体实验室，剑桥大学图书馆、耶鲁大学图书馆的人文实验室，[1] 中国科技大学图书馆的国际遗传工程机器设计大赛（iGEM）培训基地、国际大学生程序设计竞赛（ICPC）编程训练营和福昕创新联合实验室。[2] 媒体实验室、人文实验室与图书馆的资源、人才、技术相契合，能够激发图书馆的服务活力，并融入其他学科的发展过程。

目前，自动感知用户需求并主动提供相应的服务已成为图书馆的基本要求。通过用户在线交互，查询、浏览、下载、借阅信息资源的

---

1 陈益君、王丽杰、朱丹阳等，《图书馆高质量发展的战略着力点与实现路径探讨》，《大学图书馆学报》，2022 年第 5 期。

2 樊亚芳、李琛、王青青等，《高校图书馆未来学习中心建设与服务实践——以中国科学技术大学图书馆为例》，《大学图书馆学报》，2022 年第 4 期。

数据，了解用户的信息行为，结合用户的研究方向、研究过程、研究项目和最新关注热点，生成式人工智能技术能够主动感知用户需求，自动发现用户潜在需求，并及时提供准确的信息推送服务。这在一定程度上能够助力研究人员的科技创新。但是，仅仅依赖用户信息行为数据，开展学科服务已远远不够。图书馆应该构建能够协助研究创新的 AI Agent，以适应未来知识服务与知识创新的新需求。智能体通常包括四个组成部分：一是大模型，将 ChatGPT、Llama、Gemini、通义千问等作为智能体的大脑，提供推理、感知、决策能力。二是规划，智能体能够将大型任务分解为更小的、可管理的子任务，从而便于处理复杂任务。三是记忆，智能体具有长时间保留和回忆信息的能力，通常利用外部向量存储和快速检索实现。四是工具使用，智能体能够调用外部 API（应用程序接口）以获取模型中缺失的额外信息。智能体可以执行多种任务，通常包括感知环境、处理信息、做出决策，并与其他智能体交互来完成共同的目标。

中国科学院院士何积丰认为，"在人工智能技术快速发展的阶段，深度学习算法不断迭代。以人工智能技术为代表的革命，实际上是知识生产力的变革，是知识革命"。[1] 目前，AIGC 已具有类似研究者的观点输出能力，可以成为合作生产、学术检索、观点碰撞的参与主体，[2] 可以利用自身的观点组织能力形成知识传播和服务推荐，可以对相关

1　温雅兰，《中国科学院院士、华科智谷人工智能研究院院长何积丰：大模型仍不具备自主学习的能力，我们要想办法走在 AI 之前》，腾讯网·每日经济新闻，2024 年 2 月 3 日，https://new.qq.com/rain/a/20240203A03KML00。

2　骆飞、马雨璇，《人工智能生成内容对学术生态的影响与应对——基于 ChatGPT 的讨论与分析》，《现代教育技术》，2023 年第 6 期。

文献做出初步的审查与归纳，提高学术评价的效率。所以，AIGC 将在一定层面重塑学术生态，并影响学术生产、学术传播、学术评价等环节。ChatGPT 为代表的大模型将使科学研究从数据密集型向计算密集型过渡，进入以人工智能介入研究过程的第五范式，今后越来越多的研究过程将有人工智能参与，甚至主导。[1] 人工智能作为一种新的生产力工具，已在科研活动中更加深度参与。例如，使用 Scite、Litmaps 进行文献发现，使用 AlphaFold 进行蛋白质 3D 结构预测，[2] 利用华为云盘古药物分析大模型研制新药，[3] 等等。

大语言模型是一种使用人工神经网络构建的基于海量文本数据训练的深度学习模型。未来图书馆的知识创新功能，必须运用最新技术成果，应尽早开展 AI Agent 的试点工作，利用大语言模型处理各种自然语言任务，通过构建能够协助科研人员研究的智能体，按照科研人员的需求进行定制，获取关于其研究方向、研究动态的前沿技术和全媒体的新闻，并经编辑处理，形成内容简明摘要，及时提供给科研人员，从而助力知识创新工作。

---

1 金家琴、刘炜，《AI 2.0 时代的数字学术及其范式变革》，《图书馆杂志》，2023 年第 11 期。

2 陆伟、马永强、刘家伟等，《数智赋能的科研创新——基于数智技术的创新辅助框架探析》，《情报学报》，2023 年期 9 期。

3 华为云盘古药物分子大模型的出现打破了新药研制"超过 10 年时间，10 亿美元成本"的规律，将新药研发周期从数年缩短至数月，研发成本降低了 70%。它可以帮助药物研发人员，在成千上万的小分子化合物中快速找到可成药的那一个，同时可以生成 1 亿个创新的类药物小分子库，其结构的新颖性为 99.68%，为发现新药创造了巨大的可能性。参见短线将军，《医疗行业变天了，华为放大招》，东方财富网，2023 年 11 月 12 日，https://caifuhao.eastmoney.com/news/20231112112209105817620。

（四）技能培养中心

创新意识、创新精神和创新能力的培养，信息评价、知识生成、媒体技能、计算机程序语言、机器翻译等通用技能的掌握，数据管理、数据挖掘、数据分析、计算技能等信息素养的提升，在未来的发展和社会的竞争中具有重要的、不可或缺的作用。培养学生学习掌握现代信息工具的使用方法、沟通技能，在人机协同、人机融合的新生态中面向未来、超越自我，具有普遍的现实意义。

目前，现代信息技术的发展日新月异，人工智能的发展难以估量，人工智能大模型对于人类大脑的模拟已经达到具有知识的记忆、更新，并且能举一反三、融会贯通的水平。有关研究表明，预计到 2026 年前后，人工智能大模型就可以消化人类历史上所有有价值的文字数据。[1] 所以，面对新媒体、新工具、新平台的不断出现，新知识、新技术、新应用的不断更迭，如何学习掌握人工智能技术来为自身发展和社会进步服务，如何学会与机器沟通、协同共处，如何提升信息技术和人工智能的素养以掌握信息获取、知识生产的新方法、新技能，是人类适应未来社会发展，提升自身竞争力的根本所在。图书馆应抓住新质生产力发展的机遇，整合新技术、新资源、新工具和新空间，开辟技能培养的新场景和新业态。

---

1 温雅兰，《中国科学院院士、华科智谷人工智能研究院院长何积丰：大模型仍不具备自主学习的能力，我们要想办法走在 AI 之前》，腾讯网·每日经济新闻，2024 年 2 月 3 日，https://new.qq.com/rain/a/20240203A03KML00。

（五）文化传承中心

文献保护、文化传承是图书馆的原始基因。图书馆始终是一个城市、一个区域、一个民族的重要精神支柱之一，是一所大学的文化高地、知识殿堂，是文化展示、文化创新、文化体验的中心。图书馆作为集体记忆的载体，通过收集、整理和保存各种书籍、文献资料，为人们提供了一个以文本为主体的信息源。[1] 图书馆是文化建设的重要组成部分，承载着保存人类文化遗产、开展社会教育、传递科学信息、开发智力资源等职能。[2] 中共中央办公厅、国务院办公厅印发的《关于实施中华优秀传统文化传承发展工程的意见》中明确指出，要"充分发挥图书馆、文化馆、博物馆、群艺馆、美术馆等公共文化机构在传承发展中华优秀传统文化中的作用"。图书馆对中华传统优秀文化的收集、整理、保存、传承等有着重要责任和历史优势。

从图书馆发展的历史来看，自图书诞生伊始就内蕴着文化认同的教育价值，图书馆的每一次嬗变都留下民族文化进步和发展的痕迹。图书馆发展史其实质是人类文明进步的缩影，是人类知识不断产生、存储、更替和利用的历史，[3] 图书馆的文化传承涉及多方面的内容，包含对其馆藏文献的保护、共享、服务、创新和求实等诸多方面。图书馆担负着对古籍、善本等文化遗产的修复和保护责任，应当采取一系

---

[1] 谢欧、张学敏，《发挥图书馆教育功能　铸牢中华民族共同体意识》，《民族教育研究》，2023 年第 5 期。

[2] 夏冰，《中国传统文化的传承——"图书馆＋书院"模式的作用及其发展途径》，《人文天下》，2016 年第 24 期。

[3] 施强，《大数据、知识服务与当代图书馆学》，浙江大学出版社，2020 年，第 257 页。

列措施确保所藏文献物质形态和文化内涵的传承，遵循"原真性"原则，尽可能保持古籍等藏品的原始状态和特征；同时，应遵循"完整性"原则，涵盖古籍、善本等文化遗产所承载的内容、形式和相关历史背景等方面的完整性。不同的时代有不同的文化特点，如何使图书馆收藏的各类文化典藏，通过保护性开发、创新性利用，在新时代焕发出新的魅力是图书馆人的使命所在。为了更好地保护、修复、传承图书馆的文化典籍，世界上比较著名的图书馆都成立相应的文献保护实验室，例如美国国会图书馆 1980 年代就建立了文献保护实验室，北京大学图书馆的文献保护实验室经过多年的筹备于 2019 年正式投入运营。[1]

四、智慧时代图书馆的新服务

习近平总书记 2023 年 9 月在黑龙江考察调研时第一次提出"新质生产力"这一原创性概念。新质生产力是什么？习近平总书记指出："概括地说，新质生产力是创新起主导作用，摆脱传统经济增长方式、生产力发展路径，具有高科技、高效能、高质量特征，符合新发展理念的先进生产力质态。它由技术革命性突破、生产要素创新性配置、产业深度转型升级而催生，以劳动者、劳动资料、劳动对象及其优化组合的跃升为基本内涵，以全要素生产率大幅提升为核心标志，特点是创新，关键在质优，本质是先进生产力。"[2] 图书馆的知识组织与服

1　吕淑贤、张艳霞，《北京大学图书馆古籍保护实验室的建设与思考》，《大学图书馆学报》，2021 年第 4 期。

2　是说新语，《关于发展新质生产力，总书记这样强调》，求是网，2024 年 3 月 8 日，http://www.qstheory.cn/laigao/ycjx/2024-03/08/c_1130086855.htm。

务创新,需要融合人工智能、大数据等新技术,创建全真阅读、创客空间、知识实验室等新业态,开展新思维、新方法、新技术等知识创新服务。

（一）开展自主学习服务

随着资源形态、传播方式和人工智能技术的发展,自主学习、兴趣驱动、终身学习将决定一个人一生的成就,作为第三空间的图书馆,其作用将越来越大。图书馆应充分利用现代技术,及时了解、感知用户的兴趣、爱好和专业特长,将相关的信息资源及时、精准地推送给相关读者,为他们个性化的研究、阅读提供针对性、及时性、有效性的服务。北京理工大学在未来学习中心的建设中,构建"4A"智慧范式,该范式将使每一位学生（anyone）都可以随时（anytime）、随地（anywhere）、随求而学（anything）,从而提升他们自主学习和终身学习的能力。[1]

随着数据管理和计算能力的提升,人工智能技术获得迅速发展,2023 年以来 AI Agent 的兴起,标志着 AI 从单纯的任务执行者转变为能够代表或协助人类做出决策的智能体。随着人工智能在教育领域的结合,AI Agent 将作为智能辅导员,根据学生的基础、特点、学习进度提供定制化的教学内容,图书馆应通过教育资源的组织,运用 AI 技术开展符合自身特点的服务,为学生自主学习和快速成长赋能。

---

[1] 张静蓓、徐亚革、周琼等,《未来学习中心建设:图书馆的角色定位、功能重塑及实践探索》,《农业图书情报学报》,2023 年第 6 期。

（二）提供全真阅读体验

阅读是人类获取信息的基本方式。人类的阅读史经历了口头传播时代、文字传播时代、视频传播时代，未来可能进入三维信息传播时代。所谓元宇宙是指一种通过增强现实技术和虚拟现实技术创造出的现实世界与虚拟世界相混合的状态，是继 PC 互联网与移动互联网之后的第三代互联网，标志着一个全真互联网新时代的到来。[1] 在元宇宙虚拟空间里，人们将以数字化方式存在，人们接触的一切，都是数字内容，而不是物理实体。在元宇宙世界中，阅读将不再是一个专门的活动，而是全面泛在化，阅读也将成为人们在元宇宙中连接一切的接口。在元宇宙空间，人们获得信息、知识的方式将进一步从文字阅读与思考转化为"目击"观看各类"全真信息"。我们将身临其境，犹如在新闻发生"现场"目击"全真新闻"。

目前，国内已有类似的尝试。济南市图书馆打造了"元宇宙文学互动体验空间"，即一种角色扮演、多人互动的沉浸式文学阅读新方式，利用 VR、AR 等技术，带读者穿越到一个个由经典故事情节和角色构建的元宇宙空间。[2] 嘉兴市图书馆在国家公共示范创新研究中心（嘉兴）的支持下，建设了全国公共图书馆界首个元宇宙阅读体验基地。[3] 厦门开启"公益 + 科技"的创新尝试，发起建设元宇宙公益图

1　徐升国，《元宇宙时代的阅读与出版》，《科技与出版》，2022 年第 4 期。

2　田柳、刘瑞琪，《用剧本游戏的方式"读"名著？济南市图书馆开创元宇宙文学互动体验空间》，腾讯网·海报新闻，2023 年 8 月 28 日，https:// new.qq.com/rain/a/20230828A011U900。

3　杨颖慧、吴梦诗，《全国公共图书馆界首个元宇宙阅读体验基地落地嘉兴》，《嘉兴日报》，2023 年 4 月 22 日第 1 版。

书馆项目，开启虚实交融的数字阅读世界。[1] 北京城市图书馆开设元宇宙体验馆，读者可以通过元宇宙技术与历史文化巨匠对谈，例如，与虚拟鲁迅进行交流。[2]

（三）创新多元融合空间

空间是图书馆开展一切服务的基础与载体。数字技术的发展使图书馆的资源形态、用户信息行为方式发生实质性变化，以纸本馆藏为中心的图书馆空间组织方式亟待转型。图书馆空间的再造涉及管理思想、服务理念、馆藏资源、建筑本体、技术革新、设施配置和历史文化等因素，需要空间产生理论的指导。法国哲学家列斐伏尔（Henri Lefebvre）将辩证法移向空间，突破了图书馆学空间研究的局限，揭示了空间丰富的内涵，提出一个展现空间生产"三位一体"理论框架，即将空间结构分为：空间的实践、空间的表象与具象的空间。[3] 王炎龙、吕海将空间产生理论投射到图书馆中，认为"空间的表象"即精神空间，体现管理者的构想，"具象的空间"即社会空间，体现馆员与读者、读者与读者之间的社会关系。[4] 坚持以读者为中心的空间设计理念，处理好资源、设备、读者、馆员之间的联动关系，满足读者个性化、多样化、差异化的需要，优化读者学习、研究、创新协同、交流等不同层次的

1　杨伏山，《"公益＋科技"：厦门创新打造元宇宙公益图书馆》，腾讯网·中国新闻网，2022 年 11 月 3 日，https:// new.qq.com/rain/a/20221103A07X0I00.html。

2　数字栖生，《来首都图书馆，与鲁迅先生进行一场跨越时空的思想交流》，知乎，2024 年 1 月 25 日，https://zhuanlan.zhihu.com/p/679759940。

3　吴宁，《日常生活批判——列斐伏尔哲学思想研究》，人民出版社，2007 年。

4　王炎龙、吕海，《基于空间生产视角的实体书店转型探究》，《中国出版》，2016 年第 8 期。

需求，建设公共阅览空间、团队研讨空间、学习共享空间、创客空间、个人学习研究室等多元融合空间已成为图书馆空间再造的基本诉求。

近年来，部分高校图书馆为了支持、激发读者的学习热情、创造能力，打造学习共享空间、新功能空间、创客空间等新体验空间，配置了3D打印、电脑、投影屏幕、电钢琴、留声机等设备，通过馆员的技术支持营造创新实践的氛围、激发读者的创新思维。例如，武汉大学图书馆2016年9月设立信息分馆创客空间，该空间由大学生创新实践中心负责具体设计、建设和运维，校团委和图书馆进行工作指导；同年9月增设信息分馆创客空间，该空间集创意交流、微视频学习、新技术体验、电子绘图、视频编辑和3D打印于一体，为计算机及其相关技术领域的创客活动提供场所与设施。[1] 又如，沈阳师范大学图书馆为了提升读者的感官体验、交互体验、情感体验和收益体验，组建由技术部主任、大数据主管、创客空间主管等组成的技术团队，通过开展策划活动、嵌入课程、指导利用工具、创意产品、实验咨询等系统性的工作（如计算机建模、指导FDM 3D打印及新智能工具的利用等），打造了一个集智慧、体验、协作和创造于一体的新功能体验空间，使之成为图书馆与读者共同发展的新纽带。[2]

1　《创客空间》，武汉大学图书馆网站，https://www.lib.whu.edu.cn/webfile/category/The_guest_room/378.html。

2　王宇、胡万德、孙鹏等，《高校图书馆新功能体验空间建设及思考——以沈阳师范大学图书馆为例》，《图书情报工作》，2020年第21期。

（四）打造知识服务品牌

开发知识产品、创建服务品牌是图书馆提高竞争力的基本要求。学科服务、情报服务、智库服务是我国高校图书馆近年来兴起的三个不同层次的服务，难度由低到高。[1] 当前我国图书馆已在智库建设和决策支持服务方面取得一定的成效，其服务水平获得国家和社会的肯定。例如，上海图书馆每年发布《国际大都市科技创新能力评价》和《全球前沿科技热点》等智库报告，获得决策层和智库业界的充分肯定；2020 年，上海图书馆（上海科学技术情报研究所）入选首批上海市重点智库，并正式获批为世界知识产权组织（WIPO）在华技术与创新支持中心；等等。[2] 此外，我国"双一流"大学图书馆充分利用信息检索、数据挖掘、数据分析和情报分析等方面的优势，在学科情报服务、决策支持服务、机构（学科）评价、科研成果评价、人才评价、学校（学院）规划等领域形成特色，初步建立了学科服务、情报分析、决策支持的知识产品品牌，具有智库服务的功能和特点。[3]

我国"双一流"高校图书馆开展的学科情报服务，旨在为学校（或学科）决策人员了解学校（或学科）发展现状及态势，开展机构 / 学科竞争力分析、学科发展力分析、学者竞争力分析等工作；主要利用情报学、统计学、比较学等学科方法与工具，将搜集到的各类信息资

---

1 陈益君、王丽杰、朱丹阳等，《图书馆高质量发展的战略着力点与实现路径探讨》，《大学图书馆学报》，2022 年第 5 期。

2 王世伟，《论中国特色公共图书馆新型智库建设的定位与发展》，《情报资料工作》，2020 年第 5 期。

3 郭丽娜，《"双一流"高校图书馆学科情报服务现状调查与分析》，《图书馆学研究》，2022 年第 2 期。

源进行比较研究与分析，形成快报、专题报告、咨询报告等情报产品，提供前瞻性、战略性和针对性的决策参考依据。其中代表性的知识产品或品牌有北京大学图书馆的《未名学术快报》《学科情报订阅》，[1]浙江大学图书馆的《全球智库影响力评价报告》《重大领域交叉前沿方向》《重点交叉前沿领域动态研判与增进机制研究》，武汉大学图书馆推出的《学科服务动态》，等等。

浙江大学图书馆作为颇具亮点的代表性图书馆之一，其所开发和发布的知识产品，极大地提升了图书馆知识服务的能力和底蕴，以及图书馆服务的品牌影响力和美誉度。近几年来，浙大图书馆为了更好地服务学校人才评价、选择和引进工作，持续推进"全球人才地图"建设，建成了人才发现与画像的系统平台、数据管理与共享的平台，确立了一系列人才评价与分析的方法，组建了一支从事数据处理与分析的队伍，为学校人才工作提供决策支持，逐步成为学校人才工作量化评估和决策参考的重要组成。同时，还接受国家有关部委的委托，如为国家科学技术奖励工作办公室和中国工程院决策层提供《全球工程研究前沿》及政策制定中的问题解决方案。2023 年 4 月，中心团队撰写的咨询报告《从美国智库看我国高端智库建设的重点》，被国务院发展研究中心采用，并获得国务院发展中心主任的重要批示。[2]

1　郭丽娜，《"双一流"高校图书馆学科情报服务现状调查与分析》，《图书馆学研究》，2022 年第 2 期。

2　浙江大学信息资源分析与应用研究中心，《浙江大学信息资源分析与应用研究中心2022 年度报告》，浙江大学信息资源分析与应用研究中心网站，2023 年 1 月 13 日，https://ciraa.zju.edu.cn/annual/annual2022.pdf。

（五）创建知识实验平台

随着图书馆空间的再造，图书馆的定位已从传播书本知识转向创造知识服务。2012 年，我国著名情报学家张晓林教授从科技创新需要宏观知识、科研数据管理和基于知识的交互协同创造能力的角度提出将图书馆建设成为"知识合作实验室"的理念。[1] 同年，许竹萍、姜海发表《图书馆建立"知识实验室 K-lab"的思考》一文，认为"图书馆知识实验室将图书馆资源、空间、服务进行有效整合，提供一站式信息服务和学习环境，以促进知识的学习、研究、交流及协作等活动，它不仅是图书馆服务模式的创新，更是图书馆服务功能的重新定义"。[2] 随着"计算社会科学"的诞生以及基于数据密集型的研究范式的兴起和产业变革的加速演进，新产业、新业态的快速发展对知识复合、学科融合、综合素质高的新型人才的迫切需求应运而生。为立足新时代，回应新需求，推动高等教育高质量发展，2017 年起，教育部推出新工科、新医科、新农科、新文科的建设，在一定程度上助推图书馆知识实验室理念的发展和落地。

一般而言，图书馆知识实验室作为图书馆内专门设立的一个特定空间或服务平台，旨在整合图书馆的资源、技术和服务，为读者提供一个创新、协作、实践和探索知识的环境。不同图书馆的知识实验室需要根据自身的定位、资源和用户需求，在这些趋势中有所侧重地发展，

1　张晓林，《研究图书馆 2020：嵌入式协作化知识实验室？》，《中国图书馆学报》，2012 年第 1 期。

2　许竹萍、姜海，《图书馆建立"知识实验室 K-lab"的思考》，《现代情报》，2012年第 1 期。

并根据技术的进步和社会需求的变化进行迭代升级。北京大学信息管理系 KVision 数字图书馆实验室便顺应时代发展，于 2020 年成立校级虚体"北京大学数字人文研究中心"，同时组建北京大学数字人文开放实验室，并于 2022 年 3 月起接受字节跳动公益的捐赠，从事古籍资源的智能开发与利用研究。[1] 其创建既结合了自身的资源、技术和人才特点，又充分运用人工智能技术，以大模型的海量知识存储和消化吸收能力为基础，服务于用户的知识需求。

结　语

新质生产力的出现和发展是壮大社会文明进步的根本动力。图书馆应加大大数据、人工智能技术的应用，否则将面临生存和发展的危机。未来的竞争表面上看是人与机器之间的竞争，实质是专业生产内容与机器生成内容之间的竞争，人类学习与机器学习之间的竞争，人的创造力与机器的创造力之间的竞争。图书馆必须牢牢把握高质量发展的新机遇，树立"以人为本，以用户中心"的理念，充分发挥图书馆人在知识管理、数据分析和信息利用中的专业特长，通过建设新空间、培养新业态、开创新服务，创建有美誉度、有影响力的知识服务品牌，在人机协同的环境中，通过培养适应未来发展的专业队伍，让人工智能等先进技术为"我"所用，从而开创学科服务、情报分析、决策支持和智库服务的新局面。

1　赵薇，《数字时代人文学研究的变革与超越——数字人文在中国》，《探索与争鸣》，2021 年第 6 期。

评　现代图情

论　情

| 第 1 辑 |

论衡

以应用为核心的
学科馆藏评价方法体系构建[*]

肖 婷 张 军

馆藏评价是图书馆评价的重要组成部分。它通过对馆藏的审视来确定馆藏能在多大程度上满足图书馆或上级组织的需求、目标和任务。[1]开展高校馆藏评价有利于馆员掌握馆藏的优势和弱点，基于事实数据改进采购及剔旧决策，调整馆藏以确保其能够适应学校教学科研变化。近年来国内不少图书馆经费紧张，通过馆藏评价活动提升资源建设经费使用绩效的需求正变得日益迫切。

教育部、财政部、国家发展改革委《关于深入推进世界一流大学和一流学科建设的若干意见》指出，建设世界一流大学和一流学科是党中央、国务院做出的重大战略部署，应着力建设"监测—改进—评价"机制，强化诊断功能，完善成效评价体系。馆藏资源是高校开展学科建设的重要基础设施。在美国，高校图书馆的学科馆藏保障是一些学科授予学位或申请科研基金的要求之一，图书馆的馆藏评价报告是学位项目评估的必要组成部分。对北美研究型图书馆协会（Association

[*] 肖婷，浙江大学图书馆馆员；张军，浙江大学图书馆副研究馆员。

1 Johnson, P. (2009) *Fundamentals of Collection Development and Management*, 2nd ed. Chicago: American Library Association. p. 226.

93

of Research Libraries，ARL）成员馆的一项问卷调查表明，71% 的图书馆开展馆藏评价的目的之一在于配合学位项目评估。[1] 随着双一流建设和学科评估的展开，我国越来越多的高校图书馆也开始重视学科馆藏的建设，开展了一系列学科馆藏评价实践。

学科馆藏评价方法的选择作为学科馆藏评价实践中的关键环节，直接决定了评价活动的成败。笔者选取 2016 年以后公开发表的具有代表性的中美高校图书馆学科馆藏评价案例，分析研究案例中所运用的学科馆藏评价方法，构建服务于应用实践的学科馆藏评价方法分类体系和应用框架，以期为高校图书馆开展多维度、深层次、全方位的学科馆藏评价提供参考。

一、历史与文献回顾

20 世纪以前，美国图书馆的馆藏主要来自捐赠和采购，并未有意识地迎合具体的需求和目标。1900 年左右，馆员开始采用书目对比法（list checking）开展馆藏评价，这也成为 20 世纪中期以前馆藏评价的主要方法。20 世纪 60 年代开始，更多注重分析结果客观性的方法得到推广，例如引文分析法（citation analysis）、馆藏映射法（collection mapping）、比较分析法（comparative analysis approach）。20 世纪 70 年代，为了便利馆际联盟和大型图书馆系统的合作共建，学术和研究型图书馆开展了一系列的馆藏分析合作项目。通过公式来计算馆藏所

1　Harker, Karen R. & Janette Klein (2016) *SPEC Kit 352: Collection Assessment*. Washington: Association of Research Libraries.

需数量盛行一时，随后衰落，图书馆不再单纯依靠规模、支出等统计数据来评价馆藏，转而开始考虑馆藏影响力因素。[1]

我国自 20 世纪 80 年代开始开展馆藏评价的相关理论研究，学科馆藏评价的实践案例也开始出现。例如，复旦大学图书馆通过分析选定图书的出借率来评价其生物学馆藏，在发现读者借阅偏好和总结零借阅图书原因的基础上提出学科馆藏建设调整的建议。[2]"全国文献资源调查"[3]对全国文献收藏达到研究以上水平的近 600 家图书情报单位展开了调查，[4]采用书目核对、引文分析和用户评议三种方法，同时定义文献评估的数据结构，即学科文献特征数据构成的核心层（品种数、主要语种、出版类型、时间分布等）、学科文献评价和利用情况构成的中间层（书目核对、引文分析、读者评价、用户特征等），以及影响文献收藏与利用因素构成的最外层（馆舍、人员等）。[5]

相对于面向全馆的馆藏评价而言，针对特定学科的馆藏评价案例数量较少。早期案例使用单一评价方法居多，特别是引文分析法。随着时间的推移，评价方法的应用逐步摆脱单一模式，越来越多的案例

1 Johnson, P. (2009) *Fundamentals of Collection Development and Management*, 2nd ed. Chicago: American Library Association. pp. 232–233.

2 张伯生、李泽钦，《"图书评估"是搞好藏书建设的有效措施》，《图书馆杂志》，1987 年第 6 期。

3 该调查由部际图书情报工作协调委员会领导，国家"七五"社会科学基金资助，全国各系统图书情报单位共同参加。1987 年 6 月正式立项，1988 年至 1989 年开展大范围的全国调查。

4 李崑、黄新，《全国文献资源调查研究——高校系统调查工作进展综述》，《大学图书馆学报》，1989 年第 6 期。

5 肖自力、李修宇、张学华等，《文献资源调查评估方法初探》，《大学图书馆通讯》，1988 年第 5 期。

开始综合运用多种学科馆藏评价方法以弥补单一方法的不足，对方法的应用也愈加严谨复杂。但是目前对馆藏评价方法的探讨多集中在研究水平综述上，对于评价方法本身如何应用缺少梳理，且存在仅聚焦于少数方法或方法不具有普遍可操作性等问题。

目前国内对于馆藏评价方法总结较为全面且具有权威指导意义的文件，是由教育部高等学校图书情报工作指导委员会于 2007 年制定的《普通高等学校图书馆馆藏评价指南》。它将传统的印刷型馆藏、音像资料和缩微资料的评价方法分为数量评价、质量评价和使用状况评价三个方面，一一罗列了各种方法的基本定义，同时针对电子文献的特点单独描述了电子文献的评价方法，但该指南缺少具体的操作步骤和案例说明，也难以反映近年来这一领域的最新发展。笔者认为使用状况评价本身也是馆藏质量评价的一部分，因此其对评价方法的分类有待商榷。

美国图书馆协会（American Library Association，ALA）出版的教科书《馆藏发展与管理基础》（*Fundamentals of Collection Development and Management*）将馆藏分析方法分为两类：基于使用和用户的方法（use and user based），基于馆藏的方法（collection based）。每类又以定性或定量来区分。基于馆藏的方法评价馆藏的规模、增长情况、覆盖情况、广度、深度、多样性和平衡性，基于使用和用户的方法收集用户期望、用户如何利用馆藏和用户所选择的文献等信息。[1] 因部分既与馆藏相关，又与使用和用户相关，同时兼有定性和定

---

1 Johnson, P. (2009) *Fundamentals of Collection Development and Management*, 2nd ed. Chicago: American Library Association. pp. 228−229.

量的特点，故很难在这一框架下被分类，容易产生混乱。例如针对"引文分析法"，书中指出它与"馆藏－目录比较法"关系密切，两者同时出现在"基于馆藏的定性方法"中，又承认是一种描述用户使用情况的文献计量学方法，因此"引文分析法"在这一体系下可以同时归入多个类别，导致分类失去意义。

综上所述，当前相关研究的不足使得对学科馆藏评价方法重新进行整理和分类具有必要性，构建科学合理的学科馆藏评价方法体系、提出经过实践检验的方法应用指引将有助于评价工作的开展。本文采用《馆藏发展与管理基础》以及《普通高等学校图书馆馆藏评价指南》中对馆藏评价方法的定义和命名，同时结合所选案例[1]加以调整，力争使对评价方法的描述和分类更加明晰。

二、高校学科馆藏评价方法的分类与应用场景

笔者认为，学科馆藏评价方法可以分为两种类型：一种描述如何获取评价所需的数据，一种描述如何对评价数据进行分析。前者可称为"评价数据获取方法"，后者可称为"评价分析维度"。前者是为后者的开展做准备，两者相结合共同实现对学科馆藏的评价。图1展示了本文的研究案例中涉及的学科馆藏评价方法，笔者按照如下思路对其进行分类：

（1）学科馆藏评价所需的数据，除馆藏数据外，主要分为目录、

---

1 所选案例具体信息详见表3，以下所有案例仅在第一次出现时标注材料来源，不再赘述，特此说明。

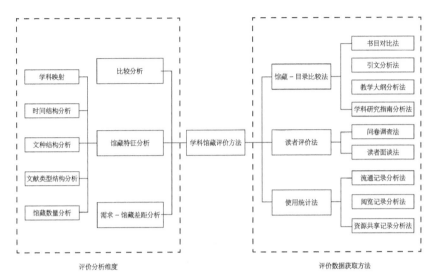

图1　学科馆藏评价方法分类体系

读者评价和使用记录三种。目录包括作为比较对象的核心书目、学科研究指南文献目录，及代表本馆用户需求的引文、教学大纲文献目录；读者评价可以通过针对读者的问卷调查或面谈获得；流通记录、阅览记录和资源共享记录作为用户文献利用情况的体现，是学科馆藏评价常被使用的重要数据。

（2）通过上述方式收集到的数据，可以从不同维度展开分析。对馆藏进行数量统计或者按照学科、时间、文种、文献类型开展结构分析，得到该学科馆藏的概貌特征；将本馆的数据与其他机构同类数据进行比较，获知本馆藏的相对水平；对照馆藏与需求，找出其中的差距。不同维度可以组配使用，例如将需求数据按照学科、时间、文种、文献类型等方面进行统计，并与当前的馆藏特征相对照，可以得到当前馆藏与用户需求在不同方面的差距。

以下将详述各种学科馆藏评价方法的定义并以实例解析其应用场景，之后由表1和表2（详见下文）分别对评价分析维度和评价数据获取方法的应用场景予以总结。

（一）比较分析

将本馆馆藏数据与其他机构同类数据进行比较，可以获知本馆学科馆藏的相对水平，以便发扬优势、补足劣势，为协调馆际合作、实现资源共建共享打下基础。比较时可选择在规模、类型等方面具有比较价值的对象，采用同样的标准进行数据统计。

馆藏数量比较案例的典型代表是北京师范大学图书馆。该馆馆员通过图书馆书目检索系统（OPAC）分类浏览和限定检索功能统计了2016年教育学一级学科排名为A和A+的五所高校的教育学馆藏数量，以此判断其馆藏是否在本校重点学科和特色专业方向上具有相对于其他图书馆的数量优势。[1]

比较分析可以与书目对比法相结合，通过与对标高校学科馆藏书目的比较来评价本馆的学科馆藏质量。浙江大学图书馆的馆员在中国教育图书进出口有限公司学术图书核心资源项目的基础上，选取哲学学科排名前列的八所国外高校的哲学馆藏目录作为比较对象，将所有图书根据被收录图书馆的数量多少分成不同级别，被收录的图书馆越多则等级越高，从"8馆均有收藏"到"1馆以上收藏"依次排列，然

1　刘佳、韩晓荣、杨波，《一流学科建设背景下的高校图书馆中文纸本馆藏建设研究——以5所高校图书馆教育学馆藏为例》，《图书馆》，2019年第12期。

后使用ISBN号匹配本馆馆藏目录，计算每个级别本馆馆藏占有的比例。结果显示，"6馆以上收藏"的图书在本馆馆藏中的比例达到54.02%，说明馆藏质量较高，同时也能发现被多家图书馆收藏但本馆缺藏的图书，便于根据被收录图书馆的数量等级由高到低开展补藏工作。此法假设文献的重要性与被收录的对标图书馆的数量多少呈正相关，看重同类学科馆藏的共性。[1]

（二）馆藏特征分析

馆藏特征（collection profiling）分析包括学科馆藏的数量与结构分析。通常可以通过图书馆自动化系统获得所需数据，获取方法较为简单，故本文不再单独讨论。馆藏数量分析有时会与比较分析相结合，而馆藏结构分析常与需求 – 馆藏差距分析（gap analysis）结合使用。

1. 学科映射

学科映射旨在建立一种对应关系，一端是本馆所服务的学科，另一端是馆藏所使用的分类号、主题词等标引方法。学科分类体系与文献分类体系因适用对象不同而在分类原则上有所差异，但在学科内涵揭示上又存在共同点。映射关系的建立便于将馆藏按照学科（国内高校一般使用教育部《学位授予和人才培养学科目录》）分类，进而开展各项分析。它不仅是馆藏学科结构分析的基础，也是使用统计法等任何涉及学科分析维度的评价方法的基础。该方法重在不同学科或主

---

1 韩子静、吴晶晶、孔令芳，《高校人文社科外文纸本图书馆藏评估实践与思考——以浙江大学图书馆哲学学科为例》，《大学图书馆学报》，2021年第4期。

题的区分，尤其适用于按照学科主题分配馆藏经费的图书馆。

不同案例中建立学科映射的方式多种多样，佛罗里达西南州立大学图书馆（Florida SouthWestern State College Libraries）使用了分类号，[1]密苏里南方州立大学斯皮瓦图书馆（Spiva Library of Missouri Southern State University）使用了主题词，[2]西奈山伊坎医学院（Icahn School of Medicine at Mount Sinai）则使用了数据库的产品说明估算多学科资源包中各学科的内容比例。[3]对于跨学科资源，主题词相对于分类法作为映射方式更有优势。

在具体建立映射关系时，馆员可以通过参照教材目录等方式建立对学科主题的理解，理想情况下还会咨询教师的意见，进而对学科对应的分类号、主题词做出判断，之后通过图书馆自动化系统获取各分类号或主题词对应的馆藏数据，并与使用统计法（usage statistics）、需求－馆藏差距分析、比较分析等进行组配分析。也可以基于学科名称在字面、语义以及知识内涵上的相关性，建立学科分类体系与文献分类体系之间的映射。[4]有的地区已经建立了通用的学科映射表，可以直接使用。北京师范大学图书馆的馆员使用北京地区高校图书馆文献资源保障体系（BALIS）学科分析平台的"学科名称－分类号"对照

1　Herren, A. (2021) Transforming Library Collections and Supporting Student Learning with Collection Mapping. *The Serials Librarian* 80 (1–4).

2　Wang, Xiaocan & Jie Huang (2020) Department-Specific Collection Assessment. *Collection and Curation* 39 (1).

3　Halevi, G., Sonali Sugrim & C. Gizzi (2018) A Method for Developing Library Collections Based on Intensity Indicators. *Collection Management* 43 (4).

4　张蒂、郝晋清、王珺，《映射之难——人文社科学科评价中跨库数据的学科归属问题》，《图书馆论坛》，2023 年第 7 期。

表将本校教育学二级学科与《中国图书馆分类法》（简称"中图法"）分类号相对应。

映射表涵盖的详细信息可以参照佛罗里达西南州立大学图书馆。该馆馆员为每个学位项目制作了一份清单，将学位项目的相关主题与《美国国会图书馆分类法》（*Library of Congress Classification*）分类号相对应，列出学位名称、授予单位、所在校区、注册学生人数、服务对象、经费来源、对应分类号及各类图书数量，并提取相应的书名、出版日期及借阅次数。之后针对完成学位必需的核心课程制作类似的清单：通过浏览每本教材的目录来确定课程主题，找到对应的分类号，提取每类的馆藏数据，最后形成清单；形成的每份清单都包括核心课程名称、相关选修课名称、对应分类号及各类图书数量、最近五年内的借阅次数、相关数据库。结合需求－馆藏差距分析，馆藏对各个学位项目和课程的支持度一目了然，能帮助馆员调整馆藏发展政策，例如对于低馆藏量但高借阅量的主题，增加相应的馆藏量，从而使得馆藏与学生课堂所学及作业需求更匹配。

2. 时间结构分析

将馆藏清单按照出版年或时段分类统计，分析馆藏的出版时间分布，这是判断馆藏保存状态、辅助剔旧决策的重要一步，在馆藏评价中广为使用。时间结构在使用统计中还体现在借出年份分布上，也可用于分析引文等，体现需求的变化趋势。

它可以帮助馆员评价人文社科类馆藏是否存在思想内容上的过时性。纽约城市大学莫里斯·拉斐尔·科恩图书馆（Morris Raphael Cohen Library of the City College of New York）的馆员在分析馆藏的出版时间分布后发现其教育学青少年读物馆藏主要集中在20世纪70年代，抽取代表性图书后，进一步发现其内容过时、不符合多样性文化的要求，因此计划开展大规模剔旧工作并申请经费购买内容反映时代特点的新资源。[1]

它也同样适用于评价工程技术类学科馆藏能否满足技术更新的需求。密苏里南方州立大学斯皮瓦图书馆的馆员发现其 90% 的纸本馆藏都出版于 18 年前，对于日新月异的计算机信息学来说过于陈旧，难以覆盖新技术，因此亟须更新。

3. 文种结构分析

将馆藏清单按照文种统计数量，分析馆藏的文种结构对于具有地区特点的学科来说具有显著意义。文种结构分析也可应用于使用统计法、引文分析法，或反映在读者评价法的提问中，体现用户的文种偏好。

在浙江大学图书馆哲学外文馆藏评价中，由于德国、法国在西方哲学史上具有重要影响，学者们对这两类小语种原著的需求强烈，而馆员通过分析馆藏文种结构发现，德语、法语馆藏仅占该学科外文馆藏的 20% 左右，与馆藏建设目标存在差距，于是提出应加强这两类小语种的馆藏建设。

4. 文献类型结构分析

将馆藏清单按照文献类型分类统计，分析馆藏的文献类型结构，结合用户需求数据分析馆藏差距，有利于在不同的文献类型之间合理分配预算。

西奈山伊坎医学院的馆员就先将医学馆藏资源分为期刊、图书、平台、软件四类，统计各专业下不同文献类型资源的数量和经费。然

1　Cohn, S. (2022) Remote Reading: A Shelf List Analysis of an Academic Library's Juvenile Collection. *Collection and Curation* 41 (4).

后定义研究指数（RI）、教育指数（EI）和临床指数（CI），通过公式[1]计算对来自不同专业的用户进行分类（偏向科研、教育还是临床），基于使用统计和请求频率发现不同类型的用户具有不同的文献类型利用偏好。最后使用需求－馆藏差距分析，将每个专业的三项指数与当前各专业的馆藏文献类型结构相对照，发现存在的差距，从而调整不同专业在不同文献类型上的经费分配。例如，神经科学的研究指数比例最高，因为研究类用户对期刊的需求最旺盛，所以需要增加该专业的期刊经费。

5. 馆藏数量分析

馆藏量是"文献收藏质量的依托和保障"。[2]馆藏数量分析旨在对馆藏规模进行测量，进而观察馆藏规模随时间的变化情况或相对同类馆藏的规模水平。

辽宁中医药大学图书馆统计了 2014—2016 年间医药卫生类图书每年的新增册数，并计算该数值占全馆所有学科每年新增册数的比例，借此观察到医药卫生类图书占比逐年递增的情况，得出该类馆藏保障情况较好的结论。[3]

---

1 每个院系的研究指数（RI）= 出版物数量 / 研究员数量，教育指数（EI）= 学生数量 / 教师数量，临床指数（CI）= 患者数量 / 医护数量。

2 教育部高等学校图书情报工作指导委员会，《普通高等学校图书馆馆藏评价指南》，2007 年 8 月 30 日，http://scal.edu.cn/gczn/201311050906。

3 范欣宁、谢明、赵彦辉等，《大学图书馆藏质量评价方法探究——以部分高校本草类馆藏图书实证探究为例》，《中国中医药图书情报杂志》，2017 年第 5 期。

（三）需求 – 馆藏差距分析

高校图书馆建设学科馆藏资源旨在满足相应学科教学科研发展的需求，因此需求 – 馆藏差距分析在学科馆藏评价中应用非常广泛。虽然在获取评价数据时使用了不同的方法，但本文涉及的大部分案例最终均是在需求 – 馆藏差距分析结果的基础上得出评价结论的。

需求 – 馆藏差距分析的基本思路是：将用户对学科资源的需求与当前的馆藏情况进行对比，评价馆藏是否能够满足这些需求及存在哪些短板，从而调整馆藏建设方向和预算分配。用户需求可以通过使用统计法、读者评价法、引文分析法、教学大纲分析法（syllabi analysis）获得，还可以参考专业师生数量等用户特征数据。在分析时，可以结合馆藏特征，了解馆藏在学科、时间、文种、文献类型等方面与需求之间存在的差距。实践中常用使用因子（use factor）来衡量学科馆藏与使用需求之间的差距：

$$使用因子 = \frac{学科馆藏使用量在总使用量中的占比}{学科馆藏量在总馆藏量中的占比}$$

一般认为，比值超过 1 时，馆藏过度使用；低于 1 时，馆藏使用不足。

在纽约大学美术学院斯蒂芬·陈图书馆（Stephen Chan Library of the Institute of Fine Arts at New York University），馆员使用馆内阅览记录计算与艺术相关的各分类号的使用因子，对它们随时间的变化趋势进行比较。例如，低地国家绘画的使用因子和使用量均大幅下降，但始终在 1 附近，因此仍是馆藏建设的重要组成部分；单从使用量上看，下降的分类应予以剔旧，以便为增长的分类腾出空间，但是结合使用因子来看，使用量下降的这些分类相对其馆藏量而言状态良好，因此最佳的做法是仍保留。该案例还证明了大时间跨度分析的价值：意大利绘画在统计的前两年使用量低，使用因子经常低于1，但是之后有所不同，长期来看它始终是使用量最大、使用因子最高的分类。[1]

使用量数据来自流通记录、阅览记录和资源共享记录。不同类型记录得到的使用因子结合起来可以揭示当前馆藏对于用户需求的满足程度。对于同一主题分类，如果流通使用因子过度而馆际互借使用因子不足，说明当前馆藏能够满足本馆用户的大部分需求；流通使用因子过度且馆际互借使用因子过度，说明需求强盛应当购买更多此分类的资源；流通使用因子不足且馆际互借使用因子不足，说明本馆用户对该分类的需求小；流通使用因子不足而馆际互借使用因子过度，说明本馆该类资源的选择有问题。[2]

（四）馆藏－目录比较法

馆藏－目录比较法的本质是将本馆馆藏与经过挑选的书目进行比较，只是不同方法作为比较对象的书目来源各不相同。书目对比法和学科研究指南分析法（research guide peer analysis）的比较对象通常是

1 Hughes, Michael (2016) A Long-Term Study of Collection Use Based on Detailed Library of Congress Classification, a Statistical Tool for Collection Management Decisions. *Collection Management* 41 (3).

2 Bronicki, J., Irene Ke & Shawn Vaillancourt (2015) Gap Analysis by Subject Area of the University of Houston Main Campus Library Collection. *The Serials Librarian* 68 (1–4).

表1　评价分析维度应用场景

评价分析维度		主要应用场景	所需数据类型
比较分析		证明本馆馆藏数量／质量上相对同类机构的水平	本馆馆藏数据比照对象数据
需求－馆藏差距分析		判断馆藏能否满足本馆用户需求，查漏补缺	馆藏数据需求数据
馆藏特征分析	学科映射	调整不同学科主题间的经费分配	馆藏数据
	时间结构分析	辅助剔旧决策	
	文种结构分析	调整不同文种间的经费分配（对具有地区特点的学科具有显著意义）	
	文献类型结构分析	调整不同文献类型间的经费分配	
	馆藏数量分析	证明馆藏规模的变化及相对水平	

来自馆外的优秀目录，而引文分析法和教学大纲分析法则侧重本馆用户需求的获得。这些书目最终作为馆藏比照的标准，用以评估当前馆藏的建设水平、方便查漏补缺。

1. 书目对比法

传统的书目对比法以权威机构或专家编制的核心目录作为比较对象，统计其被本馆馆藏收录的情况。实践中多用于对期刊馆藏的评估。常见的核心目录有北京大学《中文核心期刊要目总览》、中文社会科学引文索引（CSSCI）、科学引文索引（SCI）、工程索引（EI）、中国人民大学《复印报刊资料重要转载来源期刊》等。图书目录则存在核心书目更新不及时、完整图书书目缺乏等问题。书目对比法的缺点在于可能导致馆藏趋同化，而且无论书目多么权威，依然会存在疏漏。

东北师范大学图书馆将引文分析法与书目对比法相结合，获取该校2008—2017年这十年间化学学科发表论文的参考文献后，将这些引文所属期刊与期刊引证报告（JCR）、基本科学指标（ESI）等核心期刊目录进行对比，从而对它们进行分级：论文的所有参考文献所属期刊为最低级（即第四级）；第四级中属于JCR的期刊为第三级；ESI化学学科期刊为第二级；影响因子（IF）居于第三级期刊前20%和出现频次（TC，即引用次数）为全部期刊前80%的期刊的重合部分作为第一级。以上过程即生成了作为馆藏比较对象的书目，之后统计不同级别的期刊被本馆收藏的比例。结果显示，前两级核心期刊保障率非常好，而未购买的182种引文期刊中有76种非SCI期刊，普遍影响因子不高，需要进一步调查用户需求后再做出是否采购的决定。[1]

2. 引文分析法

引文分析法是将本校师生发表的研究成果中所引用的参考文献作为比较的书目来源，能够反映本馆用户特定的专业文献需求。此法假设文献越是被频繁引用就越有价值，以后也将被大量使用，[2]因此可以作为用户需求的代表，结合需求－馆藏差距分析用于评价馆藏对需求的满足程度。虽然它的使用具有一定的局限性——例如引文具有时滞性而难以反映学科和文献的最新趋势，不能完全代表未来的需求；被引频率和文献价值并非完全一致，只能反映高影响力的核心文献资源，

1　王春蕾、孙启存、吴闯等，《基于ESI的高校图书馆馆藏资源保障及评估体系研究——以东北师范大学"双一流"学科为例》，《图书馆学研究》，2019年第13期。

2　Johnson, P. (2009) *Fundamentals of Collection Development and Management*, 2nd ed. Chicago: American Library Association. p. 247.

容易忽视较少被引用的核心背景文献；难以应用于文献数量庞大的主题——但是仍然在学科馆藏评价实践中被广泛应用，作为确定学科核心文献资源的主要工具以及补藏依据。

此法首先需要获得本校相关专业学者的研究成果并提取引文。堪萨斯大学图书馆（University of Kansas Libraries）馆员首先访问本校官网，确定地区研究领域的核心教师，从 64 份教师简介列出的研究成果中收集到 2005—2013 年间发表或出版作品的引文 11,158 条。[1] 更常见的方式是在论文数据库中进行检索，如复旦大学图书馆的馆员就是先在 Web of Science（WOS）中检索到 2011—2015 年间本校数学学科师生发表的 SCI 论文 1154 篇，然后用 Citespace（可视化文献分析软件）提取外文引文 24,802 条，整理后得到各类型文献 24,601 种。[2]

之后开展引用特征分析，从引文的文献类型比例、文种比例、时间分布、主题分布等多角度了解用户的文献利用特性。复旦大学图书馆通过统计不同文献类型在引文量中所占比例发现，期刊论文占 75.08%，说明该校数学师生对期刊论文存在显著依赖；近 14 年的文献占 47.77%，说明数学学科文献半衰期为 14 年。此外，通过将被引频次按期刊分类统计（由高到低排列），发现 25.39% 的期刊品种贡献了总频次的 77.51%，相比之下，图书则更为分散。浙江大学图书馆则将被引图书按出版社分类并按出版种数由高到低排列，发现排名前 20 的

1　Giullian, Jon C. & Amalia Monroe-Gulick (2017) Assessment of KU Libraries' Slavic & Eurasian Collection: Purpose, Process, and Potential. *Slavic & East European Information Resources* 18 (1–2).

2　侯利娟、郝群、张立彬，《高校图书馆外文文献资源保障研究——以复旦大学数学学科为例》，《图书馆》，2018 年第 1 期。

出版社贡献了引文量的 60.3%，有助于确定哲学类的核心出版社；引文的时间分布表明 2000 年之前的图书占 45.04%（来源文献截至 2019 年），显示哲学研究更依赖早期文献。

最后结合需求 – 馆藏差距分析，针对引用特征分析的各个角度，统计被引文献中已被本馆收藏的数量比例。湖南师范大学图书馆的馆员按照引文的时间分布统计保障率，结果显示，外文图书时间越近保障率越高，而 1912—1979 年的引用率最高，保障率却偏低；虽然该馆收藏的纸质和电子图书仅能保障外文图书引文中的 28.15%，但是如果加上中国高校人文社会科学文献中心（CASHL）的资源，则可以达到 72.07%，凸显出 CASHL 文献传递服务对外文文献的保障作用。[1] 复旦大学图书馆则结合高被引图书在不同馆藏地的分布，以此判断复本是否充足。

3. 教学大纲分析法

教学大纲分析法将本校教师制作的教学大纲所列参考文献作为比较的书目来源。教学大纲（syllabi）是教师根据学位授予要求制定的教学指导文件，包括课程教学安排、评分标准、必读和补充阅读文献等。了解教学大纲有助于图书馆员熟悉课程要求，有效收集文献，为教学提供支撑，将资源建设嵌入课程学习。此法非常适合将服务教学活动作为重点的图书馆。但是，教学大纲的收集并不容易，常用的获取方式包括：学期前发邮件联系教师；从院系行政办公室获得；与教师会面时获得；通过部分教师联系其他教师；通过来图书馆咨询的学生获得。

在密苏里南方州立大学斯皮瓦图书馆，馆员通过联系任课教师获

---

1 申林、吴蔚，《高校图书馆重点学科文献保障实证研究——以湖南师范大学英语语言文学学科为例》，《河南图书馆学刊》，2019 年第 9 期。

得教学大纲,将其中列出的参考资料(纸质书、电子书、期刊、政府文件、缩微胶片、外部网站)与本馆馆藏对照,检查其是否可用、是否被剔除、可否通过馆际互借获得,有助于确定今后的馆藏建设方向,例如补藏、替换为最新版本、建立学科指南等。

4. 学科研究指南分析法

学科研究指南分析法将同类图书馆的学科研究指南中所列文献资源作为比较的书目来源。因不同机构的指南结构和内容各不相同,整理过程可能比较耗时。不同级别的图书馆同一学科的文献资源体量上存在差距,但同一学科的资源需求具有一定的相似性,依然有参考价值,可作为补藏依据。

密苏里南方州立大学斯皮瓦图书馆的馆员选择规模相似、地理位置相近的六所大学图书馆以及全美计算机信息学较强的十所大学图书馆,查找各馆编制的计算机信息学研究指南,比较其中所列出的数据库,统计各个数据库被购买的数量以及本馆是否也购买,进而考虑购买未订购的流行数据库,或通过图书馆联盟共享以降低成本。

(五)读者评价法

读者评价法通过直接与读者交流的方式获得其对馆藏的看法。它不仅可以帮助馆员了解到读者通常不会主动与图书馆分享的信息,如满意度、利用馆藏的特定行为动机、改进意见等,还有助于加深读者对馆藏的了解,改善用户与图书馆的关系。与其他评价数据获取方法相比,读者评价法的应用成本较高,能得到对方配合的机会往往只有一两次,因此最好在正式开始前对提问内容进行预测试,以便修改。

1. 问卷调查法

问卷调查法（user surveys）分为设计问卷、发放问卷、回收分析问卷三个步骤。其重点在于收集事实，但不擅长探寻原因、证明因果关系。因为主观评论很难量化，同时为了减轻回答者的负担，问卷一般以客观选择题为主，设计者需要在调查前对问题进行周密的考察。问题即使经过精心设计，也还是有可能发生设计者与用户的理解有所偏差的情况。如何提高读者对问卷的响应率也常常困扰着调查的实施者。这种方法常被用于了解用户构成、期望、满意度、兴趣和动机等。目前多采用在线免费工具来收集问卷，以降低成本。

在纽约城市大学建筑图书馆（Architecture Library of the City College of New York），为了解建筑学教师在教学大纲制定、发放、参与教参馆藏建设方面的行为，馆员设计了10个问题，使用免费在线问卷调查平台 Survey Monkey 生成问卷后，随机选择教授类型（全职、兼职及访问学者），抽出其中74位通过邮件联系，未得到及时回复的就在两周后重发邮件，最终响应率为29.7%。从中获知，54%的教师没有将要求学生阅读的材料放在图书馆教参馆藏，但91%的教师要求图书馆购买资源。这些是馆员不曾了解的用户行为与态度信息。[1]

2. 读者面谈法

读者面谈法（group or one-on-one discussions）可以有效避免问卷填写时交流反馈不充分的问题，是一种更加开放的获取读者意见的方

---

1 Sanchez-Rodriguez, N. A. (2018) Mixed Methods of Assessment: Measures of Enhancing Library Services in Academia. *Collection and Curation* 37 (3).

法。良好的谈话是指在馆员建立的提问框架内读者能够自由表达观点，可以是一对一的访谈，也可以是集体访谈。它方式灵活，便于追问回答、探寻动机和感受，但需要耗费大量时间，也可能受到馆员自身观点倾向的干扰。

在浙江大学图书馆，馆员选取哲学系不同研究方向的 16 位教授进行一对一开放式访谈，邀请他们对整体馆藏质量、外文图书满足率、学科服务满意度、小语种图书满足率等进行评价，并就纸电偏好、外文图书使用频率、沟通渠道等进行交流，同时鼓励教授们向图书馆推荐专业学术网站、出版社、重要哲学家等信息。

（六）使用统计法

1. 流通记录分析法

因纸质馆藏外借数据和数据库使用统计数据能方便地从自动化管理系统中获得，流通记录分析法（circulation studies）成为图书馆最常用的获取用户需求的方法。它可以从文献类型、出版时间、借出日期等多角度分析流通记录中所反映的用户使用偏好，但只能反映已有馆藏的使用情况，不能反映缺藏文献的用户需求。

例如，佛罗里达西南州立大学图书馆 2015 年纸质馆藏零借阅率为 31%，57% 的纸质馆藏出版时间在 15 年以上，由于其馆藏定位是服务两年制学位项目而不需要支撑研究生级别的研究，馆员认为过旧的馆藏已不再适用诸如科学、医学等学科的教学且会降低馆藏利用率，因此在馆际互借的保障下，根据图书年限及保存状态剔除了馆藏总量的 63%。

同样是零借阅率，纽约城市大学建筑图书馆的馆员看法则不相同。

虽然通过分析教学大纲获得的教参图书零借阅率也有48.6%，但是作为教师推荐的阅读材料，显然不能简单地推断其就没有收藏价值，因此馆员认为应该加大馆藏的宣传推广力度。

在使用数据的基础上，可以进行使用成本分析（cost per use）。购买成本除以使用量即可得到单次使用成本。在浙江大学图书馆中，哲学外文纸质图书的借阅量在纸质图书总借阅量不断下行的背景下不降反升，单册使用成本有逐年降低的趋势，说明经费使用的效率有所提高。

2. 阅览记录分析法

对于不外借只可馆内阅览的文献，可以使用阅览记录分析法（in-house use studies）进行使用统计。

据西顿霍尔大学图书馆（Seton Hall University Libraries）统计，其馆内阅览量占了流通总量的30%，[1] 因此单纯依靠外借数据不能完全反映实体馆藏的价值。阅览记录分析法需要读者配合，不要在阅览后自行上架，馆员也需要特别注意在上架前进行记录。

在纽约大学美术学院斯蒂芬·陈图书馆，馆员会每日将阅览室内留在指定归还点或无人看管处的图书放上书车，在自动化管理系统中跟外借图书一样登记为"已归还"后，重新上架，之后再通过自动化管理系统统计每月的阅览量。馆员统计了连续七年的阅览数据，以减少借阅高峰期和低谷期的干扰。

3. 资源共享记录分析法

资源共享记录分析法（interlibrary loan/document delivery analysis）

1　Rose-Wiles, Lisa M., Gerard Shea & Kaitlin Kehnemuyi (2020) Read in or Check out: A Four-year Analysis of Circulation and In-house Use of Print Books. *The Journal of Academic Librarianship* 46 (4).

是图书馆通过对馆际互借和文献传递记录的分析，发现本馆馆藏未能满足的读者需求，同时根据校外机构访问本馆馆藏的程度评估本馆藏在馆外的影响力。

　　堪萨斯大学图书馆的馆员统计了2011—2013年间馆际互借和文献传递方式的记录，发现该馆已成为斯拉夫－欧亚研究的净借出者，又借助可视化数据地图工具 GeoCommons 识别出影响力范围——不仅在本州，还有外州——证明其斯拉夫－欧亚研究全国资源中心的地位。

表 2　评价数据获取方法应用场景

评价数据获取方法		获得数据类型	主要应用场景
馆藏－目录比较法	书目对比法	比照对象数据：核心目录	比较分析
	引文分析法	需求数据：引文目录	需求－馆藏差距分析
	教学大纲分析法	需求数据：教学大纲文献目录	需求－馆藏差距分析
	学科研究指南分析法	比照对象数据：研究指南文献目录	比较分析
读者评价	问卷调查法	需求数据：读者评价	需求－馆藏差距分析
	读者面谈法	需求数据：读者评价	需求－馆藏差距分析
使用统计法	流通记录分析法	需求数据：流通记录	需求－馆藏差距分析
	阅览记录分析法	需求数据：馆内阅览记录	需求－馆藏差距分析
	资源共享记录分析法	需求数据：馆际互借和文献传递记录	需求－馆藏差距分析

三、中美高校学科馆藏评价方法的应用特征

表3列出了本文涉及的13个高校学科馆藏评价案例。它们分别发生在中美两国的不同地区，涉及学科横跨理工医至人文社科，既有综合性大学又有专业院校，所用馆藏评价方法既多样又有一定程度上的相似性，可作为近年来学科馆藏评价的优秀代表。

表3 中美高校学科馆藏评价案例

案例	学科	评价分析维度	评价数据获取方法
北京师范大学图书馆	教育学	学科映射 比较分析	书目对比法
纽约城市大学莫里斯·拉斐尔·科恩图书馆	教育学 青少年读物	时间结构分析	流通记录分析法 读者面谈法
纽约城市大学建筑图书馆	建筑学	需求－馆藏差距分析	流通记录分析法 教学大纲分析法 问卷调查法
东北师范大学图书馆	化学	需求－馆藏差距分析	引文分析法 书目对比法
佛罗里达西南州立大学图书馆	所有学科	学科映射 需求－馆藏差距分析 时间结构分析	流通记录分析法
复旦大学图书馆	数学	需求－馆藏差距分析	引文分析法
湖南师范大学图书馆	英语语言文学	需求－馆藏差距分析	引文分析法
西奈山伊坎医学院	医学	学科映射 文献类型结构分析 需求－馆藏差距分析	使用统计法

案例	学科	评价分析维度	评价数据获取方法
辽宁中医药大学图书馆	本草	需求－馆藏差距分析 馆藏数量分析 比较分析	引文分析法 问卷调查法 流通记录分析法 书目对比法
密苏里南方州立大学斯皮瓦图书馆	计算机信息学	比较分析 需求－馆藏差距分析 学科映射 时间结构分析	学科研究指南分析法 教学大纲分析法 流通记录分析法
纽约大学美术学院斯蒂芬·陈图书馆	艺术	需求－馆藏差距分析 学科映射	阅览记录分析法
堪萨斯大学图书馆	地区研究	需求－馆藏差距分析	引文分析法 问卷调查法 资源共享记录分析法
浙江大学图书馆	哲学	比较分析 需求－馆藏差距分析 文种结构分析	书目对比法 引文分析法 读者面谈法 流通记录分析法

通过对以上案例的分析，笔者发现中美高校图书馆在应用学科馆藏评价方法时具有三个明显的特征。

（1）注重多种评价方法的综合应用

单一评价方法无法反映馆藏全貌，多种评价方法则可以从不同角度观测，因此实践中图书馆常常综合运用多种方法来开展学科馆藏评价。这13个案例中有7家图书馆在评价时采用了不止一种评价数据获取方法，最多的达到四种；评价分析维度存在同样的情况。

常见两种及以上评价方法的组配使用，缺少任意一种方法就无法独立完成评价，例如东北师范大学图书馆在引文分析法的基础上加入书目对比法，以便对化学学科核心期刊进行分级；浙江大学图书馆将比较分析与书目对比法相结合，建立了作为比照对象的对标高校学科馆藏书目。

评价方法的选择往往取决于馆藏评价的对象和目的，例如纽约城市大学建筑图书馆想要评价建筑学教参馆藏与用户的关系，于是一方面向教师发放问卷，希望了解教学大纲如何制定以及教师如何参与馆藏建设，另一方面在分析教学大纲的基础上获取学生借阅相关教参的信息，综合各方面的信息完成馆藏评价。

（2）注意结合学科特点选择评价方法

学科特点有时对评价方法的选择具有重要影响。例如涉及明显地区特色的学科会更加注重文种结构分析法的运用。

同一种评价方法在应用时，也会因不同学科用户文献利用偏好的不同而存在不同的侧重点，例如同样是引文分析法，由于英语语言文学学科的研究主要参考外文图书和中文期刊，湖南师范大学图书馆在分析馆藏资源保障情况时侧重分析外文图书和中文期刊馆藏；而数学学科研究以引用外文期刊为主，因此复旦大学图书馆馆藏评价的重点对象是馆藏外文期刊。

即使是同一学科，馆藏评价方法的选择也会因评价目的不同而有所差异。例如同样是教育学馆藏评价，北京师范大学图书馆旨在通过比较分析确定本馆的教育学馆藏相对于同类馆藏是否存在优势，尤其是在本校教育学重点学科和特色专业方面；而纽约城市大学莫里斯·拉斐尔·科恩图书馆对教育学青少年读物馆藏的评价则主要是为剔旧做准备，其结果用于更新馆藏和制定学科馆藏发展政策，因此选择时间结构分析，采用了流通记录分析法和读者面谈法。

此外，有的案例还会结合本学科用户的特点展开分析，例如西奈山伊坎医学院馆员根据不同专业用户在科研、教育、临床工作中投入的不同对其进行分类，结合不同类型的用户具有不同的文献类型利用偏好这一发现，判断当前的馆藏是否能满足不同类型用户的需求。对医学院用户进行分类切合了该学科用户具有多重职能的特点。

（3）重视用户需求的分析

馆藏是否优质取决于其在多大程度上满足图书馆及上级组织的目标。[1]不同的图书馆服务对象会有差异（适合非研究型高校的馆藏并不一定适合研究型高校），因此馆藏评价因馆而异，需要结合本馆用户的需求而定。

本文涉及的案例中使用最多的评价分析维度是需求－馆藏差距分析，13个案例中出现11次；使用最多的评价数据获取方法是使用统计法，多达9次，其中以流通记录分析法为主，可见用户需求的获取和分析在中美高校图书馆的馆藏评价中均占有重要地位。

获取用户需求信息的途径多种多样，需要用户参与的面谈和问卷调查方法的应用在案例中并不少见，更多的则来自使用记录、引文、教材目录、教学大纲等能够反映本馆用户需求的非交互式信息来源。

基于馆藏评价的结果做出决策时，也会因本馆服务对象和馆藏定位的特殊性而做出调整。例如佛罗里达西南州立大学图书馆面对高零借阅率的结果，考虑到自身服务于两年制学位项目的非研究型馆藏定位，决定大幅剔除学科历史背景类馆藏。但是面对教学大纲分析法得

---

1 Johnson, P. (2009) *Fundamentals of Collection Development and Management*, 2nd ed. Chicago: American Library Association. p. 226.

到的零借阅率，纽约城市大学建筑图书馆的馆藏决策就转为加大馆藏的宣传推广力度，证明馆藏决策也与评价数据获取方法有关。

四、学科馆藏评价方法的应用框架

学科馆藏评价方法可在下述框架内开展应用实践。

（1）成立评价团队

由图书馆若干名馆员组建学科馆藏评价团队。我们分析的案例中，不少图书馆就建立了跨部门的委员会，防止忽略任何可能的参与方。例如，密苏里南方州立大学斯皮瓦图书馆评价时使用的馆藏数据就由作为委员会成员的技术部门从图书馆自动化系统中提取；堪萨斯大学图书馆评价时还与本校地区研究中心的一名专家合作协调工作。

（2）制订评价计划

评价计划需要确定四个部分：第一，评价目的。高校图书馆常常基于空间或经费压力、为学位项目的评估做准备等动机开展学科馆藏评价，实践中主要体现出两种目的。（a）通过横向或纵向比较证明学科馆藏建设的成绩，争取外界支持，常用比较分析；（b）剔旧更新，查漏补缺，确定馆藏建设方向，提高经费使用绩效，多以将馆藏与本馆用户需求相对照为手段，如需求－馆藏差距分析。

第二，评价对象。确定被评价的文献资源范围，包括类型、语种等。本文案例中以图书、期刊为主，有专门针对纸本馆藏的，如浙江大学图书馆、纽约大学美术学院斯蒂芬·陈图书馆；也有纸本与电子版本均评价的，如复旦大学图书馆、堪萨斯大学图书馆；同时也存在综合评价图书、期刊、数据库等多种类型资源的，如西奈山伊坎医学院（以文献类型结构分析为主）、密苏里南方州立大学斯皮瓦图书馆（对各类型文献分别进行评价）。国内高校图书馆常见专门针对外文馆藏的评价，这与传统的中外文分开的馆藏管理方式有关。

第三，需要获得的数据及其来源。参照各种学科馆藏评价方法的应用场景，根据评价目的、评价对象和本学科用户的特点选择合适的馆藏数据、需求数据、作为比照对象的数据等，确定评价数据获取方法。

第四，数据分析需要的工具和技能。根据评价数据类型和分析维度，准备所需的数据分析工具和技能，例如复旦大学图书馆在提取引文时使用了 Citespace；纽约大学美术学院斯蒂芬·陈图书馆使用了本馆研发的馆藏分析工具处理阅览记录。

（3）收集数据

根据评价计划获取相关数据。

（4）统计分析

使用分析工具将收集到的数据从所需的评价维度展开统计分析。

（5）原因分析与改进措施

第一，针对统计分析的结论，寻找解释该现象的可能原因。例如纽约大学美术学院斯蒂芬·陈图书馆收集课程覆盖的主题信息并与开课期间相应分类馆藏的使用量相对照，用于判断馆藏使用量的变化是否与课程开设有关。

第二，基于统计分析得出的结论，采取针对性措施，解决已有问题，重新思考学科馆藏的建设方向。如，纽约大学美术学院斯蒂芬·陈图书馆在阅览记录分析结果的基础上，找出最近五年未被使用的品种，转移至存储馆；对新书给予相当长的上架时间，同时保留在用的旧书；

为高使用量分类的图书预留充足的架位；对于中国绘画和摄影这样使用量增长的分类，向相关用户开展信息素养和参考服务；针对低利用的分类，更新向用户推介的方式方法。

在应用学科馆藏评价方法时，应注意配合周期性的学科评估延续同样的评价方法。例如，堪萨斯大学图书馆开展地区研究馆藏评估是为了配合本校的地区研究中心申请美国教育部国家地区资源中心（ERIC）的资助。该项目每四年申请一次，申请条件包括对图书馆资源优势和服务的评估。又如，加州州立大学圣马科斯分校图书馆（California State University San Marcos Library）提出每五年要完成一次对所有学科的馆藏评价，每个评价周期为 16 个月，与学校对学位项目的评估时间相一致。[1] 我国图书馆开展学科馆藏评价时往往优先选择本校的重点学科，例如北京师范大学的教育学在全国第四轮学科评估中获评 A+，图书馆因而针对教育学的文献保障情况展开评价。鉴于学科评估的周期性，高校图书馆可以与之配合，制订长期计划，开展学科馆藏的定期评价，延续同样的评估方法，通过纵向比较，向图书馆有关各方展示资源建设的成效，同时有助于馆员跟踪学科变化并对馆藏做出相应的调整。

1　Lantzy, Tricia, Talitha Matlin & Judy Opdahl (2020) Creating a Library-Wide Collection Management Cycle: One Academic Library's Approach to Continuous Collection Assessment. *Journal of Library Administration* 60 (2).

全生命周期阅读推广服务体系的构建与完善 *

以台州市图书馆创新实践为例

吴妙夫　张　晨　王军飞　柯　敏　金武刚

2023 年 4 月，李书磊在第二届全民阅读大会开幕式讲话中指出，"要把阅读作为最基本的文化建设……着力满足人民的阅读需求，加快构建覆盖城乡的全民阅读推广服务体系，提供处处可读、时时可读、人人可读的文化条件，推动读书习惯的养成"。这一提法与图书馆行业的基本理念不谋而合、一脉相承。比如，个体成长早期是养成阅读习惯的重要阶段，国际图书馆协会联合会（IFLA）、联合国教科文组织（UNESCO）共同发布的《公共图书馆宣言 2022》就特别强调要"培养和加强儿童从出生到成年的阅读习惯"。然而，阅读毕竟是一生之事，正如个体从出生到成年直至走向暮年要经历不同的生命阶段，其在不同生命阶段也拥有不同的阅读需求，为每一个体的不同生命阶段提供针对性的阅读服务，是落实"着力满足人民的阅读需求，加快构建覆盖城乡的全民阅读推广服务体系"要求的重要路径。

---

* 吴妙夫、张晨、王军飞、柯敏，皆为台州市图书馆工作人员；金武刚，华东师范大学信息管理系教授。

一、全生命周期阅读推广服务体系的理论价值

台州市图书馆率先提出基于人的全生命周期构建阅读推广服务体系的新理念，并在实践中加以推广：主张以"读者年龄"为经线，提倡分级阅读；以"读者活动"为纬线，开展分享交流；以"阅读空间"为交点，营造书香氛围。由此，逐步形成阅读活动品牌化、市民参与全员化、网络覆盖纵深化、活动开展常态化的全民阅读推广服务格局，成效显著，是对现有图书馆阅读推广理论的实践创新和重要拓展。

有学者将我国现有图书馆阅读推广理论分为四大类、八个流派。即使命类（使命说），实践类（活动说、工作说、服务说、实践说），休闲类（休闲说）和学科类（"阅读学"说、"传播学"说）。其中，使命说将阅读推广定位为图书馆的根本任务，作为图书馆核心价值的体现，纳入图书馆发展战略统筹规划、总体部署；活动说将阅读推广等同于阅读推广活动，以活动举办促进阅读服务提供；工作说认为阅读推广就是图书馆及社会相关方面为培养读者阅读习惯、激发读者阅读兴趣、提升读者阅读水平所做的一切工作；服务说认为阅读推广是近年来兴起的新型图书馆服务，而且已经发展成为现代图书馆主流服务；实践说认为阅读推广是图书馆培育引导社会公众成为读者，培育阅读兴趣、养成阅读习惯、提升信息素养的实践过程；休闲说认为图书馆阅读推广主要指以培养一般阅读习惯或特定阅读兴趣为目标而开展的图书宣传推介或读者活动，与工作或学习任务无关；"阅读学"说将阅读文化学与阅读推广相融合，重视纸本经典图书，重视儿童导读和未来阅读，提供知性的读本和理性的指南；"传播学"说将阅读推广活动归结为一种传播活动，达到促进知识分享、提升精神层次、获得

有用信息以及愉悦身心等阅读目的。[1]

台州市图书馆创新构建的全生命周期阅读推广服务体系，是对上述理论的全面融合与综合应用。它既传承了使命说的图书馆核心价值观，又落实了实践说、工作说的阅读推广工作目标，还采用了活动说的阅读推广工作方式；特别是它融合了服务说、"阅读学"说、"传播学"说的精髓，做好顶层设计，覆盖所有人，为所有年龄阶段的人提供各自适宜的阅读服务，营造全社会阅读氛围，也为全民阅读推广服务体系建设探索了工作路径、明确了发展目标。

二、全生命周期阅读推广服务体系的基本特点

全生命周期阅读推广服务体系，是按照人的生命周期阅读需求特点，来构建相应的阅读服务、活动及保障内容。换言之，针对不同年龄段的人群，精准提供最适宜的阅读推广活动，以此激发大众的阅读兴趣，培养其阅读习惯，提供相应的阅读保障。这一体系呈现以下五个基本特点。

（1）全人群服务。全生命周期强调的是在人的不同生命阶段，如婴幼儿、儿童、青少年、青年、中年、老年等阶段，都有相应的阅读活动。对于图书馆而言，就是同时要为婴幼儿、儿童、青少年、青年、中年、老年等不同年龄阶段的社会公众，提供相应的阅读活动。因此，全生命周期阅读推广服务体系建设最基本的特点，就是提供覆盖全年

1　王丹、范并思，《图书馆阅读推广基础理论流派及其分析》，《大学图书馆学报》，
　　2016 年第 4 期。

龄段人群的阅读推广服务。

（2）全类型活动。处于不同年龄阶段的人群，对阅读活动有不同的偏好。牙牙学语的婴幼儿喜欢探索类阅读活动，稍长一些的低龄儿童喜欢绘本类阅读活动，青少年喜欢科创类阅读活动，青年人喜欢时尚类阅读活动，中年人喜欢休闲类阅读活动，老年人喜欢康养类阅读活动。全生命周期阅读推广服务体系建设的第二大特点，就是提供内容丰富、种类齐全的阅读活动，来满足不同人群个性化、多样化需求。

（3）全媒体提供。信息技术的变化改变了人们的阅读习惯和阅读行为，数字阅读越来越流行。近期的全国国民阅读调查结果表明，2022 年，我国成年国民数字化阅读倾向进一步增强，80.0% 以上的成年国民接触过数字化阅读方式。其中，手机移动阅读成为主要形式，特别是通过"听书"和"视频讲书"方式读书成为新的阅读选择。受访的成年国民之中，45.5% 倾向于"拿一本纸质图书阅读"，32.3% 倾向于"在手机上阅读"，8.1% 倾向于"在电子阅读器上阅读"，6.8%倾向于"网络在线阅读"，8.2% 倾向于"听书"，2.8% 倾向于"视频讲书"。[1] 全生命周期阅读推广服务体系建设的第三个特点，就是主动适应时代变化，同时提供纸质的、数字化的不同载体阅读资源，来满足不同群体的阅读偏好。

（4）全岗位联动。全生命周期阅读推广服务体系建设，以需求驱动供给变革，以全新理念将阅读推广服务贯穿图书馆各部门，除了阅读推广部门外，采编、流通、技术、宣传、后勤等各部门也同步联动，

1　《第二十次全国国民阅读调查成果》，国家新闻出版署网站，2023 年 4 月 24 日，https://www.nppa.gov.cn/xxfb/ywdt/202304/t20230424_713200.html。

配合做好各项工作。每位图书馆员，无论身在哪个岗位，都怀揣阅读推广服务意识，并持续在各自岗位上发挥应有作用。

（5）全场所推广。使不会阅读、缺乏兴趣者学会阅读、乐于阅读，是阅读推广的重要目标，这就要围绕"人"来做事，人在哪儿，阅读推广服务就在哪儿。全生命周期阅读推广服务体系建设，以营造全民阅读氛围，形成"处处可读、时时可读、人人可读的文化条件"为目标，主动拓展服务阵地，从馆内走向馆外，联结社会力量，走向街区广场、公园绿地、商超医院、地铁车站等人流集散地，主动开展了形式多样的阅读推广服务。

三、全生命周期阅读推广服务体系建设的创新实践

台州市图书馆以"人的全生命周期"为切入点，通过融合台州市全市域的资源力量，着力培育涵盖全年龄人群的阅读推广活动服务，形成品牌体系。截至 2023 年底，已经基本建成各类公益性阅读资源、空间设施、人才队伍等为总和的全市性特色服务体系，实现了阅读活动品牌化、网络覆盖纵深化、数字服务创新化、阅读联盟社会化，有效促进了台州市民的精神文化共同富裕。

（一）全年龄推广

台州市图书馆积极打造针对不同年龄段的阅读推广品牌，着力满足各年龄段社会公众的阅读需求，带领各县（市、区）图书馆联动，逐步形成全生命周期阅读推广服务体系。

1. 幼儿品牌

台州市图书馆通过"专业馆员 + 志愿者"的方式,依托智慧化设施设备,推动"童萌汇"小书坊建设,孵化出了音乐坊、手工坊等多种阅读推广服务。同时,还与各县(市、区)图书馆联动,指导开展特色品牌化设计,形成了诸如"小 Y 课堂""童心童阅"阅读推广服务,影响甚广。

2. 青少年品牌

台州市图书馆面向青少年,精心培育"嗨皮小书坊""小橘灯阅读联盟""小小义务管理员""萌画馆"等阅读推广服务;并且根据科技发展和青少年兴趣,以创客空间、新型电子阅览室等共享学习空间为阵地,推陈出新,开展 STEAM 编程、创作工坊、AI 体验等阅读推广服务。为了提升全生命周期阅读推广服务的覆盖面和有效性,台州市图书馆还与市教育局合作开展书香校园建设,联办"班级书香驿站",协助各班级建立"图书角",开展分级阅读服务,助力青少年茁壮成长。

3. 中青年品牌

台州市图书馆围绕经典阅读、数字阅读、城市特色阅读等阅读推广服务,精心培育,形成面向中青年的"台图课堂""TA 的故事——真人图书馆""艺术之门""市民书友会""纪录片分享会"等品牌。周周有活动,月月有精彩,形成固定频率,成为台州市文化标识。

4. 老年人品牌

台州市图书馆深入实施"银发阅读"计划,营造适老化阅读环境,形成面向老年人的"乐龄 E 课堂""乐夕之旅"等品牌,不断更新培训教材,收集读者需求,内容常设常新,让市民老有所阅、老有所乐。

（二）全场所推广

在全生命周期阅读推广服务体系建设中，台州市图书馆依托政府支持，从馆内走向馆外，有序向各类文化场所、公共空间拓展，形成更为广泛的服务网络；以阅读活动融入空间服务，用阅读，用每一本书连接起每一个人。

1. 加强公共图书馆主阵地建设

台州市特别注重公共文化设施建设，在全市各级公共图书馆全部达到国家一级图书馆基础上，近年来，部分县（市、区）又陆续投入6.08亿元，建设公共图书馆新馆。到2023年底，黄岩区、玉环市图书馆新馆已先后建成开馆，温岭市、天台县、仙居县图书馆新馆完成土建工作。另外，台州市还持续拓展公共阅读空间建设，到2023年底，已在全市建成"15分钟品质文化生活圈"1272个，城市书房（和合书吧）达到76家，文化驿站41家，进一步完善了服务圈层布局。

2. 打造文旅融合阅读新空间

台州市图书馆联合社会力量，以书香民宿作为"诗和远方"结合着力点，探索"公共阅读＋旅游"服务。自2021年起，台州市陆续建成32家民宿图书馆，形成一批有品质、有特色、有温度的旅游阅读、乡村振兴新载体，成为文旅融合发展显著品牌。以"天空之城""余丰里"等为代表的民宿空间，与传统公共文化空间交相辉映，海量的文献资源为民宿内的阅读活动提供保障，成为旅人的会客厅，更是城市形象的人文名片。另一方面，又聚焦宋韵文化、和合文化、诗路文化等特色主题，加强主题阅读场馆建设，丰富优质资源与特色活动供给，如黄岩朵云书店入选"最受欢迎公共文化空间"全国50

强名单，路桥区水心草堂、临海市再望书店等 4 家单位上榜浙江省最美公共文化空间。

3. 创新开展馆校合作

台州市图书馆按照全生命周期阅读推广服务体系建设要求，构建阅读大联盟，探索科技创新，打破馆校的服务边界，推动公共图书馆与高校图书馆之间实现文献通借通还，高校图书馆开展的各类阅读活动也惠及周边社区居民，形成了馆校互联互通的"台州样本"。至2023 年底，已经促成高校图书馆纳入馆际互借平台覆盖率达到 60%，服务覆盖人群达 111 万余人，彻底实现全市图书馆"业务互联、馆藏互补、阅读共享"的服务大提升。

4. 创新特色阅读工程建设

台州市图书馆围绕构建高效便捷服务城乡服务体系，探索阅读设施新载体"和合 e 书吧"建设，解决了场馆型阅读空间（城市书房）对场地和经费的限制。和合 e 书吧将信阅图书柜与电子书阅读屏融合为一体，通过人脸识别、物联网智慧技术应用与图书馆空间建设、服务创新结合，并融合全省优秀文旅数字化应用"游省心"，广泛布局在旅游场所、医院、火车站等一系列人流量大但缺乏阅读空间又无法建设和合书吧的地点，成为延伸基层服务网络的"神经末梢"。

（三）全数字推广

台州市图书馆致力于发挥数字化改革在全生命周期阅读推广服务体系建设中的先进作用，实现虚拟与现实、云端与线下结合的"书香台州"系列活动，构建数字阅读新场景，让阅读无时不可、无处不在。

1. "码上办证码上借"

台州市图书馆围绕城乡阅读普惠均等要求，创新建设了"码上借阅"数字化服务共享平台，以信用为基础，实现多渠道线上免押金注册、免逾期费和点单式借书服务，跨越式降低图书馆服务门槛。2020年至2022年期间，以"码上借阅"平台为支撑，以台州"信阅"全覆盖为保证，服务数十万群众，弥补了公共图书馆服务时空局限性，让公共文化服务"最后一公里"向"最美一公里"转化。

2. "不下车自助还书系统"

新冠疫情防控期间，台州市图书馆针对公共场馆限制性开放困境，对接智能化系统、自动分拣系统、文献借阅系统，建设"户外不下车"自助还书机，为市民提供便捷服务，通过智能化设备拓展公共图书馆服务阵地。并且，在后疫情时代进一步夯实服务基础，通过延续开放时间，让阅读成为一种日常。

3. 网络直播

台州市图书馆精准对接现代读者需求，创新开展了线上借阅"云享新阅直播间"，由馆员主播和阅读推广人通过直播的方式，为读者淘书、荐书、借书，将流行的直播热潮和图书馆服务相结合，进一步扩大云端活动的潜能，实现从"阅读"到"悦读"的转变，让全生命周期阅读推广服务体系建设更智慧、更高效。

（四）全市域推广

台州市图书馆按照全生命周期阅读推广服务体系建设要求，联动各县（市、区）图书馆，在阵地建设、品牌培育、服务创新等方面重点发力。选取玉环市和路桥区图书馆为第一批推广试点，临海市、温岭市和仙居县图书馆作为第二批推广试点，将"独唱"升级为全域的"大合唱"。市、县（市、区）两级联动，积极开展新型阅读空间建设，打造出区域特色品牌活动，探索开展"台州阅读市集"活动，推动全生命周期阅读推广服务体系在"纵向延伸"和"横向拓展"上获得了突破，实现了为广大社会公众提供优质、免费、普遍均等的全民服务理念。

（五）全社会推广

图书馆、书店、出版商、公益阅读组织等是一个为阅读而生的有机整体，台州市图书馆依托文旅主管部门，通过全生命周期阅读推广服务体系建设，将各方力量整合在一起，向全社会展示了阅读风采。

1. 创建"图书馆＋书店"阅读联盟

台州市文旅局出台了《关于推动实体书店参与公共文化服务的通知》，积极组建"图书馆＋书店"阅读联盟，建立互联互通共享机制，实现不同圈层的各阅读推广机构的资源整合、活动共通，形成阅读推广合力，为"书香台州"建设开辟出一条新路径。如台州市图书馆联合钟书阁，举办"和自然做邻居"读书交流会，将图书馆读者引流到书店，为书店赋能；与新华书店联合邀请知名作家蒋胜男开展"从'天圣令'看宋韵文化"的主题讲座，再辅以作家签售的互动环节，达到平台共享、资源互补的目的。

2. 培育阅读推广人，构建阅读服务联盟

台州市图书馆积极整合社会资源，凝聚起一批爱阅读并致力于阅读推广的志愿者，开展各类阅读分享活动。一是打造文化服务阅读阵

地。推动公共图书馆以多个志愿团队及重点项目活动为主导大力开展全民阅读服务，依托"志愿汇"平台，将每一次的分享活动聚拢起来，用时长丈量阅读的意义，实现每周有主题活动，管理更系统，服务更规范。截至 2023 年，台州全市公共图书馆系统有注册阅读推广人3282 名。二是加大培育力度。以全生命周期品牌活动为切入点，有针对性、计划性地培育阅读推广人。从了解各年龄段读者的身心特点开始，掌握阅读分享技巧，推荐适龄适宜图书，激发读者的阅读兴趣。台州市图书馆每年举办全市阅读推广人招募培训班，邀请幼儿专家、儿童作家，开展绘本领读的志愿者培训活动。三是台州市图书馆积极推动阅读服务联盟建设，以图书馆体系为支撑，建立台州全市阅读推广活动联动机制，加强阅读资源整合、阅读推广合作与经验交流，创建了多层次、多领域、多维度的业务合作格局，实现了资源共享、信息互通、品牌同创。

四、全生命周期阅读推广服务体系建设的主要成效

台州市图书馆全生命周期阅读推广服务体系建设取得了卓越成效，陆续获得了中国图书馆学会阅读推广优秀项目和案例一等奖、台州市群众"牵肠挂肚"民生实事改革项目、浙江省图书馆学会"最佳应用奖"等荣誉，得到新华每日电讯、中国文化报、光明日报、浙江日报等媒体的广泛报道。

（一）强化了"全民阅读服务"的共识

台州市通过全生命周期阅读推广服务体系建设，健全了市、县（市、区）两级联动机制，以点带面推动各地全面梳理阵地建设、品牌培育、服务创新等方面重点难点问题，开展"全民阅读标准化、均等化、数智化、社会化工作探索"。2021年底，全生命周期阅读推广服务体系成功申报浙江省公共文化服务现代化领航项目，成为全省的"十分之一"，进一步在全市范围内掀起全民阅读活动的高潮，取得阅读推广各方的高度共识。至2023年底，项目创建工作完成并通过验收，形成了便利、均等、优质的全民阅读推广服务体系，全市人均藏书量1.66册，2018—2019年间年均到馆2265.13万人次，读者满意率在90%以上，公共图书馆事业各类服务指标达到国内先进水平。

（二）推动了分龄阅读服务的实施

阅读推广活动是每个阅读组织都在全力开展的工作，以资源为导向是活动的主要方式，台州市通过全生命周期阅读推广服务体系建设，帮助各单位转变活动思路，推动了以读者需求为导向的分龄阅读活动的实施。全市公共图书馆针对读者生命周期的各个阶段分别开设了阅读活动，让各个年龄段的读者都可以找到阅读平台，分享和交流。分龄阅读服务的实施，兼顾了各个年龄层的需求，也对活动组织方提出了更高的要求，推动了阅读服务能力的不断创新提升。到2023年底，已形成以市图书馆为龙头，带动各县（市、区）图书馆因地制宜、自主创新打造覆盖各年龄段读者的阅读活动品牌，形成"一馆一品牌"

格局。从婴幼儿到老年人，各地分年龄、分层次推出 1—2 项特色鲜明的交互式、沉浸式阅读推广活动，铸造经典阅读品牌，并向总分馆服务体系延伸；已有各类阅读品牌 30 余个，全年阅读推广活动共举办 5530 场次，参与活动 1482.25 万人次。

（三）拓展了公共空间的阅读功能

台州市通过全生命周期阅读推广服务体系建设，形成以四级公共文化服务体系为主导，其他公共设施和非公设施拓展为补充的多维度公共文化空间拓展模式务实高效，成绩突出。县（市、区）图书馆的龙头作用日益凸显，新建图书馆新馆、15 分钟品质文化生活圈，为广大群众提供更为丰富的文化活动场所。全市公共文化设施空间总面积大幅度增长，每万人拥有公共文化设施面积达到 4748.8 平方米。通过文旅融合、跨界融合，打造"民宿＋图书馆""书店＋图书馆"模式，强化了公共空间的阅读功能，丰富品牌活动内容，带动服务提质增效，提升了城市的文化内涵。优化推进的"和合书吧"建设，在均等化、标准化、便捷化基础上，构建了纸电一体的阅读微设施网络，创新了公共文化空间建设模式。

（四）激发了社会力量参与动能

台州市通过全生命周期阅读推广服务体系建设，加强了与政府部门、群团组织、社会组织等广泛合作，通过市、县（市、区）、高校图书馆、实体书店等联动，培育各类主题阅读活动、项目、服务精品，呈现"全生命周期"的概念，增强人民群众对全民阅读活动的认知度、参与度、满意度。全民阅读联盟建设形成特色，在文旅融合、跨界融合、大文化融合三个方向进行探索，持续推进民宿图书馆、环市民文化广场联盟、馆店联盟、馆校合作等重点项目建设，建立了资源、技术、人才等方面共建共享的联盟合作机制，出台了公共图书馆社会化合作市级地方标准，实现全民阅读"优势互补、平台共享、联动宣传"，为市民提供了更加丰富多彩的阅读体验，也吸引了更多致力于阅读推广的个人和组织加入。

（五）创新了数字化服务能力

在推进全生命周期阅读推广服务体系的过程中，以台州市图书馆为首的公共图书馆不断探索创新，借助数字化改革的东风，搭建线上线下平台，不断优化阅读服务供给方式，切实提高文化服务有效供给。推广码上办证、码上借阅，开启零成本使用图书馆新时代；人脸识别精准生成画像，方便市民出入和利用和合书吧；虚拟现实和沉浸式体验等落地应用，进一步激活阅读空间活力；基于技术支撑的四级文献通借通还体系，助推图书在城乡高效流转；移动数图平台迭代升级，阅读推广、读者培训、高清直播频上"云端"，形成适应年轻人需求特点的数字活动品牌谱系，提升阅读服务覆盖面和影响力。

五、全生命周期阅读推广服务体系建设的优化方向

新时代文化建设，要求构建优质均衡的公共文化服务体系，满足

人民日益增长的美好生活需要，体现新发展理念。在这一指引下，台州市的全生命周期阅读推广服务体系建设还可进一步优化。

（一）新生儿阅读推广服务还留有空白

按照发展心理学家埃里克森（Erik Homburger Erikson）提出的人格社会心理发展理论，人的生命周期根据人的自我意识形成和发展过程，还可进一步细分为八个阶段：（1）婴儿期（0—1.5岁）；（2）儿童期（1.5—3岁）；（3）学龄初期（3—5岁）；（4）学龄期（6—12岁）；（5）青春期（12—18岁）；（6）成年早期（18—25岁）；（7）成年期（25—65岁）；（8）成熟期（65岁以上）。对照这一生命周期划分，全面审视台州市全生命周期阅读推广服务体系可以发现，台州市图书馆虽已建有"童萌汇""童心童阅"等幼儿阅读推广服务品牌，并衍化出一系列项目，但对0—1.5岁的新生儿的阅读推广服务，基本上还是空白。

因此，应当深入开展图书馆新生婴幼儿阅读推广服务课题研究，围绕当前国内外实践典型案例，结合台州实际，创建新生婴幼儿阅读推广品牌载体，常态化开展阅读推广服务。

（二）家庭教育阅读推广服务有待深入

2022年1月1日开始实施的《中华人民共和国家庭教育促进法》，要求图书馆每年应当定期开展公益性家庭教育宣传、家庭教育指导服务和实践活动，宣传正确的家庭教育知识，传播科学的家庭教育理念和方法，营造重视家庭教育的良好社会氛围。

台州市图书馆已开展大量阅读推广服务项目，主要针对各类群体的阅读需要而展开，虽然也有一些亲子类阅读活动和家庭教育类阅读推广活动，但还未深入进行科学化、系统化的制度设计研究，亟须补上这块短板，研发出适合各类家庭教育场景、具有台州特色的阅读推广载体及项目。

（三）青年人阅读推广服务亟须加强

18—25 岁的成年早期人群，就是我们常说的刚刚毕业步入社会的青年人，仍然是世界观、人生观、价值观"三观"塑造的重要时期，需要更多的社会关怀和帮助，需要图书馆提供更多的阅读服务保障。

台州市图书馆创新开展的线上借阅"云享新阅直播间"网络直播服务，比较切合青年人需求，受到好评；组织开展的"长三角阅读马拉松"活动对青年人也颇有吸引力。但这些活动举办频次较少，参与人数有限，对青年人阅读促进的影响力有待加强。因此，需要围绕青年人特点，开展量身定制品质化、时尚型阅读推广活动系列。

（四）基层阅读推广服务品质尚待提升

台州市全民阅读设施类型，包括市、县（市、区）两级公共图书馆、大中小学校图书馆、乡镇（街道）图书馆（室）、和合书吧、职工书屋、农家（社区）书屋、实体书店等各类场所空间，既有"高大上"的城市地标式的阅读设施作为龙头引擎，引领全民阅读服务品质发展，又有"小而美"的服务点星罗棋布，遍布城乡各地，方便市民群众就近利用，成为"家门口好去处"。多部门、多样性、多元化组织开展的精彩纷呈的阅读推广活动，线上线下并举，厚植培育、涵盖各类社群的阅读品牌，分众、分龄、分层精准供给、悉心打造的全生命周期阅读推广服务体系，使台州市全民阅读服务风生水起，成为现代公共文化服务体系建设先锋力量。

但是，目前来说，全生命周期阅读推广服务体系形成的品牌载体，主要建在市、县（市、区）两级公共图书馆阵地上，还没有全面下沉到县级以下的乡镇（街道）、村（社区）层级的各类阅读设施。此外，和合书吧、职工书屋等设施的阅读推广服务品质还有待全面提升。

（五）全市性阅读推广服务品牌亟待打造

从幼儿到成年，针对不同生命周期的服务对象，台州市图书馆已建成一系列阅读推广服务品牌。不仅如此，台州市下辖的各县（市、区）图书馆已形成颇具特色的阅读推广服务品牌，如路桥区图书馆打造的"女子主题馆"，借助"南官人文大讲堂""艺术之门"等品牌活动，开设深受女性读者喜爱的文化课堂；玉环市图书馆推出"玉图开卷·阅享共富"阅读品牌，以线上线下相结合的方式，开展了全民阅读系列活动。

台州市通过全生命周期阅读推广服务体系建设，已经形成了阅读推广品牌集群，让各类群体都能各得其所。但就目前而言，台州市还缺乏知名度高、影响力大、参与者众的全域性阅读推广服务品牌，比如国外不少图书馆相继开展的"一城一书""阅读大计划""读遍美国"等全城乃至全国性的阅读活动。

因此，台州市需要建立统筹协调、共建共享、活动联动机制，创新打造辨识度高、地域特色鲜明、跨系统跨区域合作的全市性阅读推广服务品牌，在全市营造浓烈的全民阅读氛围，引导和鼓励社会公众走进图书馆，读好书、好读书。

六、全生命周期阅读推广服务体系建设的发展对策

台州市在全生命周期阅读推广服务体系建设中，已经取得显著成绩。在此基础上，应当进一步创新发展，补齐发展短板，在新生婴幼儿、青年方面持续发力，形成创新亮点；应当遵循分层分众思路，推进阅读服务建设下沉，形成专属品牌；应当贯彻推进文旅融合发展要求，寻找最佳突破口，打造全市性重大阅读推广服务品牌。

（一）存量优化：凝练、提升阅读推广服务品牌

全面梳理市、县（市、区）两级公共图书馆阅读服务品牌体系，按照室内室外、线上线下等维度分门别类，健全可持续发展机制，形成面向全生命周期的比较完备的阅读推广服务体系。

一是加强全市图书馆业务交流和阅读推广人培育工作，分享经验、互通有无。充分发挥台州市图书馆的中心馆作用，示范引领、协同打造富有台州特色的阅读推广服务品牌。

二是精心遴选适宜在乡镇（街道）、村（社区）层级开展的阅读推广活动，依托图书馆总分馆服务体系下沉至基层，覆盖农村居民。

三是培育壮大职工书屋、农家书屋、书店、学校图书馆等的阅读

推广活动，形成面向特定群体专属的阅读推广服务品牌。

（二）增量发展：查漏补缺、培育发展阅读推广服务新品牌

按照高质量发展要求，进一步细分全生命周期的不同阶段，查漏补缺，重点推进面向新生婴幼儿和青年的阅读推广服务品牌。

一是新生儿品牌建设。面向新生婴幼儿，策划有台州特色的婴幼儿阅读大礼包，配套开展阅读跟踪活动，形成家庭阅读档案。推出针对新生儿的"初生书香礼"活动，统筹设计"牙牙童阅"服务品牌。

二是家庭阅读指导品牌建设。通过建设分级阅读和支持家长育儿求知的文献中心等举措，探索开办"0—3岁家庭阅读指导"课堂或课程，面向爸爸妈妈、爷爷奶奶层级的家长，传播科学的亲子阅读经验，普及儿童早期阅读理念。

三是行走阅读为代表的时尚型品牌建设。面向青年人，迎合其擅长社交网络的特点，以阅读为主题，开展"城市漫游"（Citywalk）、"城市骑行"（Cityride）等室外行走的时尚型阅读推广活动，漫游城市大街小巷，串联各级各类图书馆、书店、历史建筑、名人故居、名胜古迹、文创商圈等，感受城市风情、推进文化传承。

（三）重点突破：精心打造"台州阅读市集"重大品牌

推动政府部门、群团组织、企事业单位、社会组织等广泛合作，围绕世界读书日、公共图书馆服务宣传周、全民读书月以及中华传统节日、重要节假日和重大节庆，在全市联动推出接地气、聚人气、老

百姓喜闻乐见的全城共读、阅读嘉年华等大型全域性全民阅读活动。

特别是以"台州阅读市集"为切入口，深入推进图书馆与书店联盟合作，全面展示阅读活动、项目、服务精品，配套与阅读相关的新书首发式、作者见面会、书友会活动、图书销售、非遗展陈、民俗演艺、学术论坛等，打造台州市全域有影响的、标志性阅读推广服务品牌，大力增强社会公众的全民阅读活动参与度、感受度和满意度，激发阅读兴趣、养成读书习惯，提升阅读品位，彰显台州市和合文化魅力。

一是建立科学办节机制。阅读市集是全民参与的阅读嘉年华，在一开始就要确立"政府主导、社会支持、各方参与、群众受益"的办节理念，凝聚政府、市场、社会各方力量，协同发展。

二是动员全民参与原则。阅读市集应当秉持无门槛参与、开放式活动、高水平展示的原则，精心打造各项市集活动，力求使不同年龄、职业、身份和国籍的人都能获得参与机会。凸显阅读亲民、阅读惠民、阅读悦民的服务宗旨，满足社会公众向上、向善、向美的精神需求。

三是建立可持续发展机制。以阅读市集架构起开放性的城市文化建设大平台，整合全市体制内外各类阅读资源，撬动全民阅读的文化事业与文化产业的融合发展，实现从线上到线下、从文化到旅游、从城市到乡村的全方位融合，使"人人关注阅读，人人享受阅读"蔚然成风。力争做到阅读市集投入产出平衡、略有盈余，形成常态化举办机制。建立轮值举办制度，在台州市各县（市、区）轮流举办，促进阅读资源全市域大流动。

（四）支撑建设：完善便捷阅读设施布点与智慧图书馆建设

在现代社会达到"人在哪儿，书在哪儿"的建设目标，需要在图书馆总分馆服务体系建设基础上，进一步加强便捷型阅读设施如"和合 e 书吧"网络布点建设，进一步丰富移动可阅读数字资源建设，普及推广数字阅读服务。

一是完善 S1 线地铁站"和合 e 书吧"全覆盖建设。S1 线是台州市境内的首条城市轨道交通线路，全长 52.568 千米，北起台州火车站站，连接椒江区、路桥区、温岭市，贯穿临海东部新城、杜桥、椒北、椒江、路桥、温岭火车站、温岭市区和玉环，南至城南站。2022 年 12 月底开通运营，日均进站客流量 3 万人次左右。在 S1 线全线 15 座车站建成"和合 e 书吧"，既能实现阅读资源连点成线、连线成网，让广大市民方便借阅各类图书，也让阅读风景跨越全市传递，成为"书香台州"建设的重要内容，成为全生命周期阅读推广服务体系的强有力支撑。

二是加快智慧图书馆建设步伐。进一步发挥数字化改革在全生命周期阅读推广服务体系建设中的先进作用，巩固信用借阅、通借通还、图书预约、资源更新、设备维护等支持保障功能；加强数字阅读资源采购，加大联采力度，扩大新媒体资源，不断丰富数字阅读资源；创新线上线下相结合的新媒体新平台阅读推广活动，形成适应年轻人需求特点的数字类、云阅读活动品牌谱系，提升阅读服务覆盖面和影响力；融汇大数据、云计算、物联网、移动互联网、人工智能等新技术，构建"全程全景全域"的图书馆智慧服务，创新打造应用场景，提升图书馆服务能级。

（五）政策激励：引导和激励社会力量全面进入、深度合作

台州市全生命周期阅读推广服务体系建设，应当坚持开放共建原则，以大文化发展理念，推动全民阅读的跨部门、跨领域、跨区域协同共进，动员更广泛的社会力量全面、深入参与，形成政府、市场、社会良性互动的发展局面。

一是将"全生命阅读推广服务体系"纳入政府公共文化服务目录、科学发展观考核范围。"全生命阅读推广服务体系"建设，本质是一项文化惠民工程，是推进台州市全民精神共同富裕的重要抓手。政府理应承担起主导责任，制定相应的政策措施，提供必要的财政保障，持久深入开展全民阅读服务。

二是加强政府面向社会力量采购阅读推广服务的制度建设。进一步深化文化体制机制改革，规范和推进政府向社会力量购买阅读推广工作，提高服务效能。按照公开、公平、公正原则，建立健全政府向社会力量购买服务机制，及时、充分向社会公布购买的服务项目、内容，规范采购流程，并加强对服务提供全过程的跟踪监管和对服务成果的检查验收，建立黑白名单制度。

三是培育和规范阅读类社会组织。拥有一批形态多样、结构合理、能力专业、治理规范的承接主体，是落实政府面向社会力量购买阅读服务（公共文化服务）的前提条件。在台州市，这些承接主体分布不均、良莠不齐，需要各级政府文化主管部门和图书馆加强培育和规范，引导线上线下"讲书人""阅读推广人""图书推荐者"等专业化发展，扩大阅读推广队伍，助力全民阅读品质发展。

结　语

　　全生命周期阅读推广服务体系旨在建立覆盖城乡、惠及所有人群的优质均衡的公共阅读服务体系，让每一个人在每一个人生发展阶段，都能够便捷利用优美的阅读空间，可获得优质的阅读资源，参与有趣的阅读活动，享受舒适的阅读服务，从而不断满足人民群众多样化、多层次、多方面的精神文化需求。

　　台州市的创新建设实践表明，全生命周期阅读推广服务体系是全面贯彻落实全民阅读推广服务体系建设的重要抓手，又是践行图书馆行业基本理念的可行路径，也是实现人民精神生活共同富裕的有效促进，值得示范推广。

史料

中国现代文学史讲稿（第三部）[*]
一九六二年九月十五日

彭柏山 著　陈丙杰　陈　静 整理

　　著名导演、作家彭小莲女士临终前委托华东师范大学张济顺教授，将她父亲彭柏山先生遗存的资料赠予华东师大当代文献史料中心整理收藏。彭柏山先生曾在厦门大学讲授中国现代文学史，《中国现代文学史讲稿》就是其中一份讲义。这份讲义属于尚未公开面世的手稿。为使这份手稿更好地用于学术研究，在征得华东师大当代文献史料中心同意后，张济顺教授于 2023 年 10 月 31 日通过复旦大学图书馆原馆长陈思和教授，将手稿电子版提供给复旦大学图书馆特藏中心使用。

　　彭柏山（1910—1968），湖南省茶陵县人，1929 年进入上海江湾劳动大学政治经济系学习，1931 年参加中国左翼作家联盟（简称"左联"），1933 年任"左联"大众教育委员会书记。1934 年发表的短篇小说《崖边》，是现代文学史上最早反映苏区人民斗争生活的作品。同年被捕。1935 年在狱中加入中国共产党。鲁迅一直与其保持联系，还于 1936 年将《崖边》介绍给日本《改造》月刊登载。同年，短篇小说集《崖边》出版。1937 年获释后，开始从事中国共产党的组织、

---

[*]　陈丙杰，复旦大学图书馆特藏中心馆员、学术策展人；陈静，复旦大学出版社质检中心。

民运和宣传工作。曾任苏北联合抗日军政治部主任，第三野战军六纵十六师政治部主任、副政委。1949 年后，先后担任华东军政委员会文化部副部长、中共上海市委宣传部部长。后受胡风冤案牵连，下放青海。1961 年 12 月从青海调到福建厦门大学任教。1965 年 10 月又被中央教育部调往郑州市河南农学院。1968 年含冤死于河南农学院。1980 年获平反昭雪。1981 年起，其遗著长篇小说《战争与人民》、书信集《战火中的书简》及中篇小说集《任务》陆续出版。

关于《中国现代文学史讲稿》，彭柏山夫人朱微明女士在《柏山和胡风及胡风事件》一文中有过提及：彭柏山 1961 年 12 月到厦门大学后，被分配到中文系现代文学教研组教"现代文学史"，"先备课半年"。后来因为政治形势的变化，"柏山的处境愈险恶"，"柏山教的课，也一改再改，由教'现代文学史'转而教'文艺创作'，又转而教外语系学生的'写作'"。[1] 从中可知，彭柏山到厦大后上的第一门课就是"现代文学史"。学校给他的备课时间只有短短半年。不过，在他争分夺秒的努力下，《中国现代文学史讲稿》最终得以完成。

这部讲稿用钢笔写在厦门大学的信纸上——封皮以毛笔书"中国现代文学史讲稿 第三部 一九六二年九月十五日"。正文第一页是彭柏山列的 20 个思考题。随后是讲义内容。这份手稿只是彭柏山《中国现代文学史讲稿》的第三部，从第 13 章到第 18 章，具体目录如下：

---

1 彭柏山，《彭柏山文选》，上海文艺出版社，2003 年，第 594—596 页。

第十三章　抗战前期的文学创作（一）

　　第一［节］　小型作品的涌现
　　第二节　夏衍及其他作家的剧作
　　第三节　《屈原》及其他历史剧

第十四章　抗战前期的文学创作（二）

　　第一节　诗歌创作
　　第二节　小说创作（上）
　　第三节　小说创作（下）

第十五章　《在延安文艺座谈会上的讲话》和文艺界的整风运动

　　第一节　整风运动和延安文艺座谈会的召开
　　第二节　《在延安文艺座谈会上的讲话》基本内容及其伟大
　　　　　　历史意义
　　第三节　整风后文艺界的新面貌　与反动文艺思想的斗争

第十六章　沿着工农兵方向前进的文学创作（一）

　　第一节　群众文艺的新面貌和新歌剧创作
　　第二节　《白毛女》
　　第三节　话剧创作
　　第四节　《王贵与李香香》及其他诗歌

第十七章　沿着工农兵方向前进的文学创作（二）

第一节　赵树理的创作

第二节　反映群众生活和斗争的小说

第三节　周立波的《暴风骤雨》

第十八章　抗战后期、解放战争时期的国统区文艺运动和创作

第一节　反压迫争民主的进步文艺运动

第二节　对"主观论"及其（它）[他]反动文艺思想的斗争

第三节　文学创作

结　语

　　由此可见，该手稿内容主要包括抗日战争和解放战争期间（国统区和解放区）的文学创作与文艺思潮。不难推测，这部讲义稿应该还有"第一部""第二部"，且前两部的章节安排可能是：第一部包括第1—6章，讲五四新文化运动到1927年第一次国共合作失败期间的文学运动和文学创作；第二部包括第7—12章，讲述1927年第一次国共合作失败后到1936年第二次国共合作前夕的文艺斗争和文学创作。

　　尽管第一、第二部内容缺失，但幸运的是《史料与阐释（总第三期）》（2015）发表的彭柏山遗稿《中国现代小说研究（卡片）（1963.11.1）》，对于鲁迅、周作人、陈独秀、沈雁冰、叶圣陶、钱玄同、吴虞、冰心、蒋光慈、巴金、老舍等人的言论或创作的评论和

摘录，与彭柏山在《中国现代文学史讲稿》中列出的 20 个思考题互相呼应。两者结合，可以大体看出《中国现代文学史讲稿》中缺失的第一、第二部分的概貌，从而较为完整地传递出彭柏山的文学史思想构成。

1950—1960 年代是中国现代文学学科建设的初期，也是中国现代文学史编撰的重要时期。王瑶的《中国新文学史稿》（1951）、张毕来的《新文学史纲（第一卷）》（1955）、丁易的《中国现代文学史略》（1955）、刘绶松的《中国新文学史初稿》（1956）均是这一阶段文学史编撰过程中的杰出成果。此外，各个高校的现代文学史教研室也涌现出大量现代文学史讲义。在众多现代文学史编撰成果中，彭柏山的《中国现代文学史讲稿》尽管内容上略显单薄，却仍然能从中窥见他本人独特的叙述风格和文学史价值：

首先，彭柏山作为"左联"成员和现代文学作家，见证了现代文学从"左联"时期到抗日战争、解放战争时期的文艺思潮和文学创作进展，甚至直接或间接地参与其中。因此，彭柏山的讲义稿，就不单纯是一个学者对现代文学发展的知识梳理和理论提升，而是一个现代文学运动的参与者和具有文学创作经验的作家对现代文学发展的筛选、梳理和评价。彭柏山的文学史讲述，既保持着鲜明的政治立场，又能从自己的文学创作经验出发，对现代文学作品做出独具慧眼的解读和判断。

其次，彭柏山与他在讲义中讲述的诸如鲁迅、周扬、夏衍、茅盾、郭沫若等作家，有着直接或间接的交往，诸如胡风、丘东平等作家更是他的好友。因此，彭柏山的文学史叙述就是彭柏山对于同时代人和作品的评价，也是他对于自身经历过的文艺时代的回望和总结。正因为如此，彭柏山的文学史叙述有着丰富的感性经验，也呈现出独特的历史细节和史实。

最后也应该指出，由于1950—1960年代特殊的政治气氛和彭柏山面临的愈来愈严峻的政治压力，彭柏山的这份讲稿也有很多言不由衷的地方，如在评价王实味、丁玲、萧军、胡风的段落中都留下了极"左"路线下的时代烙印，与当时同期出版的文学史著作如出一辙。随着1980年代的拨乱反正，文艺界的冤假错案都获得甄别平反，受迫害者也获得沉冤昭雪。彭柏山本人正是其中一员，我们从他在讲稿中唾面自干的忍辱行径，不难体会历史的荒唐。

还有需要说明的是，在辑录这部讲义稿的过程中，为尽可能保持手稿原貌，文中存在的语病、错误仍遵从原文，不做处理，必要处写注简单说明；我们仅酌情修改与现行标点用法相左且容易造成阅读障碍的地方之处，并适当调整明显的错字、缺字、衍字和字词语序不当之处：错字用（ ）标示并于［ ］号内校正，缺字在［ ］号内补充，衍字缩小字号后以（ ）标出。另外，针对讲义中的旁注，我们采用缩小字号后直接插入所讲述的内容之后的方式进行处理。

中国现代文学史讲稿 京三

一九六二年九月十五日

封面

中国现代文学史思考题

（一）现代文学的性质是什么

（二）五四新文化运动的中心是什么

（三）早期共产党人的文学主张主要内容

（四）鲁迅的小说的战斗作用主要表现在（那）[哪]几方面

（五）郭沫若《女神》诗集的主要内容是什么

（六）文学研究会有（那）[哪]些主要作家

（七）叶绍钧的《倪焕之》的主题思想是什么

（八）创造社早期的文学主张怎样

（九）田汉早期的创作倾向

（十）左联对革命文学有（那）[哪]些贡献

（十一）第二次国内战争时期在文艺战线上的斗争，主要表现在（那）[哪]几方面

（十二）瞿秋白对中国马克思主义文艺理论有什么贡献

（十三）茅盾的《子夜》的艺术特点

（十四）巴金早期创作和他的《家》有什么不同

（十五）老舍早期创作和他的《骆驼祥子》有什么不同

（十六）中国诗歌会的历史作用

（十七）抗战前文艺与抗日民族统一战线怎样形成

（十八）民族形式论争中，胡风的反动理论是什么？如何与之斗争

（十九）毛主席《在延安文艺座谈会上的讲话》的伟大历史意义是什么

（廿）《在延[安]文艺座谈会上的讲话》基本内容是什么

第十三章　抗战前期的文学创作（一）

第一［节］　小型作品的涌现

（一）新的现实要求文学运用一切与当前形势相适应的形式。一方面群众有迫切的需［要］；一方面战争的环境不容许作家安定地坐下来从事长篇写作。小型作品就在这种情况下产生。这是抗战文艺的一个重要特点。

抗战初期曾出现一批描写淞沪、台儿庄等战役的作品，如徐迟的《大场之夜》，骆宾基的《救护车里的血》。这些作品，由于内容迅速反映了（现实的）抗战现实，题材比较新颖，曾发生过积极的宣传作用。就艺术的水平来论，不是很高的。

尔后，在抗日根据地则出现大批这类小型作品。如立波的《晋察冀边区印象记》，沙汀的《游击县长》，何其芳的《七一五团和大青山》，杨朔的《西战场上》。这些作品较作初期的，不仅反映了现实的斗争生活，而且在艺术形式，写（的）［得］也比较深入。

当时反映抗日斗争比较突出的，有丘东平。他在左联时期，就以《通讯员》在《文学月报》上发表而得名的。抗日战争爆发后，最初，他参加一个广东部队，在上海撤退时，他跟随他们撤退，和国民党军队一些下级军官和士兵有接触。当时，他写了《第七连》，描写一个连长丘俊从上海撤退后的经历；《我们在那里打了败仗》，描写一位上校方叔洪在江阴炮台的遭遇；《我认识了这样的敌人》，描写一个青年妇女在逃难中的一段经历；《一个连长的战斗遭遇》。到新四军后，他曾经企图写一个长篇《茅山下》，结果，写了一部分，在1941秋天，在盐城反扫荡战中牺牲了。这是一个很有才华的青年作家。但他由于出身小资产阶级，思想上并没有经过彻底的改进，在作品中还流露着小资产阶级情调。

（二）其次就要说到独幕剧。抗战前有一个著名的街头剧《放下你的鞭子》，描写一个街头艺人用鞭子鞭笞一个女艺人卖唱，因不［堪］忍受痛苦而反抗。《放下你的鞭子》，它对日本帝国主义者的侵略造成人民的家破人亡、流离失所的情况，发出了强烈的控诉；剧中人物的遭遇，在当时具有典型意义，曾经起了很大的宣传教育作用。还有《三江好》《流寇队长》等，在当时也起了显著的宣传效果。

（三）朗诵诗和街头诗的流行。我们在前面谈过，中国诗歌会曾经提［倡］朗诵，要把诗由视觉艺术变为听觉艺术。1938 年在武汉，为了适应抗战宣传的需要，提出要"让诗歌的触手伸到街头，伸到穷乡""用活的语言作民族解放的歌唱"。[1] 当时，推动这一运动者，有光未然、冯乃超、徐迟、高兰等。光未然的《黄河大合唱》部分歌词，曾以朗诵诗形式传播。这种运动，由于内容和语言的限制，主要在知识分子中间流行，并未真正深入（到）农村和工厂。

这种街头诗运动，首先是在延安开始的。当时在延安推动街头诗的，有田间、柯仲平。如柯仲平的《告同志》，曾经传诵一时。

（四）杂文，也是当时最流行的一种文艺形式。如上海的《鲁迅风》、桂林的《野草》是专登杂文的杂志。报纸副刊，如上海《文汇报》的《世纪风》、《译报》的《大家谈》，重庆《新华日报》的《新华副刊》、《新蜀报》的《蜀道》等，都以大量篇幅登载杂文，起了

1　出自冯乃超，《诗歌的宣言》，《文艺》（汉口），1937 年第 3 期"抗战诗歌特辑"。

积极的影响。当时写杂文的人,有夏衍、绀弩、孟超、秦似、唐弢、柯灵、巴人等。

(五)通俗文学创作,当时曾经也受到普遍重视。如老舍就是十分努力的一个,他曾写过《王小赶驴》,张天翼写过《芦沟桥演义》。当时这种通俗文艺作品,主要是利用旧形式填充抗日的新内容。由于作家对旧形式的生疏和利用缺乏明确认识,曾出现过一些生搬硬套,甚至庸俗化的现象。但一般说来,这些作品在当时都发挥了宣传作用。

从上述这些现象来看,抗战初期文艺的一个重要特点,就是小型作品的出现。这种情况,也只是开始的一个时期,到了战争进入相持阶段,国民党在政治上的反动,一方面文艺界遭受反动统治的压迫,那种生气蓬勃的气象受到压抑;一方面作家在思想上和创作的兴趣也有改变,这种小型作品也就很少了。但在抗日根据[地]还继续受到重视。如我所知道的,新四军的各个报纸副刊,都经常发表这样的小型作品。

不过这些作品,由于对生活的理解不深,一般只是写一些现象。因此,内容不很深,再加上艺术上推敲不够,往往热情有余,深刻不足。它们虽然在艺术上比较粗糙,但由于及时地反映了现实斗争,使文学迅速地与抗战现实相结合,满足了群众对文学反映抗日的迫切要求。同时也锻炼与培养了一批文艺新作者,推动文艺进一步面向大众,因而在抗日宣传、动员群众中起了很大的作用。

第二节　夏衍及其他作家的剧作

一、夏衍早期的文艺活动。夏衍是一个很老的共产党员。过去,他在日本学机械工程的。回国后，从事文艺活动。"左联"成立之前，就是他受党的委托，去和鲁迅商量的。以后，他在戏剧家联盟中工作，曾写过一些电影剧本。他早期文艺活动中曾经翻译过高尔基的《母亲》，这本书在青年中起过很大的影响。这是社会主义现实主义典范作品。

一九二九年和郑伯奇等人组织艺术剧社。

他的戏剧创作开始于 1936 年。最初两个多幕剧《赛金花》和《秋瑾传》都取材于历史事实，而又密切联系现实斗争。《秋瑾传》只写了秋瑾生活的几个重要段落，表现她反帝反封建和舍生取义的革命精神，同时对她的缺乏警惕和不懂革命策略有所批判。

《上海屋檐下》是以现代生活为题材，描写上海小市民的灰暗生活。背景是抗战爆发前。通过同居在一起五个人家面目各异、命运各不相同，来展示小市民的生活。其中写了一个革命者匡复（生）被捕下狱，他的妻子杨彩玉因为生活上的困难，跟他的一个朋友林志成同居了。当他出狱后，发现了这件事，他为了不拆散人家的幸福，自己出走了。这是这个剧本（中）在悲剧气氛中所显示的一点希望。

这个剧本的特点：在一个场景中出现五家人的生活。不是由一个人或一个家庭为中心，因此，展示了比较宽广的社会生活。但缺点也在这里。剧情比较松散，人物性格不够鲜明，思想的深度也不够。

抗战初期写的《心防》，描写上海沦陷后文化工作者坚守"五百万中国人心里的防线"的斗争。其中描写了文化战士刘浩如的精神面貌。缺点：过于夸大个人力量。

上海沦陷后，沈一（清）[沧]、仇如海、施小琳等人在斗争中认清了敌人，加强团结。贪污享乐的倪邦贤，堕落为汉奸。

夏衍作品中，比较写得成功的是《法西斯细菌》。其中写了一个医学博士俞实夫，是一个勤恳、耿直的性格。最初他是一个不问政治的医生，埋头研究伤寒菌，以后，日本人占领香港，受到种种压迫，感到生活不下去，觉醒过来，非走不可。另外写了两个知识分子赵安涛和秦正谊，是卑阶年轻人物，也写得有性格。赵安涛，最初依靠岳父发国难财，终于幻灭而觉醒。

这几个知识分子，从不同的遭遇中，认识法西斯与人类一切进步事物都是敌对的。揭露了国民党统治的黑暗与腐败，批判了超阶级的错误的政治观点。

这个剧本较之《上海屋檐下》是显然不同的，情节集中，并密切结合当时国内外政治形势的发展，揭示出重大的历史事变对人物的思想影响。因此，有一定的思想深度，同时人物性格也鲜明。缺点：对这一类知识分子生活的特点，缺少批判，甚至有过多的同情。

夏衍的剧本和曹禺的剧本显然不同处：没有尖锐的戏剧冲突，在强烈的冲突中，展示人物的性格；相反，夏衍侧重于从生活细节中表现人物的思想性格。

夏衍的剧本和田汉的也有不同处。田汉的剧本，激情露在表面上，而夏衍的剧本，则通过平常的事件，显示一种盎然的风气。我们如果打个比方：曹禺的剧本，像富有刺激性的烈酒，田汉的剧本，浓度就低些，而夏衍的剧本像醇酒一样，比较（轻）[清]淡。所以他别具风格，在群众中有（他）一定的影响。

二、其次，我们谈谈宋之的[的]剧作。1932年参加北平的左翼戏剧家联盟。1933年到上海，在"剧联"领导下参加"新地剧社"。抗战爆发后，组织救亡演剧队赴内地进行抗战宣传。他的代表作《雾重庆》正是写得比较成功的一个剧本。其中描写了林卷妤、沙大千、老艾、万世修、苔莉等几个大学生，从北京逃到重庆后，生活没有办法，林、沙等开饭馆，有一个徐曼因生活困难，堕落做妓女。

以后徐曼结识了一个官僚袁慕容，沙大千参加做投机生意，发了大（才）［财］，腐化堕落。他的爱人林卷好反对他的这种发国难财、过腐化堕落的生活，忽而出走。最后，这个沙大千出于无赖，要求和徐曼生活在一起。

这个剧本，一面揭露了国民党的丑恶和腐败，一面揭露一部分知识分子腐化堕落，一部分坚持正义斗争，如林卷好的妹妹林家棣。这其中，人物很集中，同时又密切结合当时的政治事件。反映社会生活面很广，人物的性格鲜明，作家的爱与憎很鲜明。对那些腐化堕落的知识分子，进行了有力的批判。

他的另外一个剧本《祖国在召唤》，有些和夏衍的《法西斯细菌》相类，也是写一个医生陆原放，从不问政治，到最后日本人占领香港，在事实教训下，觉醒过来。思想深度和人物的刻（划）［画］，都不及《雾重庆》。

《祖国在召唤》里，写了一个正面人物：革命者韦克恭。

作品：通过夏宛辉和韦克恭的爱情关系，医生陆原放的觉醒。

此外，他还写了历史剧《武则天》和一些独幕剧。这是"左联"时期新出现的剧作家中较有成就的一位。

一九三二年写的《武则天》，初步显示了作者的才华。

三、此外，我们谈到陈白尘。他是以喜剧而得名的。他的讽刺剧《升官图》，揭露国民党统（下治）［治下］升官发财的怪现象。剧情，发生在一个县城里。由两个暴徒闯进县衙门，把县长弄走，自己假冒县长和秘书长，以后省长来巡察，用种种贿赂手段，取得合法地位，以后真县长出场，自己的太太做了省长夫人，不认他做丈夫，各局长不认他做县长，把他当疯子赶走。这是一个用夸张手法写出来的喜剧，寓意极深，在笑声里，引人深思。获得一致好评。此外，他还写了《结婚进行曲》，嘲笑国民党政府在工作和生活条件上迫害青年的千奇百怪的反动措施。缺点：手法上有［时］过于夸张，失去真实感，单纯追求趣味，因而思想上就显得薄弱。

他的作品：《魔窟》《乱世男女》《秋收》《大地回春》《结婚进行曲》，其中以《乱世男女》《结婚进行曲》为代表。

陈白尘也是抗战时期有较大影响的作家，他的作品有：《魔窟》《乱世男女》《秋收》《大地回春》《结婚进行曲》，其中以《乱世男女》《结婚进行曲》为代表。

《乱世男女》是抗战初期一部有名的讽刺喜剧。陈白尘写《乱世男女》，目的在于暴露现实的罪恶。作品描写了一群被战争搅起来的社会渣滓的动态。这里有不学无术、所谓"时代青年"的蒲是今，有冒牌女诗人、"妇女运动者"紫波女士，还有报刊编辑、名翻译家等等。他们赶时髦，口喊"抗战到底"，自许是抗战工作的中坚分子，表面上似乎也在为抗战工作忙碌，实际上是整天谈恋爱，到处传播机密消息，夸夸其谈，制造恐怖气氛。

方美华是个值得同情的女性，她在资本家丈夫的严格监视下过着牢狱般不自由的生活，她曾企图逃出牢笼，去参加民族解放斗争，但由于太软弱，缺乏斗争的勇气和改变生活的决心，最后还是在丈夫面前屈服了。

秦凡是剧中唯一的正面人物，参加过"一二·九"运动，抗战后在游击区打游击，但写得苍白无力。

《结婚进行曲》，反映了社会现实对青年一代的摧残，对不合理的社会提出了控诉。其中一个天真幼稚的黄瑛，结婚后没有职业，刘天野虽然看出不幸遭遇是社会问题，但他无力反抗社会。

第三节 《屈原》及其他历史剧

（一）历史剧的兴起，是有它一定的社会根源的。皖南事变（1941）后，国民党统治区，在反动的黑暗统治下，进步文艺活动受到查禁、破坏等迫害活动，许多作家在言论极不自由的处境下，便选择了与抗日反蒋的现实有某种类似的历史题材，大量创作和研究历史剧。通过历史教训的形象反映，痛斥了国民党破坏抗战、破坏团结的反动阴谋，鼓舞了人民的革命斗志。

同时作者处在那种被压迫的环境下，要想深入生活也不可能，因此，历史题材也就比较驾轻就熟，易于掌握，这也是一种主观原因。

郭沫若在1941—1943年修改和创作了六部大型历史剧。《棠棣之花》《屈原》《虎符》《高渐离》四剧选取了战国时代与抗秦有关的历史事实，塑造了聂政、屈原、信陵君、高渐离等热爱祖国，坚持正义的光辉形象。

另外一个《孔雀胆》，通过一个爱情故事，描写了元朝末年云南人民对异族残暴统治的斗争，并批判了妥协主义的失败。

《南冠草》着重表现了明朝末年清朝初年的爱国志士反清复明的不屈斗争和民族气节。

这些剧本，发挥了借古喻今的作用。

《屈原》是郭沫若这一时期的代表作。

作品集中在一天的时间里，概括了屈原战斗的一生。全剧分五幕。

剧情的展开：第一幕，描写屈原给宋玉一首诗《橘颂》，教训他要像橘树那样坚定、从容，不要随波逐流，不要胡思乱想。

就在这时，出现一个婵娟（侍女）和公子兰（南后的儿子），告诉屈原，说南后请他去。

第二幕，描写楚怀王的太后南后，阴谋设计陷害屈原，假装要请秦国的使者张仪吃饭，要他（屈原）来布置，演奏他的乐曲。当他和南后登上戏台，南后假装头痛，支持不住，倒在屈原怀里，屈原把她抱住。正在这时，楚怀王和张仪进来看见，南后就大叫，说屈原拥抱她，侮辱她。楚怀王发怒，把屈原撤职。

这样，南后达到了离间屈原和楚怀王的关系。

第三幕，描写屈原受屈后坚持正义的斗争和婵娟忠于屈原，并对宋玉和子兰进行了尖锐的批评。

第四幕，描写屈原被捕，和婵娟被捕。

第五幕，描写子兰去救婵娟，婵娟拒绝，此后被一个术士救出，送到屈原被捕的一个大庙里，误饮了一杯毒酒，死了。后来术士把庙放火烧了，屈原逃走。

这个故事，当然与历史事实不完全符合。历史事实上，有屈原反对楚怀王和秦国联合。也有张仪出使楚国的事实。南后从中挑拨的事实，也可能有。像戏剧中那样［的］情节是作者虚构的。

这里，作者的目的，主要通过这样情节，把屈原的坚贞不屈，忠于祖国，忠于人民，而反对楚怀王的做法，这种反抗性格［突出了出来］。在这点上，是有很好的效果。

剧中有丰富的情节，反复印证楚怀王、南后、靳尚等人对屈原的陷害，以及用婵娟、钓者和术士等拥护正义、甘于牺牲自己的正义精神，表示对屈原在人民中的信用。同时对宋玉、子兰等行为作了批判。

剧情有一种悲壮的气氛。

语言富有诗意，热情奔放。

剧作借了屈原的时代象征当时国民党的反动统治时代，激励了人民对国民党黑暗统治的斗争。在当时起了显著的政治作用。同时以其独特的风格，对当时的文坛起了很大的影响，对作者以后的历史剧创作有很大影响，（也）对现代文学史上历史剧的发展也有很大影响。

此外，阳翰笙以太平天国革命的失败作为历史的教训，写了《天国春秋》。描写了热心革命、公正廉洁的杨秀清和争权夺利、"阴险残刻"的韦昌辉之间的尖锐矛盾，并通过杨秀清被谋杀和洪宣娇终于悔悟的曲折情节，表达了"大敌当前，不该自相残杀"的思想，揭示了太平天国革命走向失败的原因。意思：暗指国民党反动派勇于内战、怯于抗战，也是亡国之兆。

欧阳予倩的《忠王李秀成》，描写了李秀成在太平天国后期，苦心孤诣支持大局的赤胆忠心和坚贞不屈的正义精神，严厉谴责了太平天国内部的权臣奸佞对革命事业的破坏，也是暗指国民党反动派对抗战的破坏。

阿英以魏如晦的笔名，也写过一些历史剧，如《李闯王》就是比较有成就的剧作。

这些历史剧，在当时虽然还有某些缺点，对历史人物的评价，不一定很恰当，但却发生了很大的政治作用。

第十四章 抗战前期的文学创作 (二)

第一节 诗歌的发展

抗战初起，那迎着日军进同，工同民党住迟后害将进步文化运动，写了不少抗战的诗歌，有些诗集"闻战争纷纷，先烈精忠词，武装不穿不革，中对鼓舞人民的抗战热情起了积极的作用。

诗人柯仲平，早在1930年，曾经以"风火山"（五幕歌剧）诗章。这是一部充满着火热的激情的长诗。另有诗集"海夜歌声"。它以大众描写了人民走向革命，和一支革命歌声在西村中震响的故事，将长诗在这以形式创进生活情，使生劳动者所识被才有意识。

抗战爆发后，柯仲平写了叙事，写有"边居自卫军"和"平汉路之人不愿坍毁火那"（第一章）的面长诗。"边居自卫军"，写的是两个战衡年轻的抗敌青年的故事，道了一幅早地与和绿杨的机会尽为的生动图像。这首长诗，有两个特点：一是诗中描写的生恬，巴经不

第十四章首页

第十四章　抗战前期的文学创作（二）

第一节　诗歌创作

抗战初起，郭沫若自日本返回，在国民党统治下坚持进步文化运动，写了不少抗战的诗歌，有《战声集》《蜩螗集》，仍然是热情澎湃、气势磅礴，对鼓舞人民的抗战热情，起了积极的作用。

诗人柯仲平，早在 1930 年，曾经以《风火山》（五幕诗剧）得名。这是一部充满着火热的感情的作品。另有诗集《海夜歌声》。这些作品描写了人民走向革命，和一支革命军在血战中突围的故事，指出被压迫的工农，只有起来革命，建立劳动者的政权才有出路。

抗战爆发后，柯仲平到了延安，写有《边区自卫军》和《平汉路工人破坏大队》（第一章）两首长诗。《边区自卫军》，写的是两个自卫军英雄捉特务的故事，塑造了一个李排长和韩娃的机智英勇的生动形象。这首长诗有两个特点：一是诗中出现的农民，已经不再是被反动派所压榨和欺凌的对象，而是党领导下有组织的坚强的抗日力量。二是比较成熟地运用了民间歌谣小调，人民口语，又融合了古典［诗］词的语言。对新诗民族形式的创造，作了大胆而有益的尝试。

田间的诗，最初出现在 1934 年的《新诗歌》上。1935 年，出版第一个诗集《未明集》。后又陆续出版了《中国牧歌》《中国农村的故事》。田间曾参加"中国诗歌会"。

早期的诗，主要描写了受苦的劳动人民的形象，深切地同情他们的灾难，联合他们起来斗争。他早期的诗具有一种独特的风格：简短、明快，而又充满着清新的生活气息。

抗日战争爆发后，田间写了《呈在大风沙里奔走的岗卫们》《给战斗者》《抗战诗抄》等诗集。他的独特的战斗风格，在抗日战争的锻炼中逐渐趋于成熟。他的最大的特点，既能及时地摄取战斗的诗料，用以鼓舞战斗，在热乎的事件中揭示深（遂）［邃］的政治意义；又能用简短、劲健、朴素、有力的诗句表述出来，如《给饲养员》：

> 饲养员啊，把鸟喂得它刮刮叫，因为你该
> 明白，它底主人，不是我和你，是，中国！

《保卫战》——
《给英雄们》——
《鞋子》——
《多一些》——

所有这些诗都显示上述的特点。因此，具有强大的宣传鼓动力量。《给战斗者》一诗以急风骤雨式的旋律表述祖国人民的"更顽强""更坚韧"的"要战斗"的声音。诗人用他的全部诗篇塑造了在血泊中站立起来的中华民族的高大形象，它在最残酷的斗争里夺取胜利，在最艰苦的时候永远保持着乐观的胸怀。闻一（声）［多］曾称田间为"时代的鼓手"。

他的最基本的特点，就（在）［是］反映了抗日民族战争的伟大的时代精神，号召人们起来积极战斗。

艾青于 1936 年出版第一部诗集《大堰河》，其中《大堰河——我的保姆》一首诗写一个农村妇女的悲惨遭遇和淳朴性格，对不公平的旧世界提出了激越的控诉，诗风也很朴素清新。他的这首诗，很显

然（的）［地］受了俄国大诗人涅克拉索夫《严寒，通红的鼻子》的影响。他的最大特点，不仅描写了现实生活（这一点，我们在臧克家的诗，就已看到了），而且描写了被压迫者的农村妇女的形象，所以在当时能获得读者，而引起人们的注意。当然，这首诗也有它的弱点：作者所描写的主人［公］，还不是一个有觉醒的农村妇女形象，而且还带着一种麻木的状态，对那种贫困的生活，对剥削者还存着种种的幻想。这也显示作者世界观的弱点。至于诗集中的《芦笛》《马赛》等诗，虽对于资本主义的都市有着憎恶的感情，但也流露了流浪者的忧郁颓废的情绪，在内容和形式、风格上都可以看出法国象征主义诗歌——波特莱尔的影响。

抗战初期，艾青受到抗战形势的鼓舞，先后写出《向太阳》《火把》等一些优秀诗篇。《向太阳》歌颂了"阴暗而低沉"的"昨天"的逝去和"真实的黎明"与"日出"的到来，反映了人民对于抗日战争的振奋的情绪。《火把》写一个叫（做）［作］唐尼的忧郁多感的女性，受到举着火把游行的群众力量的鼓舞而开始"坚强起来"。这两首诗气势奔放，形象鲜明，在当时有较大的影响。但诗中表现的还只是小资产阶级知识分［子］诅咒黑暗、追求光明的朦胧的理想。如诗中唱出，"太阳使我想起法兰西、美利坚的革命，想起自由、平等、博爱"，这显然是把资产的革命当作了自己的理想。

《雪落在中国［的］土地上》《北方》等诗，抒写祖国人民的灾难，情调比较忧郁、低沉。

艾青一九四一年到了延安以后，曾写有长诗《雪里钻》和《反法西斯》等（中）的一些诗篇。由于作者未能在工农群众的火热斗争中认真改造思想，以后的诗作日渐贫乏、空虚。

臧克家在抗战时期，写过《从军行》，以兴奋的心情迎接战争。后来写的《泥土［的］歌》《向祖国》和《古树的花朵》等诗集，则是作者生活在国民党统治区，感到"幻想破灭""光明晃远"，因而处于"新的苦闷和抑郁时期"的作品。

《古树的花朵》是一首歌颂在山东聊城殉难的范筑先的叙事长诗，虽有些好的诗句，但对人物的描写，一般比较浮泛，缺乏思想的深度。

《泥土歌》虽写的农村生活，但对当时北方农村在斗争中急遽变化的真实风貌，缺乏有力的描写，主要是不熟悉当时的农村生活。这也证明作者一和时代生活脱节，要想唱出"时代的歌"是很难的。

第二节　小说创作（上）

抗战初期，小说的数量不如诗歌、戏剧丰富，但也出现了一些短篇作品。如我们前面谈到过的丘东平，就写过一些以抗战为题材的短篇。碧野的短篇小说集《北方的原野》也是以抗战作为题材的。

小说之所以比较少，其原因正是我们前面所讲过［的］小型作品较多的反面。因为客观现实变化快，作家又没有深入生活，不容［易］把握人们精神面貌的变化。随着时间的推移，歌颂新事物的作品，也逐渐产生。

这里，我们要提出来谈的，有齐同的长篇《新生代》。这个作家原名高滔，东北吉林人。这部长篇小说，描写"一二·九""一二·一六"北平学生运动，反映当时知识青年反帝抗日的爱国激情和他们的思想转变。其中写了几个知识青年，如主人公魏玲和一个男学生陈学海，都写得比较好，有个性。魏玲是一个不怕艰苦、热心于抗日救亡活动

[的知识青年]。陈学海是一个不问政治的人，逐渐在事实的教训下，受了同学们的影响，一步步走向斗争。作品的缺点：集中描写了运动的表面现象，没有从复杂的社会生活层面展开人物的精神世界，特别是写到下乡与农民接触时，缺乏生活的实感。写作的方法，以平面叙述代替描写的地方太多。艺术水平不是很高的。但要了解那时候的青年学生的救亡运动的情况，也还是可以看看的作品。

其次，我们来谈谈姚雪垠。他当时写过一篇《差半车麦秸》，描写农民群众民族意识的觉醒。由于反映现实的迅速和人物刻（划）[画]的真实生动，曾产生过较大的影响。此后，作者以知识分子生活为题材写的一些长篇，如《春暖花开的时候》，流于"抗战加恋爱"这种公式，又加之创作态度不严肃，低级趣味很浓厚，在艺术上很少可取之处。

艾芜在这个时期，写了不少反映农民生活的作品，获得了显著的成绩。除中篇《江上行》等知识分子在抗战中的变化外，短篇集《秋收》，及收在《荒地》中部分短篇，一般都表现了战争在人民生活和性格上新引起的变化。

《春天的原野》中，描写一个在日寇屠刀下威武不屈的农民游击队员满天星。

《受难者》描写一个与（救）[投]敌丈夫决裂的普通农村妇女严七嫂，表现了劳动人民的崇高的民族气节。

《秋收》，写军民关系的变化。

《纺车复活的时候》写战争时洋货倾销暂时停止后，农村手工业一度复兴的情景。

这些作品，一般比较真实地反映了人民团结抗日的要求和抗战初期社会生活中欣欣向荣的气象，以人物描写的生动和艺术风格的清新，在当时曾获得广泛好评。但因作者过于乐观地估计了抗战形势，因而没有深入到错综复杂的抗战现实中去发掘人物的思想变化和精神面貌。在《荒地》的一部分作品中，才开始转向暴露国统区现实中的种种黑暗现象。

抗战前写过短篇小说集《草原上》的作家刘白羽。进入抗日民主根据地后，写了《五台山下》《龙烟村纪事》《幸福》等短篇集，其中大部分作品，都是写农民的民族意识的觉醒。因为描写的对象，是获得解放的农民，阶级观点比较显明，人物性格的变化也写得深刻细腻，真实可信，比国统区同一主题的作品更为坚［实］有力。《金英》一篇，描写了一个在日军中被俘的朝鲜女性的觉醒和成长，表现出中朝人民在反帝斗争中的共同立场。这些作品的特点，注意刻（划）［画］人物，有激情；缺点，用语比较艰涩，心理描写冗余，显得比较沉闷。

周而复，这时有短篇集《高原短曲》，其中《开荒篇》《播种篇》《秋收篇》，描写边区的大生产运动，描写了人民新的劳动精神，题材新颖，有一定的生活气息。

上述这些作品，在一定程度上，写出了一些成长中的人物，反映了抗日战争的客观现实，有着积极的宣传作用。但由于深入生活不够，描写人物的深度不够，和喜闻乐见的民族气派也仍有很大距离。

第三节　小说创作（下）

沙汀这时期的创作有《闯关》（中篇），以敌后游击区生活为题材。此外，有短篇集《播种者》、长篇《淘金记》。

沙汀这时期由于对社会生活的观察比较深入，又加之他处在国民党统治地区，笔锋主要针对国民党反动统治下社会生活的腐烂，以暴露批判为主。

这时期的创作，比之早期有着显著的进步。

他在早期，也是以揭露社会黑暗现象为主。由于对社会生活观察不深，一般偏多于表面现象的描绘，选材比较单纯，通过一点简单情节表达一种观念。人物的刻（划）[画] 不深，感染力不强。

这时期能展开复杂的社会生活，发掘到某些带有本质性的问题，人物也能展示比较复杂的思想面貌。如《在其香居茶馆里》，摘取了一个富于喜剧性的场面，借联 [保] 主任方治国和土棍邢幺吵吵因抽壮丁在茶馆里 [的] 一场争吵，揭开了抗战时期国统区在兵役问题上的黑幕，暴露国民党反动政府基层政权的腐败和农村豪绅集团的肆无忌惮。

《磁力》描写一个青年袁小奇对抗日民主根据地的向往，想到新的生活地方去，但终于被统治者抓回，暴露当时社会阻止青年人前进的黑暗。

长篇《淘金记》以抗日战争时期的四川农村为背景，以开采筲箕背金矿为线索，描写破落绅士林幺长子、流氓恶霸白酱丹和女地主何寡妇三者之间为争夺金矿开采权，展开了反动统治下某一角落黑暗丑恶的现实生活。他们在开采金矿的斗争中，勾心斗角，互相倾轧；但终于因为投机市场的活跃，这些以剥削欺骗为生的人们，又把他们的锋芒逐渐转向其他一切违反人民利益的勾当。作品在暴露封建势力的黑暗腐朽和它对抗日战争的腐蚀作用，是有一定的积极的意义。但由于作者孤立地去处理这一现象，而与当时的民族解放战争这样一个伟大时代没有一点联系，因而能反映的时代精神不鲜明，思想的深度也不够，也就不能［不］减弱作品的力量。

茅盾在抗日战争爆发后，写了《第一阶段的故事》《霜叶红似二月花》《腐蚀》三部小说。其中《霜叶红似二月花》，是反映辛亥革命到"五四"前夕的社会生活，这只是长篇的一个片断，故事没有全面展开，人物也就看不到全貌。

《第一阶段的故事》是茅盾反映抗日斗争的第一个长篇。小说以上海"八·一三"抗战为题材，以民族资本家何耀先由害怕战争到支持抗日的变化过程为主线，恢复了自己工厂的生产，为抗日前线服务；孤独抑郁的程少奶奶，走出个人的小天地，做了士兵病房的看护；原来过着灰色无聊生活的知识青年，这时也热血沸腾，参加宣传慰问等工作，生气焕发，兴奋活跃。作者对人民这种空前高涨的爱国热情，给予赞颂。在歌颂人民抗日的同时，作品也暴露了汉奸特务猖狂活动，托派散布失败情绪的事实，以及投机奸商趁机大发国难财，官僚机构剥削和残害人民，阻挠和破坏抗战等无耻勾当，暴露了国民党统治的腐朽和妥协投降的实质，揭示了上海失陷的原因。这部作品，艺术上比较粗糙。

皖南事变后，茅盾写了长篇《腐蚀》。作品通过一个被骗落水的女特务的自白，无情地揭开了国民党统治下阴森恐怖、血淋淋的吃人世界，控诉了国民党特务组织的血腥罪行。

主人公赵惠明原出身于封建官僚家庭，她曾参加过抗战工作，但由于严重的个人主义、虚荣、任性、争强好胜、不明大义，在特务头子的威逼利诱下，堕入"万劫不复的深渊里"，走上反革命的道路，充当了特务走卒，手上沾染了"纯洁无辜者的鲜血"。直到她知道了自己爱人小昭被害的消息，才逐渐清醒过来，终于在革命者的鼓励影响下弃暗投明，救出了与她（将）有同样遭遇的 N，走上自新的道路。这为失足于罪恶泥沼中的青年指出了一条生路。

作品通过赵惠明被"腐蚀"和挣扎的过程，深刻地揭露了国民党特务组织残害青年的罪行。

作品的日记体裁也便于细腻深刻地描画主人公的心理状态和更深入逼真地揭穿特务机关的内幕活动。

《腐蚀》是作者继《子夜》之后又一重要作品，在国民党统治区当时起过很大的战斗作用。作品的缺点，对主人公赵惠明的反动本质，没有深刻的揭露，相反，过分侧重描写她的"难言之痛"，而减轻了对于她的特务罪行的谴责，几个正面人物也没有得到比较充分的刻（划）[画]，因而整个画面显得阴暗、低沉。

抗战时期的小说，在国民党统治区，一般以暴露批判，获得较大的成绩，而（在）歌颂新事物，写正面形象的作品，却显得很少。这在客观上的限制，和作家主观上没有能深入生活，是有密切联系的。

第十五章　《在延安文艺座谈会上的讲话》和
文艺界的整风运动

第一节　整风运动和延安文艺座谈会的召开

（一）整风运动，是根据当时客观社会发展的要求提出来的。当时的情况：从抗战爆发到 1940 年底。国内的形势：一方面抗日民主根据地有很大的扩展，八路军和新四军有了很大的壮大，除了延安以外，各个抗日根据地建立了相当稳固的抗日民主政权，统一战线也有进一步扩大，党的领导加强；另一面，侵华的日本鬼子停止对国民党大后方的进攻，以主力进攻抗日根据地，国民党对延安以重兵封锁，在敌后和八路军、新四军搞摩擦，并制造了第二次反共高潮。

当时在国际上德国法西斯还占领着苏联大片国土，敌人进到斯大林格勒。英美帝国主义迟迟不开辟第二战场，那时，整个世界处在黎明前的黑暗。

革命根据地面临着这种国内外政治形势，处在严重（重）困难时期。为了战胜困难，党制定了一系列的政策。而整风运动是贯彻客观政策，用以战胜敌人、克服困难的中心环节。

整风运动是1942年2月，毛主席作《整顿党的作风》《反动党八股》的报告，正式开始。整风的目的是（为了）反对主观主义、宗派主义、党八股，而这三者又是密切联系的。其中主观主义是最基本的，而宗派主义和党八股是主观主义在组织上和工作作风上的表现的形式。

主观主义的思想根源是教条主义和经验主义，社会根源是小资产阶级和各种非无产阶级。克服主观主义、宗派主义、党八股，就要提高马列主义，加强团结，密切联系群众，从政治上、思想上、组织上用心团结全党、团结全国人民，打倒日本帝国主义，为抗日战争胜利和民主革命的胜利创造必要的条件。

这是思想上的一个革命，有着伟大的历史意义。

这种思想上的革命，无疑（的）［地］对革命文艺的成长发生深远的影响。

（二）当时延安文艺界的情况：抗战爆发后，原先生活在上海"亭子间"里的大批文艺工作者奔赴根据地，他们大多抱有献身民族解放斗争的愿望，但由于未经彻底改造，思想感情方面，作风方面，都还存在各种缺点。这就决定了他们的发展不能不是一段曲折的道路。最初，根据地民主自由的政治环境和接近工农的条件，使文艺工作出现一些新的现象。延安有过不少密切反映现实，鼓舞斗志的作品和演出。

当战争进入相持阶段，一部分原先在前线和农村参加斗争或者采访的作家，陆续返回延安。国民党第一次反共高潮后，国统区一部分作家来到延安，这时，"面向全国""正规化"等要求先后出现。以1940年公演《日出》为起点，演大戏和外国古典戏成为风气；艺术教育也强调无批判地学习古典作家的技巧。这些（作）[做]法，总的说是脱离群众，脱离实际的。文艺活动主要又局限于知识青年和干部的狭小圈子。"关门提高"成为相当普遍现象。这和脱离工农、已经在政治上得到了解放的环境，以及他们对文艺的殷切要求严重脱节。

文艺与现实斗争脱节，文艺与工农群众的要求脱节，这是当时延安文艺界的一种不良倾向。这种倾向的来源：一是作家脱离生活，关门提高；一是作家的小资产阶级思[想]没有变化。因此，当时虽然也有一些优秀的作品，大多未能反映宏伟的现实斗争。有些作品描绘了小资产阶级知识分子的琐事和苦闷，不但没有批判，反而加以赞扬；还有一些丑化劳动人民与干部，没有写出他们迅速成长。此外，还有所谓学习马克思主义会影响创作情绪，片面强调写熟悉题材，夸大小资产阶级作家的作用等论调。

从1941年夏秋根据地形势十分困难时起，革命文艺界内部的少数阶级异己分子开始蠢动，形成一股暗流。

托派王实味在《政治家·艺术家》等文中，把政治家和艺术家对立起来，煽动艺术家枪口对内，暴露他的所谓"肮脏和黑暗"，说这比政治家的工作"更重要""更迫切"。他的杂文《野百合花》就是这样的作品。他装扮成青年的保护人，大肆宣传极端民主化和平均主义。

丁玲早在1940年写的小说《我在霞村的时候》中，歌颂一个投敌变节的无耻女人，透露出阴暗的反党情绪。这时，又写了小说《在医院中时》，描写一个极端个人主义者对革命根据地的现实"寻仇似的四处找着缝隙来进攻"的反党活动，并竭力加以美化。与此同时，在她主编的《解放日报》文艺副刊上除了发表《野百合花》外，还发表了（肖）[萧]军的《论同志之"爱"与"耐"》和她自己的《三八节有感》等。他们宣传"太阳里面也有黑点"，革命队伍里有"撒（但）[旦]"，延安和国统区一样笼罩着"云雾"；挑拨大家怀疑一切，首先对光明和忠实要有保留，恶意地说"还是杂文的时代"。他们都以革命的姿态诋毁革命，以人性论反对阶级论和艺术为革命的政治服务。这些作品实践了他们自己提出的对党、人民和根据地"暴露黑暗"的反动主张。这些活动立刻得到国民党特务机关的喝（采）[彩]。它们在思想战线上对当时国内反动势力进攻革命，起了内应作用。

延安文艺界对一些不良倾向有过批评和斗争，先后有歌颂光明和"暴露黑暗"的争论，努力于提高还是努力于普及的争论等。由于革命作家大多还存在着脱离群众和实际的缺点，始终未能彻底澄清各种错误。

整风开始后，极大多数文艺工作者热情参加，王实味、丁玲等却借口反对教条主义、宗派主义，活动更为频繁，歪曲现实的作品也反见增加。为了解决文艺界长期以来存在的问题，1942年5月，毛主席亲自主持召开延安文艺座谈会。会议开了三次，有数十人发言。毛主席在会上作了引言和结论——《在延安文艺座谈会上的讲话》。

这次会议成为革命文艺运动新的起点。

第二节 《在延安文艺座谈会上的讲话》基本内容及其伟大历史意义

《讲话》的伟大历史意义，是马克思主义普遍真理与中国现代革命文艺运动的实际密切相结合，对马克思主义文艺思想作了极其巨大的创造性的发展。

这其中，明确地彻底地解决了文艺和革命的关系问题，文艺和群众的关系问题，艺术和生活的关系问题，作家和群众的关系问题，文艺和民族文化传统的关系，此外，还有文艺批评的标准。所有这些，是《讲话》的（基本的）基本内容。

毛主席在解决这些重大的原则问题［时］，（是）根据两个基本原则：一是马克思列宁主义的普遍真理；一是现代中国革命文艺运动的实际情况，运用历史唯物论的方法，对当时延安文艺界所存在的问题作了正确的评价和科学的总结。

下面，我们就来具体（的）［地］加以说明。

（1）在这个问题中，提到立场、态度、工作对象、工作和学习。

首先我们来谈文艺为什么人问题。

关于这个问题，我们在前面讲过，"五四"以来就一直存在这个问题，如过去提出过各种方案："平民文学""民众文学"等，无产阶级革命文学运动更提出了"文艺［服］务于工农大众"的口号，并有过多次大众化讨论；它们都在不同程度上反映了文艺必须是为大众服务的客观要求。

但是过去一方面由于客观实际的限制，作家不可能深入群众，要解决这个问题（是）缺乏应有的条件；另一面主观上大多数革命文艺工作者也以为自己早已解决了这一问题，不懂得要解决这一问题，必须进行彻底的思想改造。

正因为这样，许多作家到了延安以后，暴露出"这些同志的立（脚）[足] 点还是在小资产阶级知识分子方面"。毛主席指出："这样，为什么人的问题他们就还是没有解决，或者没有明确地解决。"因此，毛主席提出，要求革命文艺工作者站在无产阶级立场，为工农兵服务——明确提出了文艺的工农兵方向。

第二就来谈谈为何为群众服务问题。这就是《讲话》中提出来的普及与提高的问题。这个问题，在大众化讨论和民族形式论争中已经提出来了（的问题）。鲁迅在《门外文谈》中提到"专化"还是"普遍"，就是这个问题。过去对这个问题，一直没有得到解决，多数作家只注意提高，轻视普及，有的把普及当作只是形式问题、语言问题，把普及和提高对立起来，结果取消了普及，"关门提高"就是一例。也有人认为通俗性作品艺术性已经很高，否认提高与普及的区别，结果取消了提高。

毛主席指出，只有首先弄清楚文艺为什么人，才可能解决如何为法的问题。既然应该为工农兵服务，那就只能向"工农兵普及"和"从工农兵提高"。毛主席着重说明：在当时，"普及工作的任务更为迫（及）[切]"；在教育工农兵之前，"先有一个学习工农兵的任务"，学习他们的语言和从群众文艺中（吸）[汲] 取营养，这样才能满足群众需要，才可能从坚实的基础上发展提高。但普及需要指导，普及也要求提高，还有"干部所需要的提高"，所以也不能忽视提高。他提出"我们的提高，是在普及基础上的提高，我们的普及，是在提高指导下的普及"的著名公式。这个公式明确地解决了过去论争中所没有解决的问题，对革命文艺的发展具有重要理论意义和实践意义。

当我们明确文艺为什么人和为何为群众服务以后，同时也就附带解决了文艺工作者必须努力表现和歌颂新的群众时代［的问题］。在旧社会，在国民党统治地区，工农群众处于被压迫的地位，为了教育群众，提高群众的觉悟，暴露社会的黑暗，便于工农群众认识现实的丑恶，激起忿怒和反抗，力求改善自己的生活状况，改变现状，积极斗争。在这一意义上，批判现实主义曾经起着积极作用，鲁迅的杂文曾经起过战斗的作用。但是即使在旧社会，在国民党统治区，也曾有不少作品歌颂群众英勇的斗争和新型的革命的工农和知识分子，作为工农群众斗争的榜样。到了延安时代，到了工农群众已经获得解放，歌颂和表现新的群众时代应当成为主要的任务。在这个时候，所谓"从来文艺的任务就在于暴露"就成为反动的论调了。

以上这些，作为"五四"以来文艺发展中长期存在的历史现象，有客观的和主观的复杂原因。在已为革命文艺发展提供各种有利条件的根据地，它们的仍然存在，则主要由于文艺工作者主观上的问题了，那就是毛主席所指出的文艺工作者"灵魂深处还是一个小资产阶级知识分子的王国"，是产生上述现象的主要根源。因此，一个革命的小资产阶级的文艺工作者，要真正做到表现和歌颂新的群众时代，就必须彻底改变原有的思想状态，真正建立起无产阶级世界观。

正因为这样，思想改造就成为整个讲话的灵魂。为了（要）做到这一点，毛主席指出（要）：一面要学习马列主义；一面要向社会学习，深入工农群众，与工农群众打成一片，全身心地为工农兵服务。经过长期的甚至是痛苦的磨炼，才能彻底改造自己。

毛主席在《讲话》中正确地阐述了建立无产阶级世界观的根本途径。

《讲话》提出的文艺的工农兵方向以及有关的一系列规定，都是针对了现代文艺运动历史发展中长期以来最迫切需要解决的课题，指出正确的道路。因此，它在革命文艺运动发展中所引起的，不能不是一个最深刻、最彻底的变革。

当文艺工作者按照毛主席的理论，深入群众斗争，学习马克思列宁主义，改造思想，建立起无产阶级世界观，熟悉工农兵和他们的生活，学习他们的语言，从群众文艺中取得丰富的营养，积累了创作的原料，还了解了（他）他们对于文艺的需求，革命文艺运动立刻出现新的气象。

我国的革命文艺运动从此走上自觉地为工农兵群众服务的崭新历史阶段。《讲话》发表及其所引起的历史性变化，是继"五四"以后更伟大更深刻的文艺革命。

第三节　整风后文艺界的新面貌　与反动文艺思想的斗争

（一）文艺座谈会后，延安文艺界根据《讲话》的精神进行整风。这种整风，一方面学习文件，根据文件的精神实质，密切联系个人的思想实际，进行深入的检查，提高认识，使脱离实际、脱离群众的思想受到清算。

因此，延安文艺界开始呈现一片新气象。报刊上反映群众实际生活和斗争的作品数量增多，质量也有所提高；提倡工农写文章；群众创作也登上报刊；报刊文艺批评活跃。尤以 1943 年春节前后的宣传活动与创作表现，以具有生动的政治内容并采用民间形式，受到群众的热烈欢迎，其中鲁迅艺术学院的秧歌队的影响更为显著。

这种新的气象，并不等于就是作家思想感情就已经获得改造，而文艺运动本身还（需）[须]扩大深入，从延安普及到全边区，普及到各个抗日根据地。

1943 年 3 月延安党的文艺工作者会议的召开，着重解决了文艺工作者下乡的目的和态度问题。到群众中去落户，与群众打成一片，深入群众，向群众学习。

1943 年 10[月]，《讲话》全文在《解放日报》发表。11 月党中央宣传部《关于执行党的文艺政策的决定》，把《讲话》规定为党的文艺运动的基本方针，并要求全党文艺工作者来研究和实行这个指示。各根据地文艺工作者对党的号召热烈响应。首先是延安的作家到农村，到部队，到工厂，深入工农兵生活和斗争，学习他们的语言，了解他们对文艺的要求，同时也加强学习马列主义，其他各根据地也这样进行，因而文艺运动及创作面貌为之一新。

（二）文艺界整风是中国文艺工作者思想上的大革命，是文艺与群众结合的必要条件，同时也促进了对反动文艺思想的斗争。

首先是（是）对王实味的斗争。王实味的文艺观点一方面承袭了托洛（斯）[茨]基的衣钵，一方面和现代文学史上资产阶级反动文艺思想一脉相承。

在文艺与政治关系问题上，王实味比胡秋原和苏汶进了一步，不仅把文艺与政治对立，而且要求艺术指导政治，艺术家憎恨政治家。他故意用巧妙手法贬低政治家、颂扬艺术家，并非他对艺术家特别尊重，周扬在《王实味的文艺观与我们的文艺观》中指出，王实味的目的，是企图"拉拢艺术家跟了他走"，好去反对他憎恨的政治家——"大头子""小头子"们。王实味的文章中还充满着"爱""纯洁""光明""温暖""圣洁""热情""勇敢"等字样，宣扬这些是最完美的"人性"，实质上这种人性，乃是剥削阶级的人性，"法西斯帮凶的人性"（陈伯达），是用来和无产阶级的党性对抗的东西。生在有阶级的社会里，无所谓抽象的人性。所谓人性，一定打上阶级的烙印。王实味的这种抽象的人性，就是抹杀人的阶级性，取消无产阶级的党性。

至于在写光明与写黑暗问题上，王实味主张"大胆地但适当地揭露一切肮脏和黑暗，清洗他们，这与歌颂光明同样重要，甚至更重要"。他还装腔作势地说"关系革命事业的成败"。问题不在黑暗应不应揭露，光明应不应歌颂，主要看光明与黑暗的实质。王实味所攻击的"黑暗"，实即根据地的光明。他的真正意图乃是"针对着我们自己和我们的阵营进行工作"，实行枪口对内。周扬（在）反驳了他的无耻谰言，指出："革命是世界上顶光明的事业，它有权利要求艺术家真实地反映它。"

与斗争王实味同时，延安文艺界对萧军、丁玲等的反党思想和文章也做了不同程度的批判。他们的文章的共同特点，也都是所谓暴露党和人民的黑暗，与王实味的托派言论相呼应，并和王实味的《野百合花》同样，很快被国民党特务机关利用为反共的宣传材料。

（肖）〔萧〕军并曾为王实味辩护。由于他们的问题性质与王实味有所不同，而且又处于民主革命阶级的抗日时期，因而在对他们严厉批评的同时，希望他们对自己的错误活动有所认识。他们中间有的人在党的教育下也曾表示愿意改正错误，但（肖）〔萧〕军在解放战争时期更变本加厉。他到东北以后，在其所主持的《文化报》挂着"求真"

的招牌，诬陷解放战争为"萁豆相煎"（《抚今近著录》），辱骂土改是"背天逆人"的"不仁行为"（《新年献辞》），主张对苏联人民实行报复（《来而不往非礼也》），因而引起由《生活报》展开的东北文艺界和青年学生对他的批判与斗争。他们指出萧军混淆两种战争的性质，是企图借着散布无耻的温情主义同反动的人道主义来涣散革命的意志，松懈人民对胜利的努力。中共中央东北局也作了关于（肖）［萧］军问题的决定。

（肖）［萧］军的反党思想有其个人的历史特点，是极端自私的个人主义与人性论发展的必然结果，也同当时的阶级斗争有联系，是在蒋介石王朝灭亡前夕，地主和官僚资本家行将土崩瓦解时妄图垂死挣扎，在文化战线上的反映。

由于（肖）［萧］军的反党思想是通过文艺形式表现出来的，而且与文艺为工农兵方向背道而驰，因而这次斗争是一种政治斗争，也是一种文艺思想斗争。斗争的结果是巩固了文艺统一战线，提高了文艺战线上的思想性、原则性，加深了"为何写真实"以及"为何写光明与黑暗"问题的认识，使毛主席所确定的文艺方针得以顺利贯彻。

第十六章　沿着工农兵方向前进的文学创作（一）

第一节　群众文艺的新面貌和新歌剧创作

（一）延安文艺座谈会的召开和《讲话》的发表，促使各地文艺领导部门及文艺工作者加强了对群众文艺的领导和辅导；加以各地区军事、政治形势的发展，不断粉碎敌人的军事扫荡，各个抗日根据地得到相对的稳定,政权日趋巩固,人民经济、文化生活得到改善和提高,群众文艺面貌焕然一新。

首先,这种群众文艺的蓬勃气象,表现在各个抗日根据地。在延安、太行山、沂蒙山等地区及其他各抗日根据地的群众新秧歌,先后于1944、1945年春节,热火朝天地闹起来。随后,伴随解放战争的节节胜利,新秧歌又普遍活跃于新解放区的群众文艺活动中。由于它能紧密配合政治任务,及时反映人民的翻身新生活,有着强烈的宣传鼓动作用,所以群众中有"斗争秧歌""翻身秧歌"之称。新秧歌活动对于克服过去某些业团脱离当前物质、环境,脱离群众迫切需要的演大戏之风,也起了一定作用;在丰富群众文艺生活同时,还刺激了各地原有民间戏剧的改革和发展。

这种群众性的文艺活动,不仅在农村,而且在部队也广泛开展起来,"兵演兵,兵唱兵,兵写兵"的活动风起云涌,它广泛及时,不同程度满足群众自我的文艺需求,也丰富了新的人民文艺。

(从)以新秧歌活动为中心的群众普及文艺运动,推动了群众文艺各个领域,产生了许多具有新鲜内容的作品:

(1)戏剧活动中,形式除新秧歌剧外,还有各地的小调剧、民间小戏和话剧等多种。作品有两种:一是群众自己创作的,如农村中流行的《货郎担》《小姑贤》《买卖婚姻》《减租》等;另一种是群众与专业文艺工作者合作的,如淮南小调剧《生产互助》(1945年,佃农出身的缪文渭等),东北区五幕话剧《穷汉岭》(1947,大连大粪工人白玉江、孙树贵等),华北区《不是蝉》(1949,工人魏连珍等作),都是在专业文艺工作者的帮助下创作演出的。

(2)这一时期群众诗歌创作也非常活跃。歌谣上报刊、出专(业)

［著］的逐渐增多，如何其芳等编《陕北民歌选》，李季编《顺天游
（二千首）》，中国音乐研究会编《东北民歌选》等；这些歌谣，形
式上也有发展，除快板形式占主要地位外，篇幅较长的叙事诗也有增多，
作品题材内容较前广泛，质量也逐渐有所提高。

伴随大中城市的相继解放，工人诗歌成批涌现，这是诗歌发展中
的新现象。1949年山东出版《工人诗歌》集，篇幅比一般农民诗歌长，
题材也比较广泛，出现了"时事小唱"主题。多数作品致力于劳动生
活的歌唱，"工人阶级力量大""竞赛夺红旗""爱护机器""生产支前"
等主题的大量出现，体现了工人阶级的气魄和品质。

（3）陕北艺人韩起祥的新书《张玉兰参加选举［会］》（林山记，
1945年）、《刘巧团圆》（高敏夫记，1946年）、《时事传》（与王
宗元合作，1946）等先后出现于《解放日报》，揭开了说唱文学新的一页。
其他如华北大鼓手工尊三的《晋察冀小姑娘》《亲骨肉》，冀鲁豫区
坠子艺人沈冠英的《大战阳湖》等新作品也曾在当地群众中广泛流传。

（4）群众写作的通讯报告也有发展。1942年，30万字的《冀中
一日》（四册）初版，被评为"1941年晋察冀区文艺创作的最大收获"。
民间传说故事也渐有收集，编印成册，如1946［年］太岳区出版的《水
推长城》（张友编）、《民间故事》（合江鲁艺文工团编）。

群众文艺具有"萌芽状态文艺"的特征：新鲜活泼，饱含旺盛的
生命力，但也不免有其幼稚之处，需要精心培育和提高。

（二）在群众文艺蓬勃发展的新局面中，新歌剧得到广泛迅速的
发展。《兄妹开荒》（王大化，路由）是最早的由秧歌的旧形式发展
而成的具有广泛影响的作品。其中去掉了男女调情的情调，生产中的
活泼气氛加强了。从兄妹二人的说唱中，看出边区人民生产热情和生

活的幸福。它那新的劳动者的形象和新的主题，表明了新文艺的新气象和文艺工作者向民间文学习的成果。

紧接着《兄妹开荒》的出现，1944年左右秧歌和秧歌剧运动形成高潮，除了许多是群众自己创作的优秀作品外，如专业文艺工作者写的《夫妻识字》（马可）、《一朵红花》（周戈）、《无敌民兵》（柯仲平），是最早写民兵的作品，歌颂了民兵的机智和勇敢。

此外，还有大型秧歌剧《周子山》，反映了一段革命事业曲折和艰难的缔造过程。

（三）秧歌形式以外的其他地方戏曲包括京剧的改造，这一时期也有着可观的成就。《逼上梁山》《三打祝家庄》的改编，开辟与巩固了京剧的改革的道路，体现了"推陈出新"的正确方针。

马健翎的《血泪仇》，描写了王仁厚一家三代的悲惨遭遇，控诉了国民党反动派残酷统治的罪恶，暴露了蒋介石反共反人民的本质。它通过解放区和国统区生活、生产、军民关系及各种斗争的对比，反映了两个不同的天地，显示了劳动农民由不自觉到自觉的变化过程。此外，马健翎还有《穷人恨》，写农民参军的故事，《保卫和平》，写支援解放军的主题，《大家欢喜》，描写二流子转变。这些剧本的演出，都曾在群众［中］发生很广泛的影响。

傅铎的《王秀鸾》，通过主人公王秀鸾由一个家庭妇女成长为劳动英雄的过程，歌颂了党的英明领导；还说明了妇女必须参加生产才能得到和男子平等的地位。

阮章竞的《赤叶河》，描写一个勤劳善良，有着美好理想的［主人］公燕燕，被残酷的地主榨干了她一家人的血汗。在那罪恶的社会里，她对美好生活的愿望，不仅不能够实现，自身还遭到地主的侮辱。

在羞愧、忿怒、痛苦无告的情况下，投河自杀了。作者是诗人，语言有抒情特色。

《刘胡兰》出现于解放战争后期，是由魏风等根据女英雄刘胡兰殉难事迹写成的。作品正面表现了刘胡兰在阶级敌人面前的视死如归，对敌人的蔑视和仇恨，对革命事业的忠诚，对劳动人民和自己军队的热爱，对革命必胜的信念。"生的伟大，死的光荣"是剧本的主题。剧中处理刘胡兰这个英雄人物和最尖锐的、严峻的阶级斗争相结合的描写，使伟大形象鲜明突出。剧本也反映了敌人的凶残和恐惧、无出路，反映了人民对烈士的沉痛哀悼，还写出了把沉痛化为力量的革命气概。

刘胡兰这一女英雄形象的出现有着重要的意义，她表明了从《白毛女》《赤叶河》《王秀鸾》一直到《刘胡兰》中女主人公的血泪史和她们在斗争中的成长和发展。

第二节　《白毛女》

《白毛女》是延安鲁迅艺术学院的集体创作，执笔人贺敬之、丁毅。故事来源于晋察冀的民间传说。

《白毛女》的反封建的主题思想，是通过女主人公喜儿的一（身）［生］的遭遇，"旧社会把人逼成鬼，新社会把鬼变成人"，深刻地揭示出来的。

在这一主题思想指导下，剧本突出了两个不同阶级的对比：一方面是地主及其狗腿子的残暴、贪婪、无耻、虚伪、谄媚、奉迎，把一个贫苦农民杨白劳的一家弄得家破人亡；一方面是劳动农民的忠厚、朴实、无邪及其在地主压迫下的反抗。

整个剧本中展示了各种人物不同的命运：

杨白劳是在地主摧残下找不到出路，只能用自杀来反抗旧制度的老一辈农民形象。同是老一辈的赵大叔，他乐观，支持青年和地主斗争，他又是对革命的积极宣传者。

大春是觉醒的一代。

喜儿这个剧中主人翁性格更为鲜明突出。当她遭到封建势力的步步打击的时候，她那天真淳朴的性格变得深沉了。她的这种反抗的顽强性和不可调和性，是在民族解放（时期战争）［战争时期］尖锐的阶级斗争中形成的，同时也是我国劳动人民在长期的封建剥削下锻炼出来的传统斗争精神的发展。

通过喜儿的道路，集中地说明了只有来了共产党，劳动人民尤其是妇女才能报仇申冤直到彻底解放。

喜儿的旺盛的求生欲望和坚强的性格和她具有［的］时代意义，使这个艺术形象获得了新成就。

喜儿已成为新文学作品中的典型性的人物。

剧本中黄世仁、狗腿子穆仁智的所作所为，充分暴露了地主阶级的丑恶，他们的被判处死刑，代表了他们阶级的下场与制度的必然被消灭。

《白毛女》是一个充满着浪漫主义而又具有现实主义基础的作品。它的浪漫主义首先在于它的类似神鬼的离奇情节和它那种异乎寻常的反抗精神，它的现实主义又正表现在这种离奇情节和异乎寻常的反抗精神又完全是以非神鬼而作为劳动人民清醒的行动体现出来的。

用把人逼成"鬼"来描写地主阶级对劳动人民的残酷和用把"鬼"

的拯救恢复到人的生活来歌颂新社会，这种鲜明的对比，是极大的真实。

它的传奇性建筑在极大的现实基础上，它的浪漫主义与现实主义结合得十分紧密。

《白毛女》是在秧歌运动基础上产生的。它吸收了外国的及中国的传统戏曲遗产的经验：重视音乐，又不忽视文学成分，也重视戏剧文学。在表现方法上，它又采用了话剧中一些可用于歌剧中的好的经验。在语言上，它吸取了群众语言的特点，并加以提炼。某些歌词接近诗歌，含蓄、精炼，有些说白也富有诗意。

它的这种形式，已成为广大群众喜闻乐见的民族形式。

第三节　话剧创作

话剧创作，在延安文艺座谈会以后，有一个新的发展。这个发展的特点：话剧在这以前，它比较为城市市民阶层所喜爱，自此以后，逐步和乡村里的广大群众取得较密切的联系。这原因：一是客观斗争的需要；一是许多搞话剧的文艺工作者深入到农村，并受着《讲话》的鼓舞和推动，逐步深入群众的结果。

描写农村生活，较早的有胡丹沸的独幕喜剧《把眼光放远点》，描写一个普通农民家庭中两兄弟妯娌间对抗日斗争的两种不同态度。作品以轻松幽默的喜剧形式来表现在抗日问题上两条道路斗争的严肃的主题，揭示了人民群众的勇敢、坚毅、智慧和胜利的信心，同时也批判了另一部分人（老二夫妻）的眼光短浅和脆弱动摇。剧本结构紧密，语言精练。

　　同样主题写两面斗争的独幕剧，还有《粮食》（洛丁等）、《打得好》（成荫）和《十六条枪》（张桢、崔嵬）。它们也和《把眼光放远点》一样，反映了敌后"黎明前的黑暗"时期的一个斗争方面。这种斗争只是敌后遭受挫折（的一个）时的［一个］现象，斗争本身带有消极因素，这在剧本中多少也有所表露。

　　其他反映农村生活的剧本，如反映农村干部积极带头参军的《过关》（贾霁），提倡家庭和睦，描绘了农村拥军的热潮，也是较好的作品。

　　1944 年发表的姚仲明、陈波儿集体创作的《同志，你走错了路》，第一次以党和部队内部严肃的政治问题作为剧本主题（的）。

　　剧本以 1939 年国民党反动派第一次反共高潮的前夕为背景，描写了一个从上级派到八路军某大队专门做统战工作的联络部长吴志克，是剧中右倾投降路线的代表。在统一战线问题上，他片面地强调了对于国民党顽固派的团结，并且错误地提出一切要服从统一战线的无原则的错误主张，实质上是放弃了党的领导和统一战线内部必要的斗争。国民党顽固派司令赵阎王认为有机可乘，打着参加联军会议的幌子，率领大军逼近我军事要地山河镇，而在吴志克投降主义路线的指导下，竟然放弃了这个地方。他的右倾思想竟严重地发展到敌我不分、以敌为友的地步，以致在赴赵阎王的宴会时，几乎丧命。尽管当时的政治部主任对他进行了尖锐的斗争，指出了他的严重错误，但他还没有觉悟过来。最后，当他率领我军通过山河镇，遭到了赵阎王的伏击，使革命事业受到严重的损失，在这个血的教训中，他才认识到自己的错误。

　　剧本围绕着路线斗争这一主题，也写了与主题有关的其他方面，如革命气节，干部的工作热情，严肃的原则精神，紧张活泼的作风，同志之间的友爱等。

胡连长被俘后的表现，李司令的朴质可爱。

这个剧本说明了，在作品中要求用我们党的政策思想教育群众和要求艺术作品真实（的）［地］反映生活，两者可以统一，而且必须统一。

胡可的《战斗里成长》，这也是比较优秀的剧本。作品主要描写的是农民由自发斗争到自觉斗争的成长过程。主人公赵铁柱和他儿子石头所走的道路在民主革命时期具有普遍性和代表性。此外，还有许多反映部队生活的剧本。

1948年鲁煤、刘沧浪等集体创作的《红旗歌》，是一部反映工人题材的剧本。通过解放初期一个纱厂的红旗竞赛运动，表明了两种不同劳动态度的工人，两种不同工作作风的管理人员，歌颂了我国工人阶级翻身以后高度的劳动热情。

剧本对马芬姐的描写是突出的。这个人物的落后心理有其一定的代表性。她孤僻、倔强、落后和转变后的积极生产，剧本都有生动的描写。剧本中积极分子张大梅是和马芬姐针锋相对的有性格的人物。

这是一个能抓住观众心理的剧本。

《红旗歌》的缺点，是表现党和工会的领导不强。作者还不能站在很高的美学理想上反映现实。落后人物的某些描写也有些过火，转变也有人为的痕迹。

陈其通的《炮弹是怎样造成的》一剧，也得到好评。剧本是以反对经验主义、事务主义和本位主义为主题的。它通过王厂长和工会主任老赵对何总厂长和李工程科长的斗争，说明机械地硬搬过去政治斗争和军事斗争的经验来管理工程是不适当的，指出了企业管理民主化，依靠工人，展开批评，才是管理工厂、恢复和发展生产的正确途径，只有这样，"炮弹"才能够迅速造成，才能及时而有效（的）［地］

支援解放战争。

此外，当全国解放的伟大胜利就要到来，我们将进入城市的时候，也出现了历史题材的剧本。如夏征农的《甲申记》，以明末李自成农民起义为题材。这个剧本和阿英的《李闯王》不同点：阿英着重描写了闯王进京以后，"不讲政策""脱离群众""纷纷然，昏昏然"而后革命遭到了失败。《甲申记》则（在）写了李闯王的失败，同时比较侧重描写崇祯皇的引清兵以"剿灭"农民起义军的反动政策。作品意在引起人们对出卖民族利益的上层统治者的警惕。

第四节　《王贵与李香香》及其他诗歌

《王贵与李香香》是李季的长篇叙事诗。这是《讲话》以后在诗歌上突出的成就。长诗写的是 1930 年陕北的土地革命斗争，从一对恋人的遭遇，反映出恋爱、穷人翻身、武装斗争的艰苦性和阶级斗争的复杂。

长诗的主题思想："不是闹革命穷人翻不了身，不是闹革命咱俩也结不了婚。"整个故事就围绕这一主题来展开的。

作品深刻（的）［地］描写了王贵从小就被迫着当苦工，深受地主的剥削和压迫，过着孤苦贫困的生活，他和地主崔二爷有杀父之仇；当他一找到革命，坚决斗争到底。

当赤卫军解放了死羊湾，打垮了地主和白匪军，农民翻了身，分得了土地和财产，王贵和李香香也幸福（的）［地］结了婚的时候，他深深知道，"一杆子红旗要大家扛，红旗倒了大家都遭殃"。这里，把个人利益与集体力量密切联系在一起。

女主人公李香香的形象也是鲜明的。从她对王贵的忠贞爱情中，从她对恶霸地主崔二爷的英勇斗争中，我们可以看出她坚贞可爱的精神品质。

香香从小就没有兄弟，死了娘，过着贫苦生活。她恨所有人，生来就爱庄（家）[稼] 汉。她之所以爱上了穷揽工王贵，正因为他们有着共同的阶级感情和革命要求。当王贵遭到地主崔二爷毒打时，她"心上如刀扎""打王贵就像打着了她"。为了救王贵，她冒着生命危险去给游击队送信，使红旗插到死羊湾，不但救了王贵，而且也解放了死羊（弯）[湾] 广大劳苦群众。

长诗中王贵和李香香的形象具有巨大的意义。通过对这两个人物形象的塑造，不仅表现了他们对爱情的忠贞，表现了他们争取婚姻自由的斗争以及他们最后所取得的胜利，而且，更主要地通过这两个人物形象的塑造，歌颂了在党的领导下，土地革命时期陕北农民的革命斗争，顽强斗争的精神和胜利。

长诗的层次分明，故事曲折动人，许多描写都颇有互相辉映的作用。语言简（炼）[练]，有朴素自然的优点。音节响亮，没有雕琢和矫揉造作之感。这是一首具有民族风格的长诗。

张志民的《王九诉苦》以写农民受地主剥削和揭露旧社会最为出色。"我双手捧起［那］没梁［儿］的斗，眼泪滚滚顺斗流"，"（五）[四] 更打水天不明，老财在被［窝］里骂几声"，写交租和长工生活极生动，写解放后诉苦的场景相当逼真。

他的《死不着》在某些方面发展了《王九诉苦》。作品除写了解放前农民的苦难，还对翻身后的人民生活给予了热情的歌颂。"单人独臂不顶用，群众一心就像长城"，说明了农民由自发反抗到自觉地进行斗争。主人公"死不着"翻身后的生活是"我放羊的自家有了羊，我长工也有了自家的地"。长诗在最后写了人民对领袖的热爱。此外，作者还有长诗《野女儿》和一些短诗。张志民的作品主题思想积极，形式也富有民歌风味，缺点是某些叙事诗过于平实。

阮章竞的《圈套》是描写地主利用农民的弱点，在土改中设了许多"圈套"来反对农民的故事。诗通过复杂的斗争反映了"尖尖的辣子羊角葱，老财的心儿黄蚂蜂"，对于主人公农会主席也有生动的描写。

作者另一部叙事诗《漳河水》是写妇女被摧残和她们的翻身斗争的。诗中三个妇女三种不同的遭遇：一个是受封建家庭压迫的荷荷，离了婚，对自己理想中的爱人首先要求是"种玉茭要种'金皇后'，嫁汉要嫁个政治够"。一个〔是〕苓苓，嫁的丈夫具有严重的大男子主义思想，解放后她对付丈夫的办法是"男女平等讲民主，谁不民主就找政府"，在多方面的教育之下，丈夫的错误思想终于改变过来。一个〔是〕紫金英，另有她自己的苦处。她对着她自己的遗腹子，"眼泪滴落小嘴巴：'咽了吧，莫嫌苦，记住你娘是寡妇！'"经过党的教育，摆脱了她的旧生活，成了生产中的积极分子。这些妇女的命运是有着一定代表性的。她们的翻身胜利，也就是对农村中的旧势力——地主政权、族权、绅权、夫权斗争的胜利。故事曲折复杂而又富于统一性。如果《圈套》在表现手法上，叙事和叙情结合不够，有时偏于叙事，那么在《漳河水》里便有着显著的克服。特别是几个女主人公的性格和遭遇的描写，曲折有变化。情景的描写也很有特色。

（李）〔方〕冰曾经写过《歌唱二小放牛郎》，在敌后很流传。这时期也写了长篇叙事诗《赵巧儿》和反映军民关系的《大娘》。《赵巧儿》写农民同恶霸地主作斗争的故事，颇带有民间传统文学的长处：

有头有尾，形式整齐。

田间除短诗以外，也写了长篇叙事诗《赶车传》（第二部）。诗人以激越的笔调刻（划）[画]了一个不畏强暴的农民形象石不烂和一个贫农女儿蓝妮。长诗情节写得吸引人。

从《王贵与李香香》《王九诉苦》《死不着》《圈套》，到《漳河水》及其他优秀诗歌，明显的一个共同特色是它们程度不同地接受了民歌的影响。《王贵与李香香》是以陕北"信天游"为旧调的，而《漳河水》则是太行山地区小曲的（溶）[融]合利用。它们相当地克服了以前新诗的洋化，啰嗦，形式涣散，节奏不分明以及不易成诵等缺点。这些经验对于建设新诗的民族风格都是有益处的。

第十七章　沿着工农兵方向前进的文学创作（二）

第一节　赵树理的创作

（一）赵树理出身于山西沁水县一个贫农家庭里，当过农村小学教员。在这期间，他和农民接触很密切，对农民有了进一步的了解。抗战后，他参加抗日根据地工作。赵树理一向重视文艺的通俗化的工作，很早就有以文艺为农民服务的志愿。当他深入到农民群众中工作以后，他开始了解到新文艺仍然是停留在少数知识分子中间，农民根本不能接受；要想使农民接受，必须通俗化。而要通俗化，只用"白话文"还是不够的。他看到当时对农民影响最大的仍是那些旧戏曲，旧小说，它们以封建迷信、武侠、色情等内[容]腐蚀着广大农民群众，因而他认识到，要以新的思想教育农民，就要向民间的传统的文艺形式学习，创造性吸收民间文艺形式中好的东西，进行改造。抗战以前，即开始创作。他的创作原则是"老百姓喜欢看，政治上起作用"。他从1943年起，写了《小二黑结婚》《李有才板话》《李家庄的变迁》《孟祥英翻身》《福贵》《传家宝》等小说。这其中最出色而影响最大的是前面的三篇。

《小二黑结婚》描写了在一个刚开始建立新政权的农村里，一对青年男女争取婚姻自由的故事。他们虽然受到封建家庭的束缚与恶霸势力的破坏，由于社会制度和政权性质起了巨大变化，斗争终于胜利，取得了真正喜剧性的大团圆结局。崭新的主题和故事，对两位神仙（二孔明，三仙姑）的描写：二孔明忌讳不宜栽种，三仙姑忌讳"米烂了"，作了极深刻的讽刺。显明的反封建的主题，引人入胜的情节，朴素明朗的格调，大众化的语言，具有民族形式的特点，使作品一出现立即在群众中发生了广泛的影响。

《李有才板话》以李有才这一人物的活动为主线，并通过李有才所（作）［做］快板，正面描写根据地一个叫阎家山的农村中农民与地主恶霸之间的斗争及其胜利。当根据地建设初期，阎家山的大权还把持在恶霸阎恒元及其"狗腿"手里，他们暗中偷天换日，使革命政策法令变质。于是斗争围绕改造村政权和减租减息两个问题而展开。作品充分揭露了地主恶霸阎恒元等破坏革命政策法令的狡猾手段，描写了根据地农村新旧力量的消长，新一代农民（"小"字辈）在斗争中的锻炼成长过程。老杨和章工作员是两种类型的干部，作者对他们作了对比的描写。

李有才是一个具有艺术才能并以此为武器向封建势力作斗争的农民形象：乐观、机智、幽默、富有斗争精神和艺术才能。对其他人物的性格，也通过快板作了画龙点睛的描写，很有个性。

《李家庄的变迁》，从历史发展的过程写出了一个落后闭塞农村的变革过程。农民与民族敌人、阶级敌人的斗争。作品以铁锁这个农民为中心展开故事情节（的），他原来是外来户，因为受尽地主豪绅的迫害，为了生计不得不（飘）［漂］泊到外地。他接触了青年共产党员小常，阶级觉悟受到了启发，参加了党领导下的群众组［织］牺盟会的工作，领导农民跟地主豪绅进行斗争，后来又参加了八路军，成了一个人民战士，并且解放了自己的村子。作者通过对于铁锁性格成长、发展过程的描绘，揭示了农民与豪绅地主之间的斗争。无论怎样艰苦，一旦有了党的领导，农民会觉醒起来，推翻地主阶级的统治，使自己成为历史的真正主人。

（二）赵树理作品的特点，除了他那新颖的朴素的独特的风格，最主要的是赵树理反映了一个新的时代。我们在前面谈过，"五四"新文学在反映农民问题方面，主要描写了中国农民的悲惨命运和不幸遭遇，如阿Q、祥林嫂、闰土等。到了三十年代，蒋光慈、叶紫开始注意到描写农民的觉醒，由不自觉而到自觉的反抗。而赵树理把抗战发生后根据地农村变革以及农民的生活与斗争，列为创作的重要题材和主题，描写了农民的觉醒过程和人民政权下农民生活的面貌，并具有强烈的地方风俗画色彩。不论作者正面描写农民与豪绅地主之间的斗争（如《李有才板话》《李家庄的变迁》），或从一种生活侧面反映环境和人物的变化（如《传家宝》《田寡妇看瓜》），光明的新生活的东西，始终是作品中支配一切的基调。觉醒了的农民是生活也是作品中的主人公，他们对党和人民政权如此信赖，对创造新生活的坚强意志和乐观情绪是在过去描写农民的作品中未曾见到的。

由于作者热爱农民并深刻了解农民的生活、思想、感情，使他在描写人物、叙述事件［时］，很少有知识分子的思想感情。在人物塑造上，他总是将他的人物安置在一定的斗争的环境中，放在斗争中的一定地位上，来展开人物的性格和发展。每个人物的心理变化都决定于他们在斗争中所处的地位的变化，以及他与其他人物相互之间的关系的变化。他没有在静止状态中消极地来描写他的人物，而总是通过行动和语言来显示他们的性格，表现他们的思想情绪。

赵树理的语言是口语化的，结构布局具有民族形式的特点。

第二节　反映群众生活和斗争的小说

除了赵树理正面描写解放区农村和伟大变革外，周立波、丁玲、欧阳山、柳青、孙犁、康濯等许多作家也以农民群众的生活和斗争作为小说创作的重大题材，从［各个］方面反映了解放区农村的新面貌。

（一）欧阳山到解放区后，在新的思想和生活基础上，写了一部反映农村合作社的小说《高干大》。作品描写抗战后期陕北农村一个综合性合作社发展过程。作者在描写任家沟合作社从衰落、赔钱到走向发展、胜利以及反巫斗争的过程中，写出高干大逐渐克服残余的农民思想意识，成为边区发展合作社工作中的模范人物。作者比较成功地塑造了"大半个是共产党员了，小半个还仍然是农民"的高干大的形象。高干大虽然有些缺点，但思想品质却是高尚的，在他同合作社主任任常有、区长程浩明的斗争中，作者写出了他作为共产党员的基本的积极的一面。小说围绕高干大的活动，描写了反官僚主义、主观主义以及反巫神的斗争，提出了干部作风问题。作品的缺点：对农村的阶级关系没有明显的揭露，反巫神斗争的描写过于繁琐，高拴儿和任桂花的恋爱故事在作品中缺乏积极的意义，但却比较清晰地勾出了一幅陕北农村的面貌，在欧阳山的创作道路上是一个新的发展，也是一部有力之作。

（二）柳青。抗战初期，曾写过一些反映八路军战士生活的短篇，集为《地雷》。1947年写了长篇小说《种谷记》。故事以王家沟"集体种谷"一事为线索，从各种人对这一事的不同态度，展开了复杂的阶级斗争和思想斗争。以共产党员农会主任王家扶为首的一群干部坚持贯彻党的集体种谷的指示，广大的贫佃农都能紧紧（的）[地]团结在农会的周围，但以行政主任王克俭为代表的富裕中农却徘徊动摇，舍不得抛弃单干的道路。农会对他进行了细致的思想工作，才使他勉强参加变工组织。但就在这时，地主王国维恐吓他，拉拢他。他又动摇了，私下里下了种，因而有些人家也学他的样子，因而激起公愤。在大多数群众要求下，王克俭被撤职，种谷得到顺利进行。作品把生产斗争和整个社会斗争密切联系起来，有较大的社会意义。缺点：人物性格不明显，细节描写过于繁琐。但在柳青创作道路上，这是一个新的起点。

（三）刘白羽。抗战前，曾写过短篇小说，集为《草原上》。解放战争爆发后，作者写了《政治委员》《无敌三勇士》《血缘》等优秀短篇小说。其中《无敌三勇士》，通过三种类型的战士从不团结到团结以（至）[致]在"火线上生死抱团结"的故事，展示了诉苦教育对提高战士阶级觉悟和战斗意志的重大作用。他的报告文学集《为祖国而战》，短篇集《早晨六点钟》，中篇《火光在前》，反映了解放战争从"英雄的四平街保卫战"到渡长江的伟大场面，塑造了从普通战士到高级指挥员一系列的英雄形象，多方面（的）［地］描写了战士的生活和思想；着重表现人民军队的阶级本质，发掘了战士们那种战无不胜、攻无不克的伟大力量的源泉。作品具有浓厚的部队生活气息与战斗的激情。缺点：人物缺乏个性特征，结构稍嫌松散。

（四）康濯。《在延安文艺座谈会［上的］讲话》发表后，写过《我的两家房东》，通过农村姑娘金凤与村干部拴柱的恋爱婚姻故事，反映了解放区妇女思想面貌的变化和新的道德品质的成长。《初春》描写了一个勤劳、朴实、坦率的老农形象。《灾难的明天》是描写党领导晋察冀边区人民生产救荒的故事。三个短篇，显示了作者所特有的清新和朴素的艺术风格，为作家的向前发展奠定了基础。

孙犁的作品有中篇小说《村歌》，短篇小说集《芦花荡》《荷花淀》。这些作品大都以冀中农村为背景，描写了在党领导下，抗日根据地人民抗日的英勇斗争。在《荷花淀》中，描写了一群妇女自觉地组织游击队，扛起枪和男子一道并肩作战，来保卫自己的家乡和幸福生活。作者常常把记事、写景、抒情和人物描绘融合在一起，格调清新，语言清新而秀丽。

草明从"左联"时期开始，写过不少短篇，其中多数描写农民和女工在重重压迫下的痛苦生活和反抗情绪，但形象不显明。《原动力》是作者在镜泊湖水电厂工作一个时期后创作的，描写了一个水电厂恢复生产的故事，着重刻（划）［画］了对敌人仇恨的老工人孙怀德的形象。小说中单调的叙述过多，但题材新颖，思想明朗，语言形式也克服了早期作品中"欧化"的缺点。

丁玲在整风运动后，对于自己的错误多少有些认识，政治态度也有一定程度的转变，写了一些描绘边区新人新事的报告和短篇小说。1947 年在（冀察晋）[晋察冀] 边区参加土改，搜集了不少材料，1948 年写成了《太阳照在桑干河上》。作品的情节很单纯，就是描写（描）土地改革初期，即 1946 年中共中央颁发《五四指示》到 1947 年 9 月全国土地会议以前，这一历史时期的阶级斗争。围绕分配土地的斗争，展开地主阶级和农民之间的斗争。作品较成功的地方是能够把人物放在复杂的社会矛盾、生活斗争和历史背景中去描写。一方面反映出了与封建势力斗争的复杂性、艰巨性，一方面也表现出了在这个斗争中各阶级之间的复杂关系，和各种人物的心理活动，从而在一定程度上反映了这一时期土地改革的斗争过程及农民在斗争中成长，具有一定的历史真实性。作品中的佃农侯忠全的变化和发展过程，妇联会主任董桂花的形象，特别是地主钱文贵、李子俊老婆、侯殿魁等人的描写都比较鲜明。农民积极分子和工作干部的形象比较薄弱，但也有性格特点。作品的弱点：群众运动没有得到充分的反映；细节描写还有些过于繁琐，重点不够突出。由于小说较好地反映了土改运动，艺术上又有许多可取之处，在广大读者中曾受到欢迎。但丁玲并未从此走上为工农兵服务的道路，解放后竟以这一部作品所获得的声誉当作"资本"，变本加厉向党进攻，反对党的文艺路线。在政治上堕入反党的泥坑。这是她在思想上没有获得彻底改造的结果。

第三节　周立波的《暴风骤雨》

周立波早期曾翻译过苏联小说《被开垦的处女地》，写过一些散文、短篇小说和报告文学，抗战后到了延安。文艺座谈会后，他遵循文艺为工农兵服务的方针，深入实际生活，和群众结合，并虚心向群众学习。

1946 年参加东北土改实际工作，了解农民和熟悉农民的思想感情，学得许多活知识、活语言。在这个基础上，他写的长篇小说《暴风骤雨》，标志着他的创作的新发展。

《暴风骤雨》写于 194（7）[6]—1948 年，反映解放战争初期东北农村最激烈的阶级斗争——土地改革。上册写 1946 年党中央发布《五四指示》到 1947 年 10 月《中国土地法大纲》颁布后土改运动的深入发展。全书概括了东北土改的过程。作品的中心思想是写中国农民在党的领导下，（象）[像]暴风骤雨般推翻数千[年]的封建压迫。土地改革与解放战争的密切关系在作品中也得到了反映。

《暴风骤雨》描绘了许多农村新人物，其中以赵玉林和郭全海[最]为突出。赵玉林受恶霸地主韩老六的压迫，阶级仇恨极为深重，在斗争中也觉醒得最早，成为斗争中的骨干和领导力量。他第一个加入党的组织，斗争在前，分果实在后，大公无私，最后在去打胡子时献出了生命。由于作品处理赵玉林的牺牲过早，致使他的性格未得充分展开。郭全海的性格发展较从容，他也是最早觉醒的农民，他的性格主要在作品下册中展开。作品着力刻（划）[画]的是他的勇敢精明和机灵正派。他在领导农民挖浮财，起枪支和抓特务的斗争中，思想逐渐成熟。作品结束时，他新婚参军，表现为青年农民榜样。其他如白玉山则是另一类型，他反抗韩老六的欺压，由于失败而变得消极，在土改斗争中认识了集体力量，才转变为积极勇敢。至于赵大嫂子、白大嫂子，以及曾是地主童养媳的刘桂兰，作品中描写的不多，却也个性鲜明。她们有的淳厚朴实，有的泼辣能干，有的能识大局，送夫参军，她们都是农村中新型妇女。

老一代农民形象描绘得尤其生动，其中以老孙头为最突出。他受地主剥削，无田无地，以赶车营生，因此，他憎恨地主，要求翻身，对工作十分热情，也因他身受长期压迫，加之赶车的职业多少使他沾染上江湖气，所以他又害怕地主威风，斗争中有顾虑，分果实又很自私。但是他胆小却要夸口，自私却要说是为人，因而常闹笑话。作者写出了这个人物性格复杂性和丰富性，所以他的形象给人的印象最深。

此外，工作队长自始至终贯穿全书，在斗争中起着领导的作用。他正确贯彻党的政策，依靠贫佃农，团结教育中农，和群众打成一片。他富情感，有气魄。在一般反映土改斗争的作品中，作为党的工作者，萧祥的形象刻（划）[画]是比较有个性的。

在反面人物方面，韩老六被塑造得既有代表性又有鲜明特点。他在伪满时联络敌人，"八·一五"抗战胜利后勾结"中央胡子"，经济上剥削农民，政治上压迫农民。他有强大的势力，在土改中顽强抵抗，但经过农民的斗争终于伏法。

《暴风骤雨》的特色是：气魄宏伟地表现农村斗争，在广阔的背景上表现农村变化，在复杂斗争过程中发展人物性格，概括的叙述与细致的描绘表现人物的思想感情。作品的缺点：对主要人物描绘不够集中突出；结构上，上册比较紧凑，下册比较松散；材料剪裁不严；语言生动，但缺少加工提（练）[炼]。有许多大场面描写生动具体，如上册有些斗争大会，下册的分马，既写出斗争，又写出人物，既有一般群众，又有主要人物，做到有条不紊，这是在描写集体生活中很不容 [易] 处理的。

《暴风骤雨》发表后受到文艺界和广大读者的欢迎。

第十八章 抗战后期、解放战争时期的
国统区反蒋运动和内战

第一节 反石业争民主的世界文章运动

(一)、抗战后期，国际国内形势发生了较大的变化。1941年11月太平洋战争爆发以后，美帝国主义对华政策有了较大的改变：过去美帝国主义采取扶植中国坚日军事协议策；当日军同日苏交战节，去防降雪，发动太平洋事件以后，美帝国要采取扶植日冠进一步侵略中国，直接独立支持国民党反动饱。

国民党军团内既得到美帝世界步支持，反加积极坚扶蒋美帝，消极抗战，保存实力，扩大地盘，反人民的政策。1943年，蒋介石发表"中国之命运"，并发动第三次反共高潮。

全国人民经过了长期斗争的锻炼，逐渐认识到石介石和国统区发展的现状是的对比"全国各地的民主解放运动日益向前发展。

1944年，日冠对国民党军队展开的进攻，发动湘桂战役，国民党军事上节节败退，内部腐败的面目更加暴露无遗。 中共代表向国民参政会提出成立联合政府的建议对国统区反石运动争民主的运动起了推动作用。

第十八章 抗战后期、解放战争时期的
国统区文艺运动和创作

第一节 反压迫争民主的进步文艺运动

（一）抗战后期，国际国内形势发生了新的变化。1941年（11）[12]月太平洋战争爆发以后，美帝国主义对华政策有了新的改变：过去美帝国主义采取牺牲中国与日本妥协政策；当日本帝国主义突然袭击珍珠港，发动太平洋战争以后，美国即企图（采取）代替日寇进一步侵占中国，并积极支持国民党反动派。

国民党集团由于获得美帝进一步支持，更加强了它投靠美帝、消极抗战、保存实力、积极反共反人民的政策。1943年后，蒋介石发表《中国之命运》，并发动第三次反共高潮。

全国人民经过了长期战争的锻炼，他们从解放区和国统区获得了明显的对比，"全国性的民主解[放]运动日益高涨"。

1944年，日寇对国民党由诱降改为进攻，发动[豫]湘桂战后，国民党军事上全线败退，政治腐败的面目更是暴露无遗。中共代表向国民参政会提出的成立联合政府议案，对国统区反压迫、争民主的运动起了号召作用。

1945年2月，由郭沫若等发表的《文化界时局进言》，表现了要求革除法西斯政令、实现联合政府的争取民主呼声，在当时发生了广泛的影响。同年4月，毛主席的《论联合政府》发表，其中所规定的"中国国民党统治区的任务"，号召国民党统治区内被压迫的一切阶层、党派和集团的民主运动，应有一个广大的发展，并把分散的力量逐渐统一起来，为着实现民族团结，建立联合政府，打败日本侵略者和建设新中国而斗争。这对国统区反压迫、争民主的运动发生了伟大的指导作用。

民主运动日益高涨，进步文艺运动围绕着广泛的民主运动积极地展开了斗争。"文协"规定"五四"为文艺节，号召发扬民主与科学的精神，争取人民民主的实现。

抗战胜利后，"新的情况和任务是国内斗争"，国民党勾结美帝所进行的内战、独裁等反动措施引起了全国人民的愤怒，人民群众用各种形式风起云涌地展开了反美反蒋的斗争。

（二）这时期国统区文艺运动是全国性民主运动的重要一环，是以反对国民党统治和争取自由民主为中心内容的。当时不（只）［止］在群众运动中产生了许多宣传鼓动的文艺作品，而且很多民主集会都通过文艺讲习会、文艺座谈会的方式进行。进步文艺在多样的、曲折的斗争方式中深入发展。

"中华全国文艺界抗敌协会"于抗战胜利后移至上海，改名"中华全国文艺（家）［界］协会"，对争取民主和反内战、反美蒋的斗争，做了许多工作。许多作家写了揭露国民党"劫收"（劫收）、贪污、倒行逆施的文艺作品，对美帝侵略、与国民党狼狈为奸进行了尖锐的揭露、讽刺和批评。讽刺性作品成为一时的普遍倾向，政治讽刺诗，讽刺喜剧，尖锐犀利的杂文和讽刺小说纷纷出现，对民主运动及解放战争起了良好的推动和配合作用。

国民党禁止进步书刊，迫害进步人士的罪行层出不穷。1946年7月，在昆明暗杀了积极参加民主斗争的著名诗人和学者闻一多，但这种迫害反而使更多的人参加了反对美蒋统治的行列。作家朱自清身染重病，仍然积极支持民主运动，抗议美帝扶植日本，毅然拒绝领取美援面粉，至死不屈。

在当时斗争尖锐的形势下，党为了积蓄革命力量，及时地帮助许多作家撤至香港，但仍然以国统区为工作对象，继续斗争，并"开始了若干毛泽东文艺新方向的影响下［的］和人民大众结合的努力"。以香港为中心出版的《大众文艺丛刊》《小说》等进步文艺书刊，广泛流行于国统区，有力地配合了当时争取民主的群众运动。

毛主席《在延安文艺座谈会上的讲话》虽然还不能在国统区畅行无阻，但仍给进步文艺界以指导作用。解放区作品的广泛流行，使文艺工作者具体地感受到了新的文学风貌和文艺工作的正确方向。1945年提出的"面向农村"的口号，实际上即指人民文艺的新方向。大批作家迁港之后，曾结合、检查抗战以来文艺运动的成就，进行了对党的文艺方针和毛泽东文艺思想的学习，并着重讨论了作家的思想改造与群众观点的问题。总的说来，虽然对毛泽东文艺思想研究和贯彻还不够深入，但国统区文艺运动在斗争目标与前进方向上，是与解放区完全一致的，都在遵循着毛泽东文艺方向向前进展，只是由于政治环境以及由此所产生的的活动方式不同，任务与收获也因之有所差别。国民党反动集团企图扼杀进步文艺的阴谋从未成功，进步文艺运动在政治高压下仍然坚持斗争和向前发展，并取得了很大的成就。

第二节　对"主观论"及其（它）［他］反动文艺思想的斗争

在这一节里，我们需要着重来谈谈和胡风集团的斗争。

胡风集团是长期隐藏在革命文艺界内部的一个反动集团。"左联"

时期胡风即伪装进步，混入"左联"，并散布修正主义思想，进行宗派分裂活动。抗战前期他主编期刊《七月》，搜罗党羽，逐渐形成一个反动集团，其中主要成员有阿垅（陈亦门）、刘雪苇、绿原、路翎、舒芜等；他们通过宣传反动文艺思想与写作有毒素的作品来进行活动。

在这个问题上，我自己曾经也犯有严重的错误。《七月》最初创刊的时候，是在上海。当时抗战爆发后，我也曾经在《七月》上发表过文章。但以后《七月》搬到武汉去了，我到军队里去了，也就没有过问。

1945年1月胡风集团在重庆创刊《希望》，第一期上即登出了舒芜的长文《论主观》和胡风的《置身在为民主的斗争里面》，他们集中宣传唯心主义，认为"主观精神"是推动历史乃至宇宙的动力。"主观论"是他们反动思想的哲学基础，而胡风的文章则是他们的反动文艺纲领。这时，他们的集团已相当扩大，反动理论已成体系，于是对毛主席《在延安文艺座谈会上的讲话》与进步文化战线，展开了一系列的攻击活动。当时，进步文艺界尚未觉察到他们的反动政治面貌，为了争取与教育，在党的领导下，1945年在重庆召开了许多次文艺座谈会，漫谈"过去和现在的检查及今后的工作"。在这些会议上，许多进步作家都指出了"主观论"的原则性的错误，但胡风集团坚持其反动立场。同时冯雪峰在会上公然为胡风辩护，也起了很坏的影响。由1945年11月至1946年，在关于话剧《清明前后》与《芳草天涯》的讨论中，胡风集团又以主观精神及所谓现实主义为武器，反对文艺的政治倾向，以及文艺批评的政治标准。

邵荃麟、林默涵、何其芳等同志都在《新华日报》上发表了批评的文章。

1946年后，胡风集团在成都等地出版《呼吸》《泥土》等刊物及

《蚂蚁小集》等丛刊，继续宣传主观唯心论，鼓吹自发斗争，反对集体主义。他们以批评公式主义与客观主义为名，对进步文艺界肆意谩骂，对其集团成员路翎、绿原等人的作品则自相吹捧。国民党反动派发动全面内战以后，进步作家集中香港，胡风集团却在上海继续进行活动。

1948 年在香港《大众文艺丛刊》等刊物上，进步文艺界对胡风集团的反动思想及作品展开了系统的批判，邵荃麟、乔木（乔冠华）、林默涵、胡绳等都写了战斗性很强、分析严密和论点显明的文章，从多方面对这个集团进行了批判。

荃麟的《论主观问题》分析了"主观论"所提出的"主观精神""战斗要求""人格力量"三个口号，指出他们实际上是要求以作家的感性机能来代替作家的思想改造与对群众关系的改变，是一种以生存斗争来代替阶级斗争的唯生论的理论，（实际上，这种唯生论，就是反动的生命哲学的翻版）与毛主席《在延安文艺座谈会上的讲话》的精神根本矛盾。林默涵的《个性解放与集体主义》揭露了胡风所宣传的"个性解放"实质上是敌视集体主义的资产阶级个人主义。其（它）［他］许多文章也从不同方面批判了胡风集团的所谓"现实主义"、对鲁迅思想的曲解，以及他们的作品等。这次斗争对捍卫毛泽东文艺方向，清除胡风集团在青年当中的不良影响方面，起了很大作用。1949 年第一次文代大会，茅盾在总结国统区文艺运动的报告时，指出了革命文艺工作者与"主观论"者的根本分歧在于立场问题；他们反对作家思想改造，反对作家与人民群众结合，一方面崇拜人民的自发斗争，一方面又强调人民身上的所谓"精神奴役的创伤"，这都是与毛泽东文艺方向根本违背的。由于当时这个集团的反革命政治面貌尚未完全暴露，因此这时期的批判斗争主要是在文艺领域和思想战线上进行活动。

胡风集团的作品正是他们所谓"现实主义"理论的实践。他们要写出人民的自发性斗争和"精神奴役的创伤"，因此在作品中不可能不歪曲劳动人民的形象。路翎的小说就是例证，他自称要追求"人民的原始强力"，因此，作品中的劳动人民形象都是些充满原始性、疯狂性、痉挛性的神经质的人物（如《蜗牛在荆棘上》的黄述泰，《罗大斗的一生》中的罗大斗）。在长篇《财主（的女儿）［底儿女］们》中，他狂热地歌颂一个反动的个人主义知识分子蒋少祖，把他打扮为理想的英雄，而人民群众则被写成是处在完全无组织、无领导的状态下，进行着悲惨无望的挣扎。从这部被胡风誉为可以"冠以史诗的名称"的作品中，可以形象地了解胡风集团反动理论的实质及其危害性。阿垅、绿原等人的诗中也同样是疯狂的叫喊和自我歌颂，内容充满了毒素。这些作品是胡风集团反动活动的一个重要组成部分。

新中国成立以后，这个集团更隐秘但更积极地进行反革命活动。1955年，全国文艺界展开了对胡风反动文艺思想的批判，胡风集团的反革命面貌乃随之大白于世。这个长期隐藏在革命文艺阵营内部的反动集团终于被彻底清除。

在解放战争期间，国民党反动派的所谓"文化戡乱"与美帝国主义所鼓动"第三种"力量的侵华政策，促使一批反动文人和作家也积极进行政治投机，以"中立"姿态鼓吹所谓"第三条道路"，企图抗拒革命势力的发展和革命文艺的影响，以挽救反动派濒于灭亡的命运。民主个人主义者"在中国还有一层薄薄的社会基础"，于是他们当中的某些上层分子即乘机活动，企图在中国的数百万知识分子中发生影响。1946—1948年间，萧乾、储安平、沈从文、朱光潜等人，以《大公报》《观察》《益世报》《文学杂志》《周论》等报刊为中心，在北京、上海等地，运用政论、杂文、散文等形式，鼓吹中间路线等反动政治主张和自由主义的文艺观点，并发表一些消极反动的文艺作品。在萧乾的《自由主义信念》、储安平的《中国的政局》、沈从文的《一种希望》等文章中，表面上都以超于国共两党之外自居，实则积极鼓吹资产阶级共和国的幻想，企图阻挠人民革命的进展。在对外关系上，他们还散布了对美帝的幻想。在萧乾的《红毛长谈》《吾家有个夜哭郎》，沈从文的《从现实学习》，朱光潜的《谈群众培养怯懦与凶残》《苏格拉底在中国》等文章中，他们对人民群众及民主运动多所诬蔑，并为反动派开脱屠杀人民的罪责。

从这种反动政治思想出发，他们也发表了对文艺的意见。在萧乾的《中国文艺往那里走？》，朱光潜的《自由主义与文艺》，沈从文的《从现实学习》等文章中，他们宣扬文艺的"独立"，提倡创作自由，鼓吹人性论与艺术至上主义，认为"文学只有好坏之别，没有什么新旧左右之别"（朱光潜），应把文学"一律交给自由主义者"（沈从文），同时又攻击进步作家，反对文艺为无产阶级政治服务。他们把革命［作家］嗤为"现实政治的清客"，指［责］尊敬鲁迅先生为"偶像崇拜"，学习毛泽东思想为"元首主义"。虽然就人性论及艺术至上某论点说来，仍为"新月派"的旧调重弹，但他们一则把文艺的自由与政治路线上的自由主义（民主个人主义，旧民主主义）联系起来，一则把攻击锋芒指向党的文艺方针和革命作家的反动行动，因此，这些论点仍带有显明的时代特点。在他们所主编的文艺刊物中，也发表了一些消极反动的作品，如袁可嘉的诗、萧乾的散文以及沈从文的《芷江县的熊公馆》等类创作。这些作品的总倾向与他们的政治态度和文艺观点是一致的，同样以散布对帝国主义的幻想，削弱革命斗志为主要内容。

为了打击这批文人的活动，教育那些受到他们思想影响的知识分子，消除人们对敌人和中间路线的幻想，进步文艺界对他们进行了及时的揭露和斗争。在香港的《大众文艺丛刊》《群众》《华商日报》副刊，和上海的《文萃》《文汇报》等报刊上，郭沫若、胡绳、林默涵、邵荃麟、杜埃等人发表了一系列文章。这些文章的中心内容首先在于政治揭露，许多人用杂文的形式尖锐地揭露了"中间路线""自由主义"的反动政治本质，指出其作用在于"损害新势力和新中国在人民中的信心，而给旧中国统治者寻觅苟存的空隙"（胡绳语）。郭沫若的《斥反文艺运动》一文，则结合政治揭露来彻底批判以这批人为代表的各种反动文艺派别。荃麟指出，它们不过是"地主大资产阶级的帮凶和帮闲文艺"。冯乃超的文章指出，沈从文的《熊公馆》是属于"清客文丐"们的"新第三方面运动"的作品之一，主题是写地主阶级的"慈业"，粉饰反动统治，妄图抗拒当时半个中国的土地改革高潮。通过这次斗争，在政治上打击、揭露、孤立这批民主个人主义者少数上层分子，消除了一些他们所散布的不良影响，并争取教育了广大的爱国知识分子，帮助他们划清敌我界限，丢掉幻想，准备斗争。在文艺思想和文艺作品的批判上，虽然也有一些，但由于当时政治斗争的尖锐和激烈，这方面的工作就显得不够系统与深入。

第三节 文学创作

（一）政治讽刺诗和戏剧。在这时期，诗歌方面，政治讽刺诗的众多成为国统区诗歌创作最显著的特点。诗人袁水拍写了大量山歌形式的政治讽刺诗（收在《马凡陀的山歌》及其续集中）。国民党反动统治下的种种矛盾与无耻，卑鄙与罪恶都经诗人漫画式的夸张和犀利的剖析而暴露无（疑）［遗］。其中有的剥露美帝国主义侵略面目，声讨美军暴行（如《大胆老面皮》），有的揭露国民党政府投靠帝国主义的反动本质和鱼肉人民的反动措施（如《一只猫》《发票贴在印花上》），也有的为人民的悲苦生活提出强烈的控诉（如《活不起》），等等。这些诗，鲜明地反映了人民的战斗要求。此外，作者尚有抒情诗集《沸腾的岁月》和《解放山歌》，前者留下了一个知识分子在沸腾岁月中的"心上的刻痕"，后者在暴露敌人的同时，还热情地唱出了中国人民革命胜利的凯歌。

（二）戏剧方面，陈白尘本时期的主要创作有《岁寒图》，歌颂了抗战艰苦时期矢志不移的医生黎竹荪，批判了知识分子中的市侩主义，有力地控诉了豺狼当道的黑暗社会，但结尾对黎竹荪的觉醒和他的出路写得不够明确有力。《升官图》也是这一时期写的，我们在前面已经谈过，这实际上是一部国民党政府的"官僚现形记"。

茅盾在这时期，写了剧本《清明前后》，和他的小说一样，密切结合斗争，具有现实主义特色，它以民族工业资本家林永清的破产和觉醒为主线，愤怒地谴责了战后国民党反动派对民族工业的变本加厉的摧残，明确地指出了民族工业的出路；并以它为中心，通过丰富的情节穿插，展示了战时重庆的阴暗生活。作者第一次写剧本，虽然还有些缺点，但因真实地表现了重大题材，仍有丰富的政治意义。

（三）本期的小说，有沙汀的长篇《困兽记》《还乡记》。我们前面已谈过他的《淘金记》，那是一部暴露地主恶霸之间为了淘金而引起内部的勾心斗角的丑恶现实。长篇《困兽记》则主要描写知识分子在不民主的政治环境中，一些知识分子苦于没有出路，在无望的生活中进行挣扎。1946 年的长篇《还乡记》描述了农民冯大生被迫出卖壮丁后，逃回故乡，再被迫出走的曲折过程。故事围绕着两个互相衔接的事件来展开（的），一是以保队副徐烂狗在冯大生出走之后，霸占其妻金大姐所引起的冲突，一是山民反对地主恶霸合谋掠夺农民"笋子"利益而引起的斗争。作品一方面揭露了以保长罗敦五父子和保队（附）[副]徐烂狗为代表的反动势力压迫农民，横行霸道；一面激起了以冯大生、张大爷等为代表的被压迫者的反抗。作者开始发掘到潜藏在农民身上的革命力量，并通过正面的农民形象冯大生、张大爷等人的自发斗争表现出来。

艾芜在这时期的创作也有显著进步。长篇小说《故乡》通过主人公余峻廷（上海某大学毕业生）和其他几个知识分子，抗战开始后回到家乡想做一些工作，但根本认不清现实，一遇到挫折就软弱动摇，自动退却。同时描写当政人物徐松一的横暴卑劣，高利贷者余老太太的贪婪狠毒，大商人蔡兴和的虚伪投机，大地主龙成恩的凶残吝啬。此外，作者通过对农民十七哥、雷老金凄苦境遇的描写，指出国民党统治区的主要矛盾仍是地主与农民的矛盾。雷老恒是农民的儿子，他有较明确的阶级意识，懂得要解决农民的吃饭问题必须起来斗争。他领导群众起来砸了衙门，虽然斗争失败了，但作者在他身上寄托了中国农村新生力量的希望。长篇《山野》却有着更好的成就。作者通过一个山村 24 小时的战斗生活的描写，歌颂了全国人民反抗侵略的英勇斗争，揭示了各阶级对于抗战的不同态度。小说中对一部分抗战力量作了具体描写：大地主常茂廷想保全（厂）[广]大的家产，一意投敌；村长、大地主兼大商人韦茂和因为日寇毁了他镇上的产业，从个人复仇欲望出发，要求抗日，最后在紧要关（斗）[头]，就企图出卖全村利益，和敌人妥协。而真正抗日的骨干力量却是韦长松领导的煤矿工人队伍和山村小院子中阿劲、阿岩、阿龙等下层佃农，他们是最受压迫的阶级，但一旦战争爆发，便挺身向前，英勇作战。此外书中还出现了徐华峰、韦美珍等知识分子形象，指出他们一条出路。此外中篇《一个女人的悲剧》和短篇《石青嫂子》都以主人公的悲剧命运为线索，为国统区劳动人民的屈辱痛苦生活提出了血泪控诉。

（四）散文。这时期，郭沫若的散文集《沸羹集》和《天地玄黄》以灵活多样的体裁，多方面反映了"在苦难中的人民的呼声"，这是国统区新的斗争生活的剪影。日记体裁的《苏联纪行》以叙事、抒情相结合的笔触，记载了作者访苏经过，反映了苏联的建设成就，也抒发了作者对苏联的赞美。茅盾的《苏联见闻录》和《杂谈苏联》二书以深刻的观察、细腻的文笔，真实地介绍了苏联的情况，对当时敌人的反苏反共宣传作了有力的回击。

作为最锋利的战斗武器的杂文，这期间也大量出现。当时重庆《新华日报》副刊，桂林以及后来在香港续出的期刊《野草》，香港《华商日报》（付）［副］刊（热风）都大量或专门登载杂文。夏衍的《边鼓集》、林默涵的《狮和龙》、何其芳的《星火集》、唐弢的《长短书》、朱自清的《标准与尺度》等杂文集，反映社会内容都十分广阔，在民主运动中，和政治讽刺诗相配合，起了很大的战斗作用。在艺术风格上，这些作家有的以明白晓畅见长，有的以尖锐泼辣著称，各有自己的特色。

结　语

中国现代文学史的课程，讲到这里算是结束了。从"五四"到中华人民共和国的建立，这其中整整经历过三十年。在过去这三十年内，"五四"以来的革命的新文艺，为中国革命立下了伟大功劳，它与革命日趋紧密（的）［地］联系着。鲁迅、瞿秋白等为求文艺更好地为革命服务，更好地与群众结合，曾作了不少探索，具有不可磨灭的功绩。1942年毛主席《在延安文艺座谈会上的讲话》发表，提出了文艺的工农兵方向，文艺工作者深入工农兵改造思想等一系列重要原则，在理论上和实践上根本解决了"为谁服务"和"为何为"的问题，指明了文艺为革命服务的途径，我国文艺从此进入新的历史阶段——学习和实践毛泽东文艺思想。然而在当时，除了文艺工作者主观条件外，在国统区还受到客观环境、条件的限制。新中国的成立，为文艺界深入学习和实践毛泽东文艺思想开创了空前有利的历史条件，从《讲话》发表到此时，已经历了较长时间，不少文艺工作者在新的生活实践和创作实践方面都有了一定的积累，这些使我国文艺开始了更新的发展。

革命形势发展促成革命性质的改变，我国经历了民主革命阶段，进入规模宏大的社会主义革命、社会主义建设时期。建国十余年来，我国人民在党领导下完成了土地改革，经过了抗美援朝，在三年经济恢复后开始执行第一个五年计划，贯彻了过渡时期的总路线，掀起了农业合作化高潮，取得了反右斗争的胜利，直到高举起总路线、"大跃进"、人民公社三面红旗。

新的时代向文艺提出新的任务，这就是建设新的社会主义文艺。社会主义文艺必须坚决贯彻工农兵方向，贯彻"百花齐放、百家争（明）［鸣］"的政策，［这］是我国社会主义文艺具体的道路。运用革命的现实主义和革命的浪漫主义相结合的艺术手法，为建设繁荣的社会主义文艺而奋斗。

《北京鲁迅博物馆藏中国近现代名人手札大系》第7、8卷周作人致各家函写作时间补正 *

朱晓江

    《北京鲁迅博物馆藏中国近现代名人手札大系》（以下简称《大系》）现已出版9卷，其中第7、8卷为周作人卷，收录周作人致钱玄同函147通、许寿裳函11通、江绍原函108通、许世瑛函10通、王士菁函18通、李召贻函5通、常维钧函2通，以及致鲁迅、周建人、方纪生函各1通，代孔德学校董事会致蓝少镗电文1通，共305通。全书编排以人为目，各家所收书信则以时间为序排列，每一函先影印手稿（如留有信封则并信封一起影印），再附释文，纲举目张，资料的可信度与使用便捷性都极高。笔者近来因为编纂《周作人年谱长编》，即颇受助益。唯在研读过程中，对部分函件的写作时间，略有疑问，又对《大系》未能考定写作时间之部分函件，参以周氏生平，试作考订，乃成此稿，提请学界同人批评。

* 朱晓江，杭州师范大学图书馆馆长，学术期刊社社长，编审。
　　北京鲁迅博物馆编，《北京鲁迅博物馆藏中国近现代名人手札大系》第7、8卷，高等教育出版社，2021年。

周作人致钱玄同函 14 通写作时间补正

◆ 第 29 函[1]

玄同兄：

你还有《新青年》六卷一号否？请给我一本。因为我的兄弟在本地一个师校当教员，该校新设一个书报社之流，要各人乐输；一个本家（乃是"宗大阮"）捐了一部《新潮》，我的兄弟认捐一部《新青年》。现在却缺了一本六卷一号，问诸群益，说卖完了。所以如你尚有，请补一本；不然请更向半边种田人一问。倘得得[2]请代寄"绍兴城内覆盆桥卅五号周建人"可也。

我们昨天到上海，定于明天正午坐了春日九出帆。到了东洋小□[3]的地方后再写信。

四月十七日　弟周作人

六卷二号已在此买了一卷，看过了。

此函《大系》标注写作时间为 1920 年 4 月 17 日，误，当为 1919 年 4 月 17 日。

周作人给钱玄同写这封信时，周建人尚在"本地一个师校当教员"。此处"本地"盖指绍兴，这从他请钱代寄《新青年》六卷一号到"绍

1　此处"第×函"系《大系》原排印序号，下同。

2　按，此处两个"得"字，手稿如此。

3　按，此处"□"亦手稿如此。

兴城内覆盆桥卅五号"的表述中，亦可得到印证。周氏举家于1919年底迁居北京八道湾，故此函必不可能写于1920年；[1]而《新青年》第六卷第一号1919年1月15日出版、第二号2月15日出版，故此函写作又不可能早于1919年，两相结合，其写作时间殆为1919年4月17日。

此外，函中提及"我们昨天到上海，定于明天正午坐了春日丸出帆"，事合周氏1919年4月携眷赴日行程。据周作人日记，周氏于1919年3月31日启程由北京回绍兴，4月15日携眷从绍兴出发，16日抵上海，17日"下午寄北京片、蒋君片、玄同函。至群益书局买《新青年》（六之二）一本"，18日"上午乘春日丸，下午一时出帆"，[2]由上海赴日本探亲，与函中所述各节皆相符合。

◆ **第30函**

○○○王（依新青年读法）兄（第一个字系违碍字样，依照《○的成年》办法谨避；第二三字亦属违碍，因强门邪说有［司］○［迁］○○主义也。）：

来信收到了。两条半即转去，现在的代庖者，并非某国人，亦非妆C妆F，乃系廿厶厶世为"女士"，至其真姓名则"ㄌㄞ"ㄉ一ㄠㄈㄨㄥ也。暑假中曷不（曷，何不也，曷不当为何不不矣，今乃仍作何不讲者，二不即算作一不，犹蔡蔡先生之只是一个"世"

---

1 周建人在《鲁迅故家的败落》之《别了，故乡！》一节中说："以后，我到县立第一女子师范（开始称明道女校，校址在万安桥）教书，又在成章女校（在南街塔山下）兼课，直到一九一九年暑假，因为准备搬家了，才辞了职。连同辛亥革命前，我教书共十三年半……"周建人口述，周晔编写，《鲁迅故家的败落》，湖南人民出版社，1984年，第2页。
2 《周作人日记（影印本）》中册，大象出版社，1996年，第23页。

也。）奋勇多做些文章与"一九二四年之王敬轩"辈开玩笑乎？企予望之矣！今日报载"吴考首男"的山丘偶语序，善夫，政府之通缉，真是干得不错！夫偶语的弃市于古有之，而该考首男公然为之序，其罪大矣，此已非偶语而为品语，诚为先王所必加驱除者已！

ㄆ乙 广一ㄢ 广一ㄅ拜 7/14

此函《大系》标注写作时间为 1920 年 7 月 14 日，误，当为 1924 年 7 月 14 日。

按，（1）此函用"问星处用笺"信纸，周氏 1924 年 7 月 5 日在《晨报副镌》发表《问星处的预言》一篇，[1] 而 1920 年尚未见有使用"问星处"者；（2）函中有"与'一九二四年之王敬轩'辈"语，直截提示 1924 年；（3）函中"今日报载'吴考首男'的山丘偶语序"，系指《晨报副镌》1924 年 7 月 14 日刊发吴稚晖《跋山丘偶语》一文。又，1924 年吴稚晖因编辑《直声周刊》，"言论中触犯时讳，当局认为谣言惑众，鼓动是非"，乃遭北京政府下令通缉，[2] 周氏函中"政府之通缉"一语应即指此。

---

1 周作人在《问星处的预言》（按，《晨报副镌》发表时作"豫言"）中说："我自己的豫言倒觉得还有点靠谱，将来想开设一个'问星处'，出而问世"，"壬戌夏间我曾豫言中国将实行取缔思想，以后又宣言思想界的趋势是倾向于复古的反动"（《晨报副镌》，1924 年 7 月 5 日第 4 版，署名朴念仁），是则"问星处"的开设与思想上的复古与反动关系紧密。1920 年周氏思想正在五四"蔷薇的梦"的激荡之中，其关注尚未及对于"取缔思想"一类言行的警惕。"壬戌"年乃 1922 年。周氏以"问星处笺"信纸所作函件，笔者目前仅见此一通。

2 参见 1924 年 6 月 2 日《晨报副镌》"杂录"栏《通缉吴稚晖问题各文件》转 5 月 17 日《顺天时报》刊发《卫戌司令致苏省长文》。

吳郡唐寅子男桃花庵學圃堂藏書

○○○王竟、

依薪晋年谨注

第一个字樣遵碍字樣依照○的成年分谨辟，

第二三字亦属遵得因强门邪说有○同遑○○主義也。

七月廿七。

…

"问星处用笺"（周氏自题）

7/14

◆ 第 135 函

夷咢兄：

今天下午在市场买到一部铅印连史的《金虏海陵王荒淫》两本，（实只三十六张）云系《京本通俗小说》第廿一卷，即缪荃孙所印七篇以外之一，以猥亵见遗者：不知老兄见之否？初疑为假，但亦不类。倘若是真，则可为中原最古之淫书也夫。知老兄亦有该项书物蒐集之嗜好，特以奉闻云尔。

四月十七晚，夷阱顿

此函《大系》标注写作时间为19××年4月17日，应为1925年4月17日。

周作人1925年4月17日日记："下午往燕大。在市场买《金虏海陵王荒淫》一部二册。"[1] 是则此函当即写于该日。

◆ 第 137 函

风云脚兄：

见国子监宣布有挑煤之忧，不知系何种火与痰乎？深望早占勿药，来复之日能赴"言缕同盟"之会也。忆拜二"大父庠"去上课，也不见尊脚，然则尊恙亦已有好几天也欤？

如月晦前一日，弟旺木免冠

1　《周作人日记（影印本）》中册，大象出版社，1996年，第438页。

此函《大系》标注写作时间为 19×× 年 2 月 27 日，应为 1925 年 2 月 27 日。

函末落款"旺木"，系从"喜旺木"笔名简化而来，[1] 此系列署名还有谐音的"王母"，有时亦简作"旺"，其使用，多在 1925 年一二月间。1925 年 3 月 15 日，周氏在《京报副刊》第 89 号发表《余名"疑今"》，此后署名即屡屡使用"疑今"及其同音字，如"已惊""怡京""异襟""易金""一擒"等等。据此，则本函大概率写于 1925 年。

"如月"是农历二月，"晦日"则系农历每个月的最后一天。唯此处周氏所用之"如月""晦日"，也有可能是从公历的意义上使用。查万年历，1925 年农历"如月晦前一日"是 3 月 22 日，而公历的"如月晦前一日"乃 2 月 27 日。函中提及周氏"拜二'大父庠'去上课"事，查周作人日记，则 3 月 22 日（周日）的前一个星期二是 3 月 17 日，这天周氏"上午师大告假"，并未去"大父庠"上课；而 2 月 27 日（周五）的前一个星期二乃 2 月 24 日，这天上午周氏日记有"往师大"的记录，[2] 结合周氏 1925 年 1—3 月笔名使用情况，是则函中所说"如月晦前一日"，应该是从公历的意义上使用的。

再查钱玄同日记，则钱氏 3 月份没有生病记录，而 2 月份从 22 日起即有咳嗽记录，如"回家又大风，遂致咳嗽"（2 月 22 日）、"咳嗽甚利〈厉〉害，精神委顿，心绪极乱，不能稍作事，时时偃床休息。夜半似觉身热"（2 月 23 日）、"昨晚不甚舒服，今日喉间作痒。师大告假。……午至金处诊视，他说气管炎，拿到四天的药来"（2 月 24 日）、

---

1 周氏 1925 年 1 月 26 日、28 日致钱玄同函即皆署名"喜旺木"（乃"西王母"谐音），其中 28 日函对"喜旺木"署名作注云："拉萨人，京寓内右四，沟沿。"
2 分见《周作人日记（影印本）》中册，大象出版社，1996 年，第 434、431 页。

"仍咳嗽。北大、女师大均请假"（2月25日）、"因咳嗽，故清宫未去"
（2月26日），至2月27日，即公历的"如月晦前一日"，钱玄同又"北
大假"，[1]与周氏函中"见国子监宣布有挑煤之忧，不知系何种火与痰
乎""忆拜二'大父庠'去上课，也不见尊脚"诸语相符。

综合以上种种，此函当写于1925年2月27日。

◆ 第 138 函

玄同兄：十二、三日的信已收到了。（但十二日的信，比十三日的迟到
半天。）今先答十二日的信如下：

1. 我所说嘞哳的书，的确就是你在嘟啘嗄嘈馆所买的那
一本。

2. retroflex 这一个字查嘆劣字典，云"翻转的"，又查嘆嘆字典，
云"向背后翻上的"，多用在博物学术语上；在言语学不知何义。

3.《嘞啭哞》系七卷三、四号，特此声明。

按，此函似系便签，无落款与时间。《大系》写作时间失考，从
信中内容推断，当在1920年八九月间，而以9月14或15日可能性为大。

查周氏1920年8月25日致钱玄同函，有"所说嘚晌的《嗁暗哼
哄》的第XVI条说明"、8月28日致钱玄同函又有"内中说起嘹嘶氏《嗖

1　分见杨天石主编，《钱玄同日记（整理本）》中，北京大学出版社，2014年，第
620—623页。

嗑哱典》中ㄥ一类的字"等内容，[1] 其中提到的"哱同""嘹嘶"与本函
所说的"嚓咝"，当指同一人，其用字喜加"口"字的习惯亦同，由此
推定本函亦写于 1920 年，但未能确定是在 8 月 25、28 日之前或之后，
故只能笼统说在八九月间。

又查钱玄同日记，其 1920 年 9 月 13 日有"得缪金源来信，问《国
音字典》事，复之"、9 月 18 日"至 D 口，赵元任、汪一庵、黎均荃
会商国音发音事"、9 月 20 日"修改《国音字典附录》"、9 月 21 日"写
信给黎邵西。报告国音不增丨，ㄨ，ㄩ，ㄦ，四音事"等记载，[2] 频繁
讨论国音发音问题，与函中谈及琼斯书的语境相合。据此，则本函很
大可能写于 9 月。周氏所得为钱玄同 12、13 日两函，按当时邮寄时间，
以 14 日复函可能性为大，但并不能排除 15 日作复的可能。

《新青年》第七卷第三号 1920 年 2 月 1 日出刊、第四号 3 月 1
日出刊，此亦可作为本函写于 1920 年的旁证之一。

◆ 第 139 函

逸谷兄：

某书今送上。以愚见测之，似真宋人笔也，惜不能见其原刻
模样耳。其中有触（？）器，缅铃等五六种名称，可见此等名古
已有之，不始于《金瓶梅》也。全书以定哥事件为中心，描写得
颇佳，大有王婆说风情之概，（自然没有《水浒》那么好，）其

---

1 分见北京鲁迅博物馆编，《北京鲁迅博物馆藏中国近现代名人手札大系》第 7 卷，高
等教育出版社，2021 年，第 93、101 页。
2 杨天石主编，《钱玄同日记（整理本）》上，北京大学出版社，2014 年，第 364—366 页。

余前后则系杂凑而成，没有什么意思了。其中颇有些猥亵的谚语，据跋者郎园（谁欤？此二字似曾见过。）云今尚有之，而敝人则未之前闻也。来书中"羊肉云云"二语此中亦有之，出于迪辇阿不口中（六叶下），如此巧合，亦奇也哉！

四月十九灯下，嚏境白。

此函《大系》标注写作时间为 19××年 4 月 19 日，当为 1925 年 4 月 19 日。

这一封，当与第 135 函连起来读，"某书"即指《金虏海陵王荒淫》。周氏 17 日购得是书后，于本日将此书随函借予钱玄同。钱玄同 4 月 20 日日记辄云："向启明借得《金主海陵王荒淫》，系《京本通俗小说》第廿一卷。缪筱珊嫌其淫而未刻，而叶德辉乃取而排印，除淫之一部分外，均与《金史》本纪及后妃传同，颇可疑。"[1] 周氏函中提到的"郎园"，即是叶德辉的别号。

◆ 第 140 函

B. Kalgren：（中缺）ogy and Ancient China（中缺）Bargain Price 3.30

　　案，据丸善株式会社廉价书目，开有高老爷印本汉著书一种，原价五五，减售三三，相应奉闻，请烦查照。惟查该书系言语学与古代支那，大抵从文字上考察敝中国者，或难免有从肉从打为股之类妙语耳。此致

1　杨天石主编，《钱玄同日记（整理本）》中，北京大学出版社，2014 年，第 634 页。

立因主任砚兄

药真启　五月十三日

此函《大系》标注写作时间为19××年5月13日，当为1933年5月13日。

函末署名药真，并加钤"药真"印章。查周作人日记，其于1933年5月10日得同古堂所刻"泽明""药真"印章二方，13日发信栏又有发顾随、沈启无、钱玄同函记录，[1] 据此推定该函写于1933年5月13日。

◆ 第 141 函

竞斋"道长"：

尊手涂药不知如何？闻北大未曾入闱，岂尊手又裹乎？（将手比某矣，殊失礼也已）殊为念念也，甚盼不因捧世祖而更坏耳。顷得王高小主任公文一角，知A.C.之争斗又起，不佞忝为董事之一，但殊不愿再为白利安或李顿矣，决心敬谢不敏，准备挂冠，闻该主任已哭诉于马四公，故预料人"际"抗议即将开始也。大雨滔天，敝斋苦矣，而蒲桃架前之尊斋则何如，得弗也有漏卮（此字疑衍）之虑也乎？匆匆。

七月二十四日，知堂。

1　1934年5月13日发信记录为胡适，1938年5月13日发信记录为顾随。

此函《大系》标注写作时间为19××年7月24日，当为1932年7月24日。

查钱玄同日记，其1932年7月14日起即患手疾，至25日才"渐向瘥矣"。周氏21日送钱"捧福临"药膏，钱氏"晚涂之，甚粘甚胀，不能安眠，明日拟不用也"，周氏函中起首云"尊手涂药不知如何"，又云"甚盼不因捧世祖而更坏耳"，皆由赠"捧福临"药膏而来，"福临"庙号"世祖"，故曰"捧世祖"也。"董事"指孔德学校董事，A. C. 之争则乃杨慧修（晦）与王淑周之争，钱玄同1932年7月24日日记云："午后杨慧修来诉王淑周事，无聊之至，干我屁事！"[1]周氏这天日记也有得王淑周函之记录，与信中"顷得王高小主任公文一角"一语相合。

◆ **第 142 函**

玄同兄：

示悉。敝人诚有为"魔"校教谕之事，因为以此代笔耕或者较为上算也，唯主任乃有名而无实，该校系量经费而请教员，前闻请教员之钱已满额，故陈君之事恐难想法矣。日前接小毛公函，云厦门集美中等师范部拟请一国文教员，每周十六时，月薪八十，膳宿校供，嘱敝人为之代找，敝人因无相当之人故当未答之。陈君如拟出京，似可去一试；但来书云在师研听讲则当然难以前去耳。（陈君以外，有适当的人否，请一思考之！）

八月二日 ㄕ·ㄛ ㄏ一·ㄥ 15.

1　杨天石主编，《钱玄同日记（整理本）》中，北京大学出版社，2014年，第870—871页。

此函《大系》标注写作时间为 19××年 8 月 2 日，当为 1922 年 8 月 2 日。

函末署名"ㄗ·ㄜ ㄏㄧ·ㄥ"，当为"作人"之注音字母。查周作人日记，其于 1919—1925 年间，在著录人名时，常用注音字母，1926 年起即减少使用频次。又查《大系》收录周作人致钱玄同诸函，其以注音字母署名者，辄集中在 1920—1921 年间，1924 年 7 月 14 日致钱玄同函，还以注音字母署名，故从署名习惯可以推断，此函当写于 1919—1925 年间。在此期间，周氏唯于 1922 年 3 月 4 日经胡适中介决定出任燕京大学国文系主任，其当日日记云："上午至适之处同燕京大学司徒尔、刘廷芳二君相会，说定下学年任国文系主任事。……下午适之来，晚伏园来。"[1] 胡适当日日记亦云："十时半，燕京大学校长司徒雷登与刘廷芳来，启明来。燕京大学想改良国文部，去年他们想请我去，我没有去，推荐周启明去。（启明在北大，用违所长，很可惜的，故我想他出去独当一面。）启明答应了，但不久他就病倒了。此事搁置了一年，今年他们又申前议，今天我替他们介绍。他们谈的很满意。"[2] 周氏后于是年 6 月到燕京大学任事，其 6 月 2 日日记云："下午往燕京大学，同博、刘、陈诸君谈，六时返。"次日日记又云："上午往燕京大学与学生相见，午返。"[3] 或即于该日正式出任燕大国文系主任。本函写于 8 月 2 日，正此后不久之事。又查周作人 1922 年 8 月 2 日日记，有"得玄同函，寄覆"记录，[4] 以此推定该函写于 1922 年 8 月 2 日。

1 　《周作人日记（影印本）》中册，大象出版社，1996 年，第 230 页。

2 　曹伯言整理，《胡适日记全集》第 3 册，联经出版公司，2004 年，第 449 页。

3 　《周作人日记（影印本）》中册，大象出版社，1996 年，第 241 页。

4 　《周作人日记（影印本）》中册，大象出版社，1996 年，第 251 页。

◆ 第 143 函

东真道兄:

　　捧诵朵云，如见叔度。与齐泰董宋公赋一律，读竟不禁五体投地，道兄芸窗课艺真是已到炉火纯青之候，假如阳阳之变不起，科举不遂溘然，道兄岂止由终覆而青其一衿哉，必可干青云而直上，木天之中佔一席无疑也矣。但赋得阳翰及萧梗觉之诗则洛诵久之殊未能犁然有当于心，盖由余来有也晚之悲，不知二公之本事，则自不免有隔皮鞋而搔痒"之感焉"耳。不佞近来于读了颜氏学记之后又觅取郝兰皋农部著作读之，亦觉欣然有会，其经学大作除尔疋山海经各注外均未敢仰攀，现所看者只其"杂览"之作而已，此公盖亦系北方之学者之佼佼者，殊有贾齐民之风，不佞颇喜此派之切实也。闻版舆迎养使（正、副）二员已驰驷南下，然则道兄想正忙于求田（二字衍）问舍也欤。匆匆。

　　　　　　　　　　　　　　　　六月廿三夜，药真

　　此函《大系》标注写作时间为 19××年 6 月 23 日，当为 1933 年 6 月 23 日。

　　周作人初读《颜氏学记》，是在 1933 年 6 月，其 6 月 10 日日记云："上午……至来薰阁取《颜氏学记》一部来，午返。"[1] 6 月 12 日致江绍原函则云："偶得《颜氏学记》读之（戴望述，赵之谦刻，刘遗老［承幹］新印），觉得颜公（元）意见甚多可喜，其重事功而

1　《周作人日记（影印本）》下册，大象出版社，1996 年，第 439 页。

轻诵读固是，若反对宋学与时文乃尤是也。"[1]6 月 13 日致曹聚仁函又云："近来写不出文章，此刻在翻译一部希腊神话，闲时又翻阅戴子高的《颜氏学记》，对于颜习斋的有些话觉得很有兴趣，特别是'宋儒为圣学之时文'一语，然而实在还是做的章句工作，亦自觉得矛盾可笑也。"[2]6 月 17 日日记："上午……遣人往修绠堂取龙溪精舍本《齐民要术》，乃校本也。"至 6 月 22 日日记则有"启无来，携来《证俗文》《梅叟闲评》各一部，皆文奎堂物也，旋去"[3]之记载，按《证俗文》正郝懿行（1757—1825，字恂九，号兰皋，山东栖霞人）之著作，与函中"不佞近来于读了颜氏学记之后又觅取郝兰皋农部著作读之""此公盖亦系北方之学者之佼佼者，殊有贾齐民之风"之说相合。又，周作人 1933 年 6 月 24 日有发钱玄同函记录，与本函标署写作时间"六月廿三夜"恰相符合。[4]"药真"署名见第 140 函考证。

◆ 第 144 函

玄同兄：

今天你所带来的《太平洋》，其中虽有某勋爵之文，但并非该办小说而为通俗小说。我想看的那一篇，其中多引用该办文句，并非全是议论，或者在第十一期中。你没有这一册么？如有，请

---

1 北京鲁迅博物馆编，《北京鲁迅博物馆藏中国近现代名人手札大系》第 8 卷，高等教育出版社，2021 年，第 267 页。

2 刊于曹聚仁编《上海报·文艺周刊》第 2 期（1936 年 1 月 11 日），为《知堂四信》之三。

3 分见《周作人日记（影印本）》下册，大象出版社，1996 年，第 443、445 页。

4 《周作人日记（影印本）》下册，大象出版社，1996 年，第 446 页。

于磕头一带来为"扶渠"。

十一月十三日，作人于成均。

此函《大系》标注写作时间为 19××年 11 月 13 日，疑为 1919
年 11 月 13 日。

"某勋爵"指刘半农。《太平洋》第一卷第十号刊发刘氏《通俗
小说之积极教训与消极教训》及所译欧亨利小说《最后之一叶》二篇，
1918 年 7 月 15 日出版；第一卷第十一号又刊刘氏《中国之下等小说》
《哲学家》二篇，1919 年 4 月 15 日出版。《太平洋》第二卷第一号
1919 年 11 月 5 日发行，至第四卷每卷都只刊行十期，而其第二卷第
十号出刊时间已在 1921 年 3 月。周氏函中所说《太平洋》未加卷数，
又有"第十一期"之说，其写作时间当去第一卷第十一期不远，以此
推断为 1919 年。"成均"指北京大学，周氏 1919 年 11 月 13 日日记恰
有"上午往校"的记载。[1]

◆ 第 145 函

是古兄：

有人托我代找师大入学考试的理科题目，可否请你往校时代
向注册课（或别的该管机关）索取今年秋天诗题中之关于科学的
一部分，如有原题纸固佳，或曾登过师大周刊，则即周刊亦可也。
专此奉托，花费爱亲觉罗的上帝，让我后来见面时打扦。

十一月廿一晚，难道亮吗

1　《周作人日记（影印本）》中册，大象出版社，1996 年，第 61 页。

此函《大系》标注写作时间为 19×× 年 11 月 21 日，疑为 1925 年 11 月 21 日。

周作人 1926 年 1 月 7 日作《笔名》一篇，其中云："我的笔名真太多了，现在不必一一列举，这个何曾亮即是其一。……这三个字乃是译语，原文是古文，即是'岂明'。"[1] 本函署名"难道亮吗"，与"何曾亮"一样，皆在"岂明"系列范围内。"岂明"与"启明"同音，但寓意则在强调"不曾亮"，即黑暗之意，其最早使用，是在 1925 年 9 月 13 日为"一·乂"《"小"五哥的故事》一文（1925 年 11 月 16 日刊《语丝》第 53 期）所写的编后语中。"难道亮吗"与"何曾亮"既由"岂明"翻译而来，其使用当不会早于"岂明"。[2] 又，周氏 1925 年 12 月 31 日在《京报副刊》第 373 号发表《半席话甲》（含《保存国立编译馆》《女师大维持会的用意》两则）时首次署名"何曾亮"，1926 年 1 月 10 日在《京报副刊》第 380 号发表《半席话丁》（内《国魂之学匪观》《笔名》两则）后，乃不再使用此笔名。"难道亮吗"的使用也当在此期间，故疑写于 1925 年 11 月 21 日。

◆ 第 146 函

宜锢先生有道：侧闻先生将与兀老先生丁凵·凵博士发行"邦言复桀"，仰见提唱车浆之至意，无任钦佩。敝人向以卫道为职志，敬表赞同，特将窗稿一篇呈政，聊表献曝之微忱云尔。是否有当，

---

1 何曾亮，《半席话丁》，《京报副刊》，1926 年第 380 号。
2 若从私人通信言，则其在 1925 年 6 月 16 日致钱玄同函中首次使用"岂明"。

伏乞圣鉴施行。敬请

"脑健"！

洋狗溥浴日，弟宜禁搁上。

此函《大系》标注写作时间为19××年××月××日，当作于1925年4月26日—5月3日间。

"邦言复椠"疑即《国语周刊》，系《京报》附属的第7种周刊，钱玄同、黎劭西主编，1925年6月14日出第一期，刊周氏《古文之末路》一篇。

此刊之动议创办是在1925年4月26日，5月3日议决。钱玄同4月26日日记云："下午偕劭西同至公园，劭西说章行严做了总长竟来干涉国语矣。他说：《中学国语读本》（颉刚所选者）狗屁不通，中学万不可用白话。至于小学，反正够不上，说什么且不论，又注音字母也不成个东西云云。他们既如此，我们索性来干他一下子，鼓吹汉字革命，主张将《古文辞类纂》扔下毛厕。拟俟伏园回京与之商酌，在《京报》出一《国语半月刊》。"5月3日日记辄云："今日下午研究所国学门开恳亲会于三贝子花园，我去。……今日会中提议出《国学周刊》一种，举出几个筹备员，我亦在内。会毕，偕伏园、启明同至启明家中。晚九时正拟归舍，忽觉人不舒服……即宿周宅。"[1]周氏函中有"侧闻"一词，则此函当作于4月26日—5月3日之间，唯不知"洋狗溥浴日"系何日，否则当可判定矣。

关于章士钊的反对白话文，周氏1925年5月4日在《京报副刊》

---

1 杨天石主编，《钱玄同日记（整理本）》中，北京大学出版社，2014年，第635、636页。

237

第 138 号发表的《论章教长之举措》一文中，也有论及："……五，禁止白话。这个，我不晓得怎么禁止法，所以没有什么可以批评。好在此刻也只是报上传述，或者是谣言，总之在它正式发表以前。我想，秋桐先生未必会这样笨，来干这个无意思的愚事，虽然我不能保证……秋桐先生一定明白古文也可以做浮书，白话也可以注《圣谕广训》，文章与思想原是两件事。秋桐先生大约不至于想取缔思想。倘若想取缔，那可以说是乖谬。倘若更想取缔文章，那么这真是乖谬而至于滑稽了。"此文署名即为"宜禁"，与本函同，亦可证其写作时间之接近。[1]

◆ 第 147 函

> 敬求
> "田香圃"先生吉便袖交
> 恕不投邮
>
> 爱莲堂周缄　七月半

此系一张便函，《大系》标注写作时间为 19×× 年 ×× 月 ×× 日，疑作于 1925 年 7 月 15 日。

周氏 1925 年 7 月 19 日函称钱为"香圃兄"，笔迹则与 1925 年 7 月 12 日致钱玄同的明信片近似，故其写于 1925 年之可能性极大。[2]

函中标署的"七月半"，若按农历算，则应为 1925 年 9 月 2 日，

1　"宜禁"亦属"疑今"系列笔名，其使用从 1925 年 3 月 15 日起，见本文第 137 函考释。
2　7 月 19 日、12 日两函分见北京鲁迅博物馆编，《北京鲁迅博物馆藏中国近现代名人手札大系》第 7 卷，高等教育出版社，2021 年，第 270、266 页。

POSTKARTE. POST CARD. CARTE P

片信明

Mr. Tobe Circle
Peking-man

PEKING

1925 年 7 月 19 日致钱玄同函（在该函中，周氏称钱为"香圃兄"，其 1925 年 7 月 12 日致钱玄同明信片笔迹，则与本函近似）。

唯此日周氏日记云："上午作小文。下午四时半至东车站送内野君回东京，又往土肥原君处与大内、江藤二君商议同文书院事，晚八时回。收东亚公司书一本。"并无与钱玄同面谈之记录。此处"七月半"若指阳历 7 月 15 日，则此日"下午玄同来谈，晚十时去"，[1] 而这天中午，周氏恰也有函致钱玄同，云："……广东钟君寄来一二篇小文，内有一篇似于《语丝》不大适宜，因其稍偏于专门（方言方面），今寄上，不知《·业·上有什么用否？近日'诗思不在家'，什么都做不出，而夕弓样又来说'屉无储稿'，大有非吃刘子庚之鞭以种种不可之势矣！！！！！！"[2] 当然，若仅从第 147 函，则我们其实并不清楚周氏请钱玄同"袖交"的究竟是他给钱本人的信，还是别有受信人，唯据常理，以给受件人本人之可能性为大，盖信函本身是比较私密的物件，除非有特别的机缘，一般总不通过第三人转交也。故周氏当天有致钱玄同函的信息，对于本函写作时间之考订，仍是一条重要的材料，且中午写就的信，下午钱玄同来访，恰好"袖交"，"恕不投邮"了。[3]

此外，这通便函还值得注意的，是其自署"爱莲堂"，为笔者迄今所仅见。周氏家族追溯宋朝周敦颐为始祖，所谓"爱莲堂"，显见是从周敦颐《爱莲说》一文化出。1946 年，周氏在南京狱中曾写《数典诗》六首，其第五首云："清逸先生百世师，通书读过愧无知。年来翻遍濂溪集，只记篷窗夜雨诗。"也是咏写周敦颐的。

1　分见《周作人日记（影印本）》中册，大象出版社，1996 年，第 455、449 页。

2　北京鲁迅博物馆编，《北京鲁迅博物馆藏中国近现代名人手札大系》第 7 卷，高等教育出版社，2021 年，第 268 页。

3　又查周氏日记，1926—1938 年间，除 1927、1928、1931、1935、1936、1937 年日记缺失无法查考外，仅 1926 年 8 月 22 日（农历七月十五）、1938 年 7 月 15 日有钱玄同到访记录，而这两天日记又都没有致钱玄同函记录。

敬求

田香圃"先生吉便袖交

恕不投邮

愛蓮堂周緘 七月半

便笺（自署"爱莲堂"）

周作人致许寿裳函 8 通写作时间补正

◆ **第1函**

季黻兄：

　　在北平匆匆未得细说为怅。弟等于十一日由塘沽出发，十五日到神户，即晚抵东京，现寓本乡，大约一个月中当能不迁移也。东京一切都大改变，本乡一带尚留若干旧观，又因系旧游之地，故对之别有兴趣。近一星期天气忽凉，几乎须穿夹衣，今日已晴，恐又即大热矣。孙席珍君系绍兴同康（ドンカン）人，苦学独修，颇能有所得，在女院英文国文系任课三数小时，下学年希望维持，若能少少增加尤所切盼，弟因未知目下此两部主任系何人，未能函达，故以奉烦，乞鼎力赐以扶助，至感至感。匆匆不尽。

　　日内孙君或去奉访，亦未可知。

弟作人启　七月十九日

　　此函《大系》标注写作时间为 1919 年 7 月 19 日，误，当为 1934 年 7 月 19 日。

　　周氏 1919 与 1934 年都曾往日本，其中 1919 年出行是在 4 月，其行程详见本文周氏致钱玄同第 29 函考释。后因五四运动爆发，周氏中断访日，于 5 月 12 日启程返国，7 月 2 日又由塘沽乘"山东丸"赴日，继续未竟之行程，7 月 7 日抵日向新村，7 月 13 日抵大阪，14 日抵京都，16 日抵东京。此行程与函中"弟等于十一日由塘沽出发，十五日到神户，即晚抵东京，现寓本乡，大约一个月中当能不迁移也"所说不符；

而考 1934 年访日行程，则皆合拍。

周氏 1934 年 7 月 11 日日记："上午三时起，五.四五东站出发，与信子往东京。丰一、丰三同行至塘沽，桂太郎、绍原夫妇、席珍夫妇赠食物，废名、俊瑜诸君来送。十时半上船，一时半出帆，丰一、三乘二.四五火车回家。"日记中提到的"席珍夫妇"即孙席珍夫妇。按，孙席珍（1906—1984），浙江绍兴人，1922 年入北京大学哲学系学习，是北方"左联"的代表作家之一，周氏此函即为其谋事而作。1934 年 5 月，丁文江出任中央研究院总干事，因其出任此职的条件之一是须随带一名自己熟悉的工作人员做助手，故许寿裳辞任中央研究院文书处主任职务，并于当年 6 月出任北平大学女子文理学院院长，周作人为孙席珍谋求的，正是"在女院英文国文系任课三数小时，下学年希望维持，若能少少增加尤所切盼"，算是找对人了。

又 7 月 15 日日记云："上午七时至神户，在蓬莱舍稍息。……十二时半发，下午九时廿分到东京，程衡君来接至神田芳千阁旅馆暂住。"16 日日记："上午程君来，日华学会高桥君来访，警视所外事课森君来访。同程君往菊富士ホテル看房……即移住本乡菊坂八二菊富士ホテル。程君谈至晚八时半去。"[1] 行程、住宿诸节，与函中所述皆相符合。

◆ **第 5 函**

季茀兄：

1　分见《周作人日记（影印本）》下册，大象出版社，1996 年，第 646—647 页。

久未通候，惟起居佳胜为慰。弟现专任北大功课，尚不忙碌，但因于尘劳亦未能多读书作文，春间偶在一校讲演，经学生记录刊出，兹以一册奉寄，乞赐教正。又有一事奉托，有郑生（德音）系兄长女师大时学生，章士钊时被除名，由尔时国民政府派往俄国留学，今年夏间在曲阜第二师范教书，因嫌疑被捕未释，有不满一龄小儿在家，自己又患病，寄信请求设法，唯弟在平别无可托者，因此可否乞兄费神对蔡公一说，如能为一援手，感同身受。其寄旧同学一笺附上请阅。郑女士近改名詠涛，去函电时说在曲阜第二师范被捕之郑詠涛，当可知道，不过韩主席恐在前线，去电有无用处亦未可知，而此外又别无善法，如何乞尊裁，并祈示覆以便转知，至幸。匆匆不尽，敬颂

近安

弟作人启　九月廿五日

此函《大系》标注写作时间为 1933 年 9 月 25 日，误，当为 1932 年 9 月 25 日。

函中提及"春间偶在一校讲演，经学生记录刊出，兹以一册奉寄，乞赐教正"，系指《中国新文学的源流》而言。周氏 1932 年 2 月 25 日起应沈兼士邀请，往辅仁大学讲演《中国新文学的源流》，至 4 月 28 日讲完 8 次，由邓广铭（恭三）记录，经周氏校订后，于 1932 年 9 月由北平人文书店印行。周氏 1932 年 9 月 10 日日记云："晚得尤君寄刊成讲稿《新文学的源流》二册。"9 月 13 日日记又云："下午得尤

君送来讲演录三十册，即寄与废名、觉之各一册，适之一册。"[1]此函写于9月25日，正《中国新文学的源流》印成不久，故周"以一册奉寄"。又，周氏日记1932年9月25日发信栏有发"季茀快信"记录，而1933年9月25日则无发许寿裳函信息。

◆ 第6函

季黻兄：

手示敬悉。承示济南复电，郑生一时似无出来的希望，而追溯既往，实是政府派其留学，今昔之感如何可言。此事承兄及蔡先生应力，至感，蔡先生处并请便中为代达谢意。寒意渐深，诸希珍重。

作人白，十月廿六日

再，讲演殊草草，承过奖不胜惶愧。有沈君启无系燕京大学旧生，专治明清文，现在北大代弟担任国文系"近代散文"功课，编有散文抄一书，上卷已印出，日内当寄呈一册，以供茶余之翻阅耳。匆匆。作人再白，廿六日。

此函《大系》标注写作时间为1933年10月26日，误，当为1932年10月26日。

周氏于第5函请许寿裳、蔡元培营救郑德音，许、蔡努力未果，

1　分见《周作人日记（影印本）》下册，大象出版社，1996年，第301、303页。

由许复函周氏，周氏乃再作此谢函。两函同属一事，前后连贯，可互为佐证。

在本函附言中，周氏说"讲演殊草草，承过奖不胜惶愧"，此仍指《中国新文学的源流》言。又提及沈启无编《近代散文抄》上册，是书于 1932 年 9 月由北平人文书店印行，周氏 1932 年 10 月 3 日日记云："下午启无来，以《近代散文抄》上卷一册见赠"，[1] 与附言中说沈"编有散文抄一书，上卷已印出"诸语相合。此外周氏 1933 年 10 月 26 日仍无发许寿裳函信息，而 1932 年 10 月 26 日发信栏则有"季茀"记录。凡此种种，皆可证明第 5、6 两函之作于 1932 年也。

◆ **第 7 函**

季茀兄：

廿一日下午约士远兼士幼渔玄同四五老朋友来谈闲天，晚上就吃乡下厨子做的便饭，乞兄参加，并不是吃饭，乃只是为谈天计而稍具茶饭耳。如天气尚早拟令家中小孩为照一相，故下午希望早来，但冬天天短，不知大家能来得及否也。随笔讬杨君转呈，想已蒙察收，错字太多，盖令文章减色矣，一笑。顺颂

近安

作人启　十九日

此函《大系》标注写作时间为 19×× 年 ×× 月 19 日，当为

1　《周作人日记（影印本）》下册，大象出版社，1996 年，第 313 页。

1935 年 11 月 19 日。

钱玄同 1935 年 11 月 21 日日记："下午三时至启明家，因彼约今日晚赏沈老大吃饭也。同座有沈三、许、马二及杨永芳诸人。"[1] 其事与周氏邀请函相合。函中说"随笔讬杨君转呈，想已蒙察收，错字太多，盖令文章减色矣"，"随笔"当指《苦茶随笔》，其于 1935 年 10 月由上海北新书局印行。

◆ **第 8 函**

季茀兄：

武汉大学方面已讬人往问情形，据文学院秘书石君（亦北大出身）覆函，似无甚希望也。兹将冯君来信附呈，乞察阅。成都如有回信当再奉告。匆匆顺颂

近安

弟作人启　三月五日

此函《大系》标注写作时间为 19×× 年 3 月 5 日，疑为 1934 年 3 月 5 日。

这封信，笔者目前所能提供的信息主要有以下两点：一是其所用信笺系采用十竹斋蠡湖风景图案，与 1934 年 10 月 6 日致江绍原函、1934 年 6 月 6 日致李召贻函所用信笺，属同一系列，据此乃疑本函亦写于 1934 年；二是 1934 年 3 月的许寿裳或正处于辞任中央研究院文

1　杨天石主编，《钱玄同日记（整理本）》下，北京大学出版社，2014 年，第 1156 页。

书处主任职而另寻工作的困境中。丁文江的出任中央研究院总干事职务虽然是在 1934 年 5 月，当 1933 年 6 月杨杏佛遇害以后，蔡元培即属意丁文江继任此职。在此过程中，"丁文江先后开列过三个具体的条件：……第二条是自己须随带一名办事人员，协助处理日常事务，此事则涉及中研院人事上的调整。……蔡元培不得不同意许寿裳（季茀）辞去中研院文书处主任一职"。[1] 许寿裳 1934 年 4 月 30 日致蔡元培函云："在君先生所拟院中紧缩计画，裳甚能谅解，故虽离职而去，深望其施行无阻，早日成功。……裳辞职后服务之地，蒙殷殷垂询，多方批示，中心感激，至于涕零。"[2] 然而许的辞任决定可能早在 2 月份就已经明朗了，盖体味文意，周氏此函或正是帮助许寿裳找寻"辞职后服务之地"的；而事实上，许寿裳后来出任北平大学女子文理学院院长，周氏也有助力。蔡元培 1934 年 6 月 6 日日记云："得岂明、幼渔电，属电告徐轶游，以季茀任女学院院长。"6 月 7 日日记又云："致徐轶游函，说季茀事。"[3] 周氏 1925 年以后对蔡元培的评价一度很低，1933 年 9 月为营救郑德音，亦是通过许寿裳而"乞兄费神对蔡公一说"，不肯直接给蔡写信；但为许本人的工作，则毕竟是与马幼渔联名，直接致电蔡元培了。如此，则假如本函确写于 1934 年，那么，在这年的 2—6 月间，周氏对于许寿裳的工作，可以说是一直关心并有所行动的。

1 欧阳哲生主编，《丁文江文集·前言》，湖南教育出版社，2008 年，第 94—95 页。

2 绍兴鲁迅纪念馆编注，《许寿裳书信选集》，浙江文艺出版社，1999 年，第 49 页。

3 中国蔡元培研究会编，《蔡元培全集》第 16 卷，浙江教育出版社，1998 年，第 336 页。

◆ 第 9 函

季黻兄：

承问数事，今略述于后：

（A）变形式等英文为（1）Transformation，（2）Renewal of life，（3）Beast-marriage，（4）Theft of women，（5）Cannibalism，（6）Clever youngest brother（or sister）。或字母原系 Cycle（of transformation. etc）字，但似乎不如译系字略妥也。

（B）闻有黄洁如女士译童话集（崇文书局出版）中有グリム童话，[1] 又赵景深译グリム童话集（崇文书局近刊）似均尚可，又赵景深译アンデルセン童话，[2] 散见妇女杂志少年等誌上，拟收集由书局出板。中国的童话虽有编述者，似很少惬意者。

（C）游戏歌

（1）拉大锯，扯大锯，锯木头，盖房子。姥姥家，娶娘子，搭大棚，唱大戏，接姑娘，请女婿，小外甥，你也去。见义大利人 Guido Vitale（原有汉文）编《北京歌谣》（*Pekinese Rhymes* 1896）中，系母戏（Mother-play）之一。

（2）墩，墩，墩老米。开了锅，煮老米；你不吃，我喂你。见（美国）何德兰（I. T. Headland）编《孺子歌图》（原名）（*Chinese Mother Goose Rhymes* 1900）中，系儿戏（Child-play）之一。

（3）希拉华拉跳（？）锁来。什么锁？金刚打的黄花锁。什

---

1 按，即格林童话。
2 按，即安徒生童话。

么开？条帚疙瘩钥匙开。开不开，铁棍打。打不开，石头抗。抗不开，希拉华拉关城来。亦见《孺子歌图》中，观所插图，小孩掺著手排立，两人举手略高，一人俯首将钻过去，大约歌了将手放下不准过来。跳义未详，英文译作 buy 似未妥。

五月三十一日　弟作人

此函《大系》标注写作时间为 19×× 年 5 月 31 日，疑为 1922 年 5 月 31 日。

这一封，所用信笺与周氏 1922 年 2 月 15 日、5 月 17 日，1923 年 1 月 1 日致钱玄同函同，推测其写作时间亦当在此前后。查周作人日记，其 1922 年 5 月 30 日有"得季茀函"[1] 记录；而 1921 年 5 月 31 日周氏因肋膜炎从山本医院出院，6 月 1 日在家，6 月 2 日即往西山碧云寺疗养，其间并无与许寿裳通信之记录，1923 年 5 月 31 日前后亦无与许通信记录。据此，则此函极有可能写于 1922 年，盖系对许氏 5 月 30 日函之回复也。

◆ 第 10 函

季茀兄：

前从丸善买到瑞士人 Charles Baudouin 的一本书（英译），名 *The Mind of the Child*，英国 George Allen 出板，价十先令，近日因小受风寒，取出一读，觉得颇有趣味，如用心理分析法说儿

1　《周作人日记（影印本）》上册，大象出版社，1996 年，第 341 页。

童所受到的出产断乳等等影响。此书 兄已得到否？聊以奉闻，匆匆顺颂

台安

十二月十七日灯下，作人白。

此函《大系》标注写作时间为19××年12月17日，当为1934年12月17日。

据周作人日记，周氏购买 *The Mind of the Child* 一书是在1933年5月27日。查1933年12月17日前后日记，无与许寿裳通信消息。又查1934年12月18日日记，辄有发许寿裳函记录。本函写于"十二月十七日灯下"，18日寄发，恰好。又，周氏1934年12月11日日记"上午因不适，北大告假"，12月12日日记"上午北大续假一天"，至13日"上午北大仍告假"，[1] 与函中"近日因小受风寒"一语相合。

◆ 第11函

季茀兄：

今拟在本月三日（星期四）中午十二时邀集紫佩矛尘二君在香积园（西安门大街西头路南）小饮，请 兄届时光降，因弟亦有事欲与紫佩一商也。香积园系素菜，但比六味园功德林似均稍好。专此顺颂

近安

弟作人启 十二月一日

---

1 《周作人日记（影印本）》下册，大象出版社，1996年，第721—722页。

此函《大系》标注写作时间为 19×× 年 12 月 1 日，当为 1936 年 12 月 1 日。

此函信笺右侧有蓝印"苦茶庵"字样，周氏自署"苦茶庵"，当是 1930 年代事，其 1931 年 9 月 25 日致沈启无函云："……印章居然于今晚到手矣，以其二（一云苦茶庵，一云食莲华者）呈览。……"[1] 函中提及拟邀请宋紫佩、章川岛（矛尘）同席，辄截至川岛 1937 年 11 月因北平沦陷离京之前，1930 年代符合 12 月 3 日为星期四条件者，仅 1931、1936 两年，1931 年许还在南京中央研究院任上，1936 年则居北平，故该函写于 1936 年。又，周作人 1936 年 1 月 2 日致江绍原函，亦使用该"苦茶庵"信纸，可为参照。[2]

周作人致江绍原函 1 通写作时间辨正

◆ 第 70 函

绍原兄：

　　见报上义务校对，甚快，今日世界及晨报上各记日本征兵事而纪法大不相同，附呈二纸片可见。日欲谋我，尚须在此刻急急地拿小红旗至天桥一带去招乎哉！陈博公到底高明，知道此只是常年例行公事也。前知有数公合租北堂一屋，其中有谔士，而昨

1　见周作人，《周作人书信》，青光书局，1933 年，第 235 页。

2　见北京鲁迅博物馆编，《北京鲁迅博物馆藏中国近现代名人手札大系》第 8 卷，高等教育出版社，2021 年，第 303 页。

闻人言则早已阖第南下，不知确否，至于沈府上则于今日启行，盖系事实。二校长闻未行，但史家胡同又已结束，未知其暂寓何所也。胡博士居然北归，此则可佩服者也。匆匆。

一月十二日，作人。

此函《大系》标注写作时间为 1932 年 1 月 12 日，误，当为 1933 年 1 月 12 日。

随函附有剪报二纸，《世界日报》剪报题《日本征兵！》："【本报上海十二日上午一时专电】日领署，奉令在沪征该国侨民，充当兵役，定二月俭（二十八日）开始报名。"《晨报》剪报曰："日领署在沪征该国侨民，充当兵役，定二月二十四日开始报名。（上海专电）。"查《世界日报》消息，系刊 1933 年 1 月 12 日第 3 版，据此则可确定本函写于 1933 年。又，此函江小蕙编《江绍原藏近代名人手札》（中华书局，2006 年 10 月）收录时亦标注写作时间为 1933 年 1 月 12 日。

周作人致许世瑛函 1 通写作时间考释

◆ 第 10 函

《杂宝藏论》三册，江北刻本称《杂宝藏经》，此乃金陵刻本也。因已有江北本，故以此奉赠。虽然学校或即将沈骑都尉（大秦官名也）所封闭，于功课上已无用处，但当作闲书看亦佳。由邮局寄一函，未知收到否？此请

诗英兄台鉴

十堂白　十，十二夜

前信写了已数日，因无便不曾发，该书亦且暂存，容后再奉。本星期五第三时佛教文学班（如至时未被辅仁派教官所接收去）拟自去讲话，如得便预先告知三年级选课者一声为幸。

十七日　作人又启

此函《大系》标注写作时间为19××年10月12日、17日，当为1945年10月12日、17日。

周氏自署"十堂"始于1944年10月1日在《天地》第13期发表《雨的感想》。该文发表时有"附记"一则，未入集，云："鄙人喜用别号，其后限用一两个，聊表示作文负责之意，唯日久亦易取厌，今将改用旧法，随时编造，反正只是闲适之谈，无甚触犯，虽仍在走马，而不求闻远，亦可望见谅于人，任其在文坛外流浪，斯幸甚矣。东郭十堂拜启。"[1] 函中"沈骑都尉""辅仁派教官"皆指沈兼士。抗战胜利后，沈受国民政府委派，为华北教育文化机关接收员，伪北大亦在接收之列，故周氏函中有"封闭""接收去"诸词，其事皆在1945年。又查万年历，1945年10月17日系星期三，则函中所说"星期五"当为19日，该日周氏日记云："上午九时后往学校，上佛教文学班。"则该日佛教文学班课程，周氏毕竟"自去讲话"了。此后至1945年12月6日周氏以汉奸罪下狱之间，周氏日记有多次记载许世瑛到访信息，然则此书或竟面赠许世瑛亦未可知。

1　十堂，《雨的感想》，《天地》，1944年第13期。

周作人致王士菁函 7 通写作时间补正

◆ 第 1 函

士菁先生:

上旬携来太宰小说,其中"惜别"一篇已交丰一译出,约计五万余字,另封寄呈,希查收。译稿经我初步校阅,可以作为参考资料,但如拟发表时可以再令译者校改一遍。翻译报酬希望费心接洽,早日算给,交与译者本人为幸。此致

敬礼

三,二九,周启明

此函《大系》标注写作时间为 1953 年 3 月 29 日,误,当为 1956 年 3 月 29 日。

按,周氏 1956 年 3 月 9 日日记:"……王士菁来访,携《太宰治集》来,以《惜别》属代译,拟以讬丰一。……"事与函中所说"上旬携来太宰小说,其中'惜别'一篇已交丰一译出"相合。又,周氏 1956 年 3 月 29 日日记有寄王士菁函信息,1953 年 3 月 29 日则无。

◆ 第 2 函

士菁先生: 来信诵悉。鲁迅书简影印本承费心代找,谢谢。关于"惜别"译文,我以居中接洽者的关系,觉得有一点应当声明,便是这译文未可作为"投稿"处理,因为译者方面只负修改译文(如有误)

的责任，该文内容好否是不能负责的。原来此文由先生拿来叫找人代译，所以如审查以为无用，决定废弃，那是我以为不可以的。未知尊意如何。此致 敬礼

周启明 四，十三。

此函《大系》标注写作时间为 1953 年 4 月 13 日，误，当为 1956 年 4 月 13 日。

按，第 1、2 函内容前后连贯，皆谈《惜别》译稿事，故仍应为 1956 年事。又，周氏 1956 年 4 月 7 日致松枝茂夫函云："《鲁迅书简》影印本目下市上殆不可得,已函'鲁编室'同志请助,如有什么地方可买,当再设法,但如该室能协力,赠予一册,则更佳矣。"[1] 函中所云"鲁编室同志"当即指王士菁，故本函有"鲁迅书简影印本承费心代找，谢谢"之说。此亦可助证本函写于 1956 年。再查周氏日记，其 1956 年 4 月 13 日条有"得王士菁信，即寄复信"记录，而 1953 年 4 月 13 日仍无相关信息。

◆ 第 12 函

士菁先生：

日前枉顾，适就医不值为歉。致鲁君函顷由上海退回，今特附呈，如知道北京该机关地址，有必要时请费神前往一找为要。

匆匆即颂

1　小川利康、止庵编，《周作人致松枝茂夫手札》，广西师范大学出版社，2013 年，第 198 页。

近安

周启明　三，六。

此函《大系》标注写作时间为 1957 年 3 月 6 日，误，当为 1954 年 3 月 6 日。

周氏 1954 年 3 月 6 日日记："下午前寄鲁振宜信退回，转给王士菁。"又，3 月 4 日日记："王士菁来，尚未回家，不值。"与函中所说"日前枉顾，适就医不值为歉。致鲁君函顷由上海退回，今特附呈"相合。1957 年 3 月 6 日周氏日记无致王士菁函记录。

◆ 第 14 函

士菁先生：

昨日见到张君，嵇康集考稿（计算有五千字）承他慨允抄一分，给我转送你社，但他事务繁忙，不知什么时候可以办到。张君意思拟找一书店石印一下，因为鲁迅手迹印出者只有日记尺牍，手写逸文似可珍重，印成自己分得若干本，余可公诸同好。此亦是好事，但人民文学出版社似不作此项出版，或只可另找沪上书店也。
即致
敬礼

八月廿二日，周启明

此函《大系》标注写作时间为 1957 年 8 月 22 日，误，当为 1953 年 8 月 22 日。

查周氏日记，其于 8 月 22 日致王士菁函者，唯 1953 年有记录。张君系张江裁（次溪），周氏 1953 年 8 月 13 日日记有"次溪来访，出《嵇康集考》原稿见示，系鲁迅手稿，原文亦未前见"的记录，此后 8 月 21 日日记又有张次溪来访记录，与函中"昨日见到张君"之说相合。

◆ 第 15 函

士菁先生：

"文抄"寄还，谢谢。又鲁选集二册寄上，想已收到。前承抄"呐喊"发表年月，因见许钦文已有"分析"出版，不拟再写。今再有一事奉烦，"彷徨"中下列两篇发表年月及报刊，能查示为感：

一、"兄弟"　　二、"伤逝"

此致

敬礼

九，五　　周启明

此函《大系》标注写作时间为 1957 年 9 月 5 日，误，当为 1956 年 9 月 5 日。

周氏 1956 年 8 月 24 日日记："得人文社寄示文氏《文抄》一册，不知何人所寄。" 25 日日记又云："上午得王士菁信，《文抄》即其所寄也。" 周氏收得后于 8 月 28 日寄还王士菁。又，其 8 月 31 日日记："下午往街寄冰然信、《人民日报》信、王士菁《鲁选集》二册。" 本函起首说"'文抄'寄还，谢谢。又鲁选集二册寄上，想已收到"，事皆相合。许钦文《"呐喊"分析》1956年7月由中国青年出版社出版。

◆ 第16函

士菁先生：

儿歌抄本日前未及检奉，今附去便以赠给贵社，请不必寄还了。我搞童话儿歌，从民国二年起着手收集，因此这抄本当是一九一三或四年手笔，上端的数目字则是我所添注的。

嵇康集考这篇未发表手写稿，昨据张君说，近日有政府机关商购该件，因此未能出借，前允抄给我的一份也已请其停止了。草草即颂

近安

九月十八日，周启明

此函《大系》标注写作时间为1957年9月18日，误，当为1953年9月18日。

函中谈及《嵇康集考》手稿事，是则其与第14函事相关联，仍当作于1953年。张氏本建议石印《嵇康集考》手稿，后因"政府机关商购该件"未果，周氏乃于是函告知王士菁。如此，本函与第14函合读，则关于《嵇康集考》手稿事已有一完整之信息链。又周氏1953年9月18日有致王士菁函记录，1957年9月18日无相关信息。

◆ 第18函

士菁先生：

近日被催迫写鲁迅纪念文章，因材料缺乏，甚为困难。拟写关于"呐喊"一小篇，未知能否予以帮助，如你处查有呐喊内各篇发表年月及各刊物名称，祈费心录示，不胜感荷。再"阿Q正传"发表当时，曾写一文即名"阿Q正传"，登在晨报上，嗣因成仿吾恶意批评，鲁迅将"不周山"一篇抽出，我亦将该文从"自己的园地"中抽下，只在阮无名（阿英？）编"文坛秘录"中有之，假如你处有此书，亦乞假用一下，以便抄出。

启明　二十

此函《大系》标注写作时间为1958年××月20日，误，当为1956年8月20日。

周氏"被催迫写鲁迅纪念文章"事在1956年鲁迅逝世20周年纪念之际，其7月28日日记云："高歌今来访，约为《青年报》写关于鲁迅少年时代的文章。"8月2日日记又云："为《青年报》起手写稿。"此后即不断有撰文记录。函中又说"拟写关于'呐喊'一小篇，未知能否予以帮助，如你处查有呐喊内各篇发表年月及各刊物名称，祈费心录示，不胜感荷"，与第15函中说"前承抄'呐喊'发表年月"事相呼应，两函当连在一起读。第15函前已考定写于1956年9月5日，则此函当稍早于9月5日。查周氏1956年8月20日日记，有寄王士菁函记录，以此推定写于 8 月 20 日。[1]

周作人致方纪生函 1 通写作时间考释

◆ **第 1 函**

纪生先生：

　　来信均收到。报馆因经济问题未解决未知何日开张，须俟沈先生回北京后始能知道，前信请秦君暂缓北来，即是为此，因为目下还无十分把握也。钱先生字未写来，只可等他几时。贱恙已愈。匆匆。

周作人　九，二

　　此函《大系》标注写作时间为 19×× 年 9 月 2 日，疑为 1928 年 9 月 2 日。

　　本函用纸，左下有"涵芬楼制"字样，周氏 1928 年 7 月 20 日致江绍原函，1928 年 8 月 16 日、9 月 17 日致钱玄同函均用此信笺；而从周氏 1928 年与钱玄同通信中可知，这一年周与方亦颇有书信往来，方且通过周请钱玄同题字等等。函中提及"报馆"，或指"华北日报"，"沈先生"当为沈尹默。沈尹默 1928 年 6 月 26 日被任命为河北省府委员，7 月 4 日在天津就职，周氏 1928 年 7 月 19 日致江绍原

1　周氏 1956 年 7 月 20 日日记有"上午往街寄王士菁《鲁迅选集》二册"记录，因本函未及《鲁迅选集》事，故排除写于 7 月 20 日可能。

函云："……朋友中多已高升了，玄伯开滦局长、北平政务分会委员，尹默河北省政府委员，叔平兼士半农古物保存会委员，玄同国语统一会委员，幼渔管天文台！……"[1] 沈在此期间酝酿创办《华北日报》，《申报》1928年9月30日曾刊发消息，称其将担任《华北日报》编辑，沈君匋为经理。[2] 周氏1928年10月6日致钱玄同函辄云："马立勋君催我作序，为他卖蒲生者之稿，因为他的故乡遭匪难，家中无信，他穷得没法，又托我去求沈委员在华北日报找差使。但卖稿须往上海，交涉往返起码须一个月，远水救不得近火，沈公又未就该官报编辑之职，（也不知到底就否，）无可设法，所以想到不知贵'猫头'会要不要小书记？如其要者，可否采用他一下。如有佳音，幸祈示知。"[3] 其中信息，与函中所说"报馆因经济问题未解决未知何日开张，须俟沈先生回北京后始能知道"颇可相互参照。《华北日报》后于1929年1月1日创刊，在当天报纸第一版刊登的《敬贺年釐》广告中，沈尹默与段宗林、李煜瀛、沈君匋、萧瑜同列名"鞠躬"，显见其为主事人之一。

1　北京鲁迅博物馆编，《北京鲁迅博物馆藏中国近现代名人手札大系》第8卷，高等教育出版社，2021年，第66—67页。

2　参见郦千明编著，《沈尹默年谱》，上海书画出版社，2018年，第217页。

3　北京鲁迅博物馆编，《北京鲁迅博物馆藏中国近现代名人手札大系》第7卷，高等教育出版社，2021年，第334页。

现代图情
评论

第 1 辑

对谈

编者按

　　从两汉以降，谶纬文献对中国文化的影响遍及政治、学术、文化、风俗等诸多方面。当今学者对谶纬文献的研究，必须基于扎实可靠的辑佚工作和精细的史源考据。在吕宗力教授同李若晖教授的访谈中，吕先生回顾了自己步入学术之门，同谶纬研究和古籍的整理校释结缘的历程。吕先生通过对中外谶纬学研究史的梳理，以其对《河图》《洛书》相关的纬书文献的考察为案例，介绍了"纬书文献的综合整理与研究"这一项目所采用的史源学工作方法。与此同时，吕先生也在访谈中提到他求学阶段利用图书馆资源的情况，揭示出图书资源和学术研究之间同频共振的样态。他现在所做的辑校工作，也可视作图书馆资源建设中很重要的一个部分，对于图书馆资源建设工作的开展，也很有指导意义。

谶纬人生

吕宗力先生访谈记

吕宗力　李若晖

吕宗力，中国社会科学院研究生院历史系硕士（1981），美国威斯康星大学东亚系哲学博士（1995）。香港科技大学荣休教授，南京大学特任教授，香港中文大学（深圳）道扬书院院长。研究方向：中国政治制度史，秦汉至魏晋南北朝政治、社会、文化史，古典文献，民间信仰。近年研究专题：谣言，谶纬。国家社会科学基金重大项目"纬书文献的综合整理与研究"（20&ZD226）首席专家。编著有《汉代的谣言》（*Rumor in the Early Chinese Empires*）、*Power of the Words: Chen Prophecy in Chinese Politics, AD 265–618* 等。

求学之路：与谶纬的渊源

李若晖（下称李）：吕先生，您多年来整理研究谶纬文献及其对古代政治的影响。我们对您研究谶纬的人生经历充满好奇。能否请您谈一谈您是怎样研究起谶纬来的。

吕宗力（下称吕）：我先简单回顾一下我学习的过程。"文革"开始时，我在上海北郊中学读到了高一。从初一到高一的四年，学得应该还不错。北郊中学的前身是沪江大学附中和晏摩氏女中，当时的老师们都很厉害。

1969 年下乡以后没有什么学习条件，抓到什么书就看什么书，比如《中国通史简编》和《史记》。直到 1973 年可以报考大学，我考了以后自己觉得考得还行。但是突然出现了一个交白卷的张铁生，后来就说那年的考试结果作废了。

好在那年上海市出了个政策，上海的高校招生，特别是上海师大（当时华东师大、上海师院、上海体育学院、上海教育学院、上海半工半读师范学院合并为上海师大）主要招收上海到各地下乡的知青。我作为"可以教育好的子女"，获得进入上海师大学习的机会，从1973 年到 1976 年。三年的"工农兵大学生"生活，算不上是很正规的学习过程。但是因为我个人从小接触古典文学，小学就开始阅读四大名著，后来看《聊斋》，《聊斋》三会本就看了好几遍。进了大学后，如饥似渴地阅读了大量古今中外的文学和历史作品。虽然学工学农及一些政治活动占用了许多时间，但还是学了一些东西。当时常驻我们班的老师是徐中玉先生。

徐先生在中央大学读书时是我舅舅宗白华先生的学生，所以对我很亲切。1974 年"评法批儒"，集体注释"法家"作品，我们跟着他学文献检索和注释的方法（例如查找工具书和制作卡片）。我做文献研究的初步门道是跟着徐先生学的。1976 年以后，我毕业留校，分配到中文系古典文学教研室，1978 年华东师大和上海师院各自复校，我留在华东师大。1977 年我被安排到古籍组学习，参与标点《续资治通鉴长编》。当时组里的老师们都很厉害，包括中文系的徐震堮先生、历史系的徐德嶙先生等。叶百丰先生具体指导我。叶先生出版的东西不多，外界可能知道得比较少，但他是桐城派的嫡传，哥哥是郑孝胥的女婿，所以有家学渊源。

古籍组安排我向华东师大图书馆的周子美先生学习版本学。周老先生曾任嘉业堂藏书楼编目部主任，亲自带我到书库中逐一体验宋元明清善本和高丽版的纸墨气味装订。古文字方面，曾向戴家祥先生请教。也聘请原上海教育出版社的胡邦彦先生讲授《说文解字》。在古籍组这一年的学习经历，收获极大。

1978 年，我报考中国社会科学院研究生院历史系古典文献专业的研究生，师从张政烺、李学勤先生。到社科院入学以后，惊艳于历史所的群星灿烂。当时历史所的顾颉刚先生、侯外庐先生、尹达先生、胡厚宣先生、杨向奎先生、孙毓棠先生、田昌五先生，再加上我们老师，都给我们上过课。王毓铨先生、谢国桢先生等，也常有机会请教。我们在北师大住的时候，像任继愈先生、赵俪生先生等也都给我们上课。

现在回想起来我们还是不够懂事，那个时候应该好好地跟这些老师们多学点东西，但没有把握好机会。不过确实眼界是开阔了。

上了两年课后，接下来第三年就要准备硕士论文。张先生和李先生有分工，我的论文由张政烺先生指导。我们专业当时招了四个学生。其中一位是中华书局的李解民先生。他报到的时候，一进来看到我们借住的北师大宿舍是六个人上下床，扭头就回家了。他说这个书没法念，条件太差了，放弃了。所以就变成我们三个。一个叫孙言诚，当过齐鲁书社的总编。一个叫刘桓，他因为"文革"当中的一些经历没能留在北京，后来就到黑龙江方志办。孙言诚是跟李学勤先生，他就做了秦代简牍中的边防制度。刘桓和我跟张先生，刘桓还是做他的古文字。我问张先生的时候，张先生就不肯给我方向。他就说，随便你，从甲骨文到《红楼梦》《水浒传》，你想做什么题目，都无所谓，他都可以指导。

当时我就有一些困惑，于是去找李先生。李先生曾用笔名在《文物》上发了篇短文，提到汉碑中的谶纬话语。受李先生的启发，我进一步搜寻相关文献，读到了日本学者中村璋八先生关于汉碑引述谶纬的考证论文，以及中村先生提到的皮锡瑞的《汉碑引纬考》。我对这个论题突然产生兴趣，就决定做这个方向：研究汉碑当中的谶纬影响。

这样一来呢，就需要搜罗汉碑材料。那个时候出版物比较少，但北京图书馆善本室收藏有许多汉碑拓片。感谢北图的支持，我曾连日坐在善本书的阅览室，逐幅打开精品拓片，检视其文字。另外谢国桢先生私人收藏了100多幅精美的汉碑拓片，有很多是外面没有的。谢先生与先舅父宗白华曾是原中央大学的同事，情谊深厚，所以我很幸运地获得谢先生的青睐，拜读了他的收藏。

再一个就是纬书的内容，历史研究所图书馆收藏有安居香山、中村璋八先生编辑的油印本《纬书集成》。油印本从1950—1960年代陆续刻钢板印刷。我看了一下，他们确实做了很多辑佚工作，看到了原来闻所未闻的一些材料。于是我就主动给安居香山和中村璋八先生写信请教。他们非常高兴，因为中国大陆有一个年轻人愿意关注谶纬，对于那个时候的他们来讲，还是比较少见的。所以很热情，马上就回复了。后来他们陆续出了《重修纬书集成》的铅印本，也都陆续寄给我。

另外他们每一两年会去"中研院"拜访陈槃先生，我就托他们带信给陈先生。陈槃先生和张政烺先生原来是史语所的同事，所以陈先生也很热情地回信指教，可惜这些信都没有保存下来。

安居和中村先生认可我是他们的私淑弟子。两位先生基本上每年轮流到内地拜访各个学术机关，然后收集资料。每次来都会约我。所以我从1981年一直到1988年，几乎每年都会在北京和他们见面请教，他们也会向我约稿。应该说那时候我是很受他们关照。

我完成硕士论文《东汉碑刻与谶纬神学》以后，留在历史所古文字古文献研究室工作，主任是张政烺先生，副主任是李学勤先生。我在研究室工作期间，实际上当了张先生的助手。但后来历史所改组研究室，古文字古文献研究室解散了。当时历史所所长名义上是郭沫若，实际主持工作的是侯外庐先生和尹达先生，具体管理的是林甘泉副所长。

林先生安排我去战国秦汉研究室。我的硕士论文研究汉碑，所以改做秦汉史也有道理，于是我就去了。去了以后陆续承担一些集体项目，比如《中国历史大辞典》秦汉卷。秦汉卷我是花了很多时间去做的。还有像《中国军事制度史》，是军事科学院和社科院历史所合作，我也负责秦汉这一块。另外我们研究生同届同学自己编《中国历代官制大辞典》和《中国古代职官大辞典》。这些集体项目都牵扯了不少精力。再加上当时我跟栾保群先生合作做《中国民间诸神》，以及点校整理多种古籍。所以谶纬这一块，我在硕士毕业以后没有太多的研究。我也很感到对不起安居和中村先生。

1989年我离开北京，先去加拿大，再到美国。当时威斯康星大学麦迪逊校区东亚系倪豪士（William H. Nienhauser）教授主持《史记》英译的项目。目前看来，虽然《史记》英译有几种版本，但是他这个版本应该是最受史学界欢迎的。

他们当时已经有一个小团队，学术背景主要是古典文学、哲学和语言学，没有做秦汉史的。我的一位朋友王秋桂教授，把我推荐给了东亚系的刘绍铭教授和倪豪士教授。倪豪士教授觉得我的背景非常契合他们的需要，所以就问我是愿意做访问学者还是读博。

这个时候我同时也接到了另外一个 offer，就是宾夕法尼亚大学的 Victor H. Mair（梅维恒）。他说有一个奖学金，可以提供给我，去做一年访问学者。我比较一下，觉得还是修读博士学位比较有挑战性，就选了威斯康星大学。但我在中学是学俄语，考研时学了日语，英语基本上没有学过。到加拿大一年，学的英语勉强够日常生活用，到美国读博的话，学术英语当然是一张白纸，所以他们把我作为特例，同研究生院院长交涉，豁免对我英语的考试要求。我到麦迪逊后，报读了给外国学生开设的英语课，跟教授做一些 independent learning（独立学习）。一年以后开始正式修专业课。我当时是同时承担一个 lecture（课），因为需要交学费和生活费，我受聘为兼职讲师，为东亚系研究生开设古汉语课，用中文授课。学生们虽然是美国人，但都系统学了中文，底子不错。到了第二年，我就可以用英语教本科生的古汉语课了。

李：那这一年可以说很花了些苦功。

吕：可以这么说。我第一次做 term paper（学期论文），是在第二个学期的下半学期。那个学期课上完后交学期论文，我三天三夜没睡觉。因为论文你要用英文表达出来，那个时候我英文能力非常缺乏，工具也很少。完全要手写，然后查各种字典。这三天里面白天我还得上课，这样熬过来。

到现在倪豪士教授在给研究生上课的时候，常常提到我是一个奇迹，中英文的转换花了那么短的时间，后来就能够为他实际翻译具体的内容。

在威斯康星学习期间，我选择的博士论文课题是谶纬。当时我了解到，美国有一位学者叫 Jack Dull（杜敬轲），学问很扎实，能力很强，在西雅图的 University of Washington（华盛顿大学）读书，博士论文就是讨论汉代的谶纬。他毕业后工作很忙，后来又做了院长，干很多行政的事情。他的博士论文至今没有正式出版，但是写得非常好。我就想汉代我就不做了，其实后面的年代更少有人关注。我就主要做从两晋开始的政治谶纬，为什么从两晋开始？最早禁绝谶纬的可能是曹魏，实际上汉献帝后期有过一次，但是那个材料不确定，可以确定的是从西晋开始一直到隋，有多次的禁绝。我是从这个角度切入，讨论了一些问题。一个是纬书本身的性质，还有就是禁绝开始以后，纬书不再是官定的正宗意识形态了，反而给了它一个开放的机会，有很多人开始往纬书里添东西，或者有很多新的谶书、谶语，也依附到纬书里。那么这样的话，实际上魏晋南北朝时期谶纬的影响力很大。

当然那个时候时间有限，我主要做政治方面，包括一些童谣和年号谶。有很多内容我到现在中文还没发表出来，要有时间再写。博士论文完成后还没有出版，马上就找到了工作。1995 年，我到香港科技大学任教，头几年忙着教书。港科大终身聘任要求有英文论著，所以后来就把博士论文内容做了一定的修订和整理，在 2003 年正式出版了英文的《谶言与两晋南北朝政治》（*Power of the Words: Chen Prophecy in Chinese Politics, AD 265−618*）。

在这个过程中，我发现纬书对魏晋南北朝的影响不只是政治，在宗教、经学、文学、宗教（比如佛教、道教），还包括很多方面都有影响。所以我自己这几年也在陆续发表论文，从不同的角度来讨论纬书的影响。我最终目的是想写一本谶纬与魏晋南北朝社会及文化的专著，从各个方面来讨论谶纬的影响。这个书如果做的话，大部分内容已经有现成的文稿，虽然需要修改和增补。另外大概有几章，还需要重新写。

谶纬研究的新课题

李：我们知道，您在 2020 年获得国家社科基金重大项目"纬书文献的综合整理与研究"的立项。我们期待并祝愿您和您的团队在谶纬研究中取得超越安居香山、中村璋八《纬书集成》的成就，请您谈谈项目立项和进展的情况。

吕：好。先谈谈近年研究谶纬的过程。我发现以前在 1990 年代的时候谶纬研究还是比较冷僻，同道者不多。但是到了 21 世纪，好像陆陆续续有一些中青年学者关注中古时期的谶纬，而且他们确实思路也比原先开阔，还有一些新的视角。

那么问题就来了，就是说你要研究谶纬，首先得确认你引述的谶纬佚文是真的谶纬。这个问题之前大家不太了解，但是文章讨论多了以后就发现了。比方说研究道教的学者会引一些谶纬，以说明东汉已经有这种话语和观念了。但他引的东西肯定不是东汉的，而是后出的。这类问题就越来越多。

我就有了重新辑佚和整理的想法。我 2015 年从港科大退休到哈工大（深圳）工作，2016 年开始帮他们筹建人文社会科学学院，当时还有很多行政工作和教学任务。

在这个过程当中，我其实在 2017 年和 2018 年，在国家社科重大招标项目征集选题时，都通过大学提交了纬书整理的建议，但没有成功。究竟是大学层面没过还是黑龙江省没过，完全不知道。如果省里过了，到了中央这个层面，我想是有懂行的人会欣赏这个选题的。

到 2019 年 6 月份，我将从哈工大（深圳）退休。年初我想再尝试一次，依托哈工大建议选题，以兼职身份申请，但对方表示不行，因为马上就不是他们那里的人了。

2019 年底，应南京大学文学院徐兴无院长邀请，得以依托南京大学建议征集选题，并在选题通过后竞标成功。我到南大后才发现，其实建议选题和竞标过程应该有一个程序，比方说学校要给你账号和平台。登进去后把内容全部填好再报上去。平台也会清晰显示各级审批状况的过程和结果，从大学到省里再到国家。2020 年"纬书文献的综合整理与研究"成功获批国家社科基金重大招标项目。为此我应该感谢南京大学和徐兴无院长。虽然我只是南大的特任教授，但能够依托南大申请项目，申请期间南大作为坚强后盾，在每一步申请程序中都提供了有力的支持。由于我已经退休好几年，下面没有人手，南大文学院和历史学院也都提供一些人力资源来协助我。可惜 2021 年初就遇到了新冠疫情，所以到现在我们这个项目还没有做开题汇报，但小型工作会议已经开始了。我们这个选题原来估计是到 2025 年秋天完成，但按目前进度，2025 年可能先有部分成果的呈现。

我们现在的设想是这样的：这个项目的主体是要出一套"谶纬文献集成"。第一，先尽量恢复汉代纬书的面貌，能做多少是多少。它的篇目基本参考《后汉书·五行志》李贤注七经之纬 35 篇，再加 1 篇《春秋命历序》，然后是《河图》《洛书》，一共 81 篇。大体上这块我们能辑到的佚文，就按照这个框架编目。

再然后呢，就是东汉以后有一些新增补内容，要把这些新增补内容鉴别出来。但还是会把它放在文献集成里面去，说明这个是后出的。

另外还有相当一部分佚文，是没有具体篇目的，就是所谓泛引的，分类集中编排。

最后一部分就是误辑或伪造的佚文，也有相当数量，而且影响很大。

这里我简单回顾一下如何看待目前现存的谶纬辑佚成果。纬书辑佚从元末到清，陆续有很多，先不具体说了。集大成的辑佚一般说法是有三种，其实在我看来有两种。第一种是安居香山和中村璋八先生的《重修纬书集成》，就是日本在原来油印本基础上修订后铅排印刷的版本。我1990年到1991年在美国的时候，河北人民出版社的栾保群先生提出想出版该书。因为这个书太贵了，国内一般买不起。那时候安居先生已经去世了，我就写信给中村先生。中村先生慨然应允，而且他不要任何版税，只有一个要求，就是不在中国大陆以外发行。这个我们是做到的。这个版本，就是国内学界通常用的，由河北人民出版社于1994年出版的《纬书集成》。这里需要提一下，1994年上海古籍出版社出的《纬书集成》。这个版本有一个好处，就是它把一些明清以来比较重要但不常见的辑佚书影印了。虽然它没有整理，但对大家来说影印也是很方便的。但有一些问题，它影印质量不行，很多地方其实看不清楚，特别是有些注和上下天头。最大的问题是——后来刘国忠教授有写一篇文章批评，刘小枫教授也有一篇文章点评过——该《集成》的最后部分是《纬书佚文辑录》，说是出版社在印行《纬书集成》时，搜集中国、日本古籍中尚未为传统诸辑本收录的纬书佚文，编集而成。事实上，这些佚文都是安居、中村先生的辑佚成果，编入《重修纬书集成》的。上海古籍出版社版《纬书集成》完全不提它们的出处，就当是他们自己辑的，刘国忠曾批评了这个问题，所以我认为这个版本应该不能算一部新的集成文献。这样第二种就应该是山东大学出的《两汉全书》，其中有两册就是《两汉谶纬文献》，后出转精，很不错。

《重修纬书集成》和《两汉谶纬文献》对于谶纬研究很重要，但问题也不少。《重修纬书集成》辑录的佚文，大部分不是辑自一手文献，而是转引自后世的辑佚本，主要用清代的《纬攟》为底本，加上其他的清人辑佚成果。当然佚文的篇目和编排有下过功夫，也查核过一些出典，补充了所谓中佚和日佚的佚文，但基本上是二手的辑佚。

《两汉谶纬文献》的策略基本上仍然是二手辑佚，只不过他们用的底本更坏，是黄奭的《逸书考·通纬》。这本书辑了许多前所未闻的佚文，还有大量的郑玄注和宋均注，据说都出自清河郡本，而这本书的来历非常可疑，也已佚失。它所记的许多佚文和注文都是查无出处的，内容和文例也不像早期的纬书。《重修纬书集成》也采用了黄奭《逸书考·通纬》辑自清河郡本的佚文，但有趣的是郑玄注和宋均注一概不收。所以陈槃先生在阅读油印本《纬书集成》的时候，就质疑明明黄奭《逸书考》里面辑录了这些郑注、宋注，为什么安居香山先生他们不收呢？我想不收是有道理的，这些郑注、宋注来历太可疑了。

到了《两汉谶纬文献》黄奭引自清河郡本的佚文正文和注文全部收进去。这些东西如果大家研究纬书的时候去引述，那笑话就大了。

还有就是《逸书考》里面有一大批佚文号称引自《唐开元占经》，也为《重修纬书集成》和《两汉谶纬文献》所吸收。但这些佚文，经我们逐条核对，在今存多种《唐开元占经》的版本中，都找不到出处，所标卷数也都与今存本《唐开元占经》不合。这就很可能是误辑或伪造的佚文，需要一一剔出，编入附录。

所以，我们对每一条佚文都得从头辑起，找出最早的出处，选择最好的版本，精细校勘。辑佚所用原典，基本是以宋划线。汉至宋文献中出现的纬书篇目和佚文，经过鉴别校勘，可以采信。当然这些佚文还需要区分为汉代和汉后两类。宋代以后有些类书和著述中，也会引述少量纬书篇目和佚文。这些篇目和佚文如已有宋及以前的文献依据，我们就不必采用晚出的文献了。如果这些篇目和佚文只出现于晚出文献，例如《天中记》《唐类函》等，我们会将其编入附录，说明出典存疑。

每辑一条佚文，我们还要做相关的史源调查。比方说我现在做《河图·帝览嬉》，其中有大量的内容与历代的天文占术相关。通过史源调查，我们可以发现有些《帝览嬉》的佚文，其观念、话语、占术架构其实源自战国到西汉一些术数类文献，例如马王堆帛书等。又如《重修纬书集成》《两汉谶纬文献》中《帝览嬉》佚文的编列架构，基本上参考了《纬攟》，《纬攟》的编列架构，基本上参照《唐开元占经》，而《唐开元占经》的编列架构，始自三国时期的陈卓。陈卓对星官和星象的描述和分析，继承《史记·天官书》《汉书·天文志》而有所变更。东汉定型的纬书文本中关于星官、星象的描述，理应与《史记·天官书》《汉书·天文志》相类而不同于陈卓的描述。所以我们对纬书中涉及天文占佚文的编列次序，参照《史记·天官书》《汉书·天文志》。至于仅见于《晋书·天文志》《隋书·天文志》的星官、星象，当视作汉后增衍的内容。

再比方说，最近我做的《括地象》，内容主要是地理。我梳理以后，发现其佚文的史源是《淮南子·地形训》，有些可能是《山海经》，但内容比《地形训》更丰富。这样的话我就把佚文的编列顺序按照《地形训》的框架来调整。

除了找源头，我们还将相近时代的相似表述和观念罗列出来，在这个基础上做辑证，梳理其思想观念体系的发展脉络。对那些特别的话语和一些知识点，将来可以做出注释。

这样做下来，史源调查和辑证的篇幅可能比较大，我们准备将这些语料建构一个智能数据库，由哈工大（深圳）的计算机专家负责。他们准备采用人工智能，建构一个比全文检索更智能的数据库，将来可以从各种不同的学术视角去调用其中的全部数据，可以连接到相关的史源、辑证和注释，还可以自动生成英文。

所以我们现在主抓辑佚、校勘、史源、辑证，再在这个基础上，完成精辑、精校、精注的《纬书文献集成》，供学界使用。

另外相应的产品是，比方我们开一些学术会议，邀请一些学者，就纬书文献做些研讨，出一些论文集。还有一些比较难得的西文研究成果翻译。

李：那么估计什么时候能够完成？

吕：论文集呢，我们看看这一两年可能开会就有论文，然后就找地方出版，应该 2025 年就可以见到成果。译著方面负责的是南京大学历史学院的成祖明教授，他说看了哈工大教授展示的中翻英结果，觉得很好。打算将来干脆就用机器翻译一遍，然后再找学生来校。

但是最重头的是精辑、精校、精注的《纬书文献集成》，应该是成熟一本出版一本。这一项子课题的主持人是中国社会科学院哲学研究所的任蜜林教授。

我们现在的分工是，《易纬》交给了新加坡南洋理工大学的梁秉赋教授，他在美国做的博士论文就是《易纬》。他接受了，但目前看来他又做了孔子学院的院长，工作很忙，进度还不好说。

《河图》《洛书》是我自己在做。辑佚、校勘、史源、辑证的工作大概一两年间能完成，提交数据库子课题组，同时着手做《河图》《洛书》精辑、精校、精注本。

《春秋纬》体量很大，复旦大学毕业的阙海博士正在做，也希望有更多的年轻学者可以加入。

华中师大的付林鹏教授在做《乐纬》。南京大学的黄若舜副教授负责《孝经纬》。任蜜林教授承担的任务最重，负责《尚书纬》《诗纬》《礼纬》。而且我的要求是，不能光利用数据库检索搜寻，所有语料还须核对精善版本，提供纸质书完整的出版信息，所以工作量很大。我真心希望能找到更多志同道合的青年学者加入我们。

我也知道有些中青年学者，如武汉大学的曹建国教授、北京大学的张学谦助理教授也在做纬书整理，希望能得到他们的支持。

最近我到香港中文大学（深圳）负责道扬书院的工作。这是个行政岗位。同时我也是港中深人文社科学院的兼职教授。他们有一个政策是可以招博士后。如果我们和中科大联合培养博士后的话，学校出10万，深圳市出18万，28万招聘博士后。

我已经跟中科大人文社科学院的石云里院长达成共识，联合招聘博士后，希望对《开元占经》的校勘和纬书当中的科技史料、科技思想做一些梳理。

李：那么您现在是五个子课题，哪五个呢？

吕：第一个就是我负责的"纬书辑证"，做最基本的史料。第二个是任蜜林教授负责的"纬书文献集成"。第三个是郑州大学王允亮教授负责的"纬书文献整理与研究丛书",负责组织学术会议,出版研究论著。另外他在组织学生点校一些重要的传统辑佚书。第四个是南京大学成祖明教授负责的"域外纬书文献研究译丛"。第五个是哈工大(深圳)陈清财教授主持的纬书文献数据库。

李:这个非常好。

吕:这个项目最后能不能立得住,最关键的点就看我们这个精辑精校质量怎么样。

李:您这个工作,我们都是翘首以盼的。我再请教一下,您《太平御览》用什么本子?

吕:我们现在是用中华的那个影宋本。

李:那基本上就是《四部丛刊》的本子,它实际上也是一个拼装的。您怎么处理?

吕:现在有好多佚文可以从《艺文类聚》里找,比《太平御览》早的。《初学记》《艺文类聚》的本子比《太平御览》好,时间也比它早,这样《太平御览》只能作为《艺文类聚》的参校。但确实有一些佚文只见于《太平御览》,我们会收,然后去做史源调查,查其他各种相关的类书和出处。看看能不能找到类似的引文。

李:那《北堂书钞》呢?

吕:《北堂书钞》现在没有太好的本子。

李:所以类书方面,其实这个拖累不少。类书是个"累书"。

吕:对,另外我招博士后,希望最好他把《开元占经》做个辑校。现存的两个系统不同版本仔细合校。

李:这个难度很大。那么对于古籍里面陈陈相因,反复辗转引用的部分,又是怎么处理的?

吕：基本上宋以后的文献就不用了。宋以前的，比方说我现在校勘用到唐宋的宋版类书，不同类书辑录有同类的佚文，我全部条列出来。比方说《河图·括地象》的佚文，有的类书辑作《括地象》，有的辑作《河图》，那么我们就要做一些分析和比较。

我倾向于认为，如果辑作《括地象》的出处比较早，那我们就视为《括地象》的佚文。《括地象》本就属于《河图》，其他类书辑作泛引《河图》，并不矛盾，可以在校勘中说明。至于陈陈相因的部分，现在利用一些数据库，将相关观念和话语，梳理出时间顺序，把它的史源发展给理出来，就可以找到最原始的表述形态了。

李：这个就像编词典一样的，就是这个最早的书证。其实我倒是觉得，将来可以再考虑做一个研究史，甚至辑佚史本身也是一个很重要的学术题目。

吕：对。我们子课题三就是专门处理这个研究问题的。课题组里面有一批学者并不承担具体的文献整理，他们是做各种领域的纬书文献研究。比方说李梅训教授就想出一本辑佚史。其他学者有不同的选题，都和纬书文献的整理和研究有关。

李：就像当年陈垣先生校《元典章》，但最著名的是《校勘学释例》。因为这样的工作可以完全超出具体题目而发生一个普遍性的影响。说句老实话，历代辑佚就是教训比经验多，里面是有很多深刻教训的，如果能够做一个系统的清理，为将来的学术提供一个坚实的平台，是非常有意义的。

吕：对，之前的纬书辑佚确实有很多非常粗疏的问题。我们还有一个比较遗憾的是日、韩这两块，日、韩所存的这些古籍里面其实还有可能进行辑佚。日本方面虽然中村他们做了一些，但其实仔细看的话还能够找到一些没有采用的文献，但我们没有合适的人去做那块。
韩国也没有人去做这一块。

李：对对，如果这样的话，其实就包括欧美也会有很多文献。虽
然是后世的文献，但比如说像《永乐大典》，它里面其实也有一些。
还有比如说像《道藏》里面。

吕：《道藏》和《佛藏》，我们也适当地做了检索，虽然不是很多。

李：像这几种书虽然是明代的，但其实它里面有很早的渊源，有
很多至少是宋朝的东西。《道藏》中有一些应该是南北朝时期的文献。

吕：术数书是除了以前经常用的《开元占经》之外，另外像《武
经总要》《景祐乾象新书》等以前辑佚没有用到的文献，我们都会关注。

李：这实际上也就是对于中国古代典籍整理的一个示范性工程，
不单是在对象上和方法上有重要的意义，在思想史和文献学上都会有
很大的影响。

吕：最关键还是做出来的成果看看能不能符合大家的预期。

现代图情评论

第1辑

报告

杭州师范大学图书馆 2023 年度
文献资源建设分析报告 *

张凤鸣　郑碧敏　郑　惠　刘　璇　彭丽文

高校图书馆承担着开拓师生知识、文化、学术视野，服务学校教学、科研工作之重任。随着高校自身建设的深入，图书馆参与学科建设的功能日益彰显；而数字技术的高速发展，也在影响其自身资源形态与价值功能。由此，适时调整文献资源采访政策及模式、构建适应学校学科建设与发展的文献资源保障体系，成为现阶段高校图书馆文献资源建设的重要任务。

2021 年 7 月，杭州师范大学原图书馆与原学术期刊社合并成立"杭师大图书馆（学术期刊社）"[1]。2022 年，图书馆根据新的部门职能明确了自身的发展思路与功能定位，即以学校"十四五"发展规划为依据，服务学科，打造特色，努力形成融图书资料、学科发展、期刊出版于一体的发展新格局，通识型与研究型兼具、资源建设与信息服务并重、图书情报与期刊出版发展融合，并使图书馆总体上成为学校的学术资源中心、师生学习中心、信息服务中心、文化传承中心、期

---

* 张凤鸣、刘璇，杭州师范大学图书馆（学术期刊社）副研究馆员；郑碧敏、郑惠、彭丽文，杭州师范大学图书馆（学术期刊社）馆员。
1 简洁起见，以下仍称图书馆。

刊出版中心。基于此，厘定了文献资源建设的采访政策，具体如下：

1. 通识型与研究型并重。高校图书馆兼具保障通识教育与学术研究两种功能，因此图书馆的资源建设一方面需要保障本科教育阶段学生通识型文献资源的需求，补充、补强经典文献，另一方面又要保障学术研究所需的文献资源，为学校科研工作的开展提供文献资源保障。

2. 数字资源与纸质图书并重。其中理、工、农、医等学科以数字资源建设为主，所购数字资源要能够体现国内外重要学术期刊的最新研究成果；人文、社科类的基础性文献以数字资源建设为主，其最新学术研究成果则以纸质图书与期刊建设为主。

3. 以资源的内容、质量作为最重要的取舍标准。无论通识型还是学术型资源，都要首先考虑其内容、质量，在此前提下，统筹考虑教育部关于高等学校办学评估中的图书馆资源建设数量、增量等指标要求。

4. 关注出版时效。尤其是学术研究著作的采购，更要关注出版时间，力争将最新的优质学术资源购置到馆。

5. 加强作为研究型书库的特藏文献资源建设。杭州师范大学前身是成立于1908年的浙江官立两级师范学堂，在学校早期的办学历程中，马叙伦、沈钧儒、经亨颐、鲁迅、李叔同、夏丏尊、朱自清、叶圣陶等曾在校任教，培养出了诸如丰子恺、曹聚仁、汪静之、柔石（赵平福）、潘天寿、刘质平等一批优秀学生。图书馆的资源建设工作，要结合学校办学历史，通过访求购买、征集受赠、复制补藏等方式，着力收集师大先贤的图书著作与研究资料，并将其以主题书库的形式呈现出来，既展示学校办学积淀，同时也为相关学术研究提供主题性资源保障。

6. 推进纸电一体化建设。通过资源的纸电一体化建设，解决纸质图书购买复本少、流通不足等问题。

2023 年，杭师大图书馆的资源建设工作，就是在上述采选政策指导下展开进行的。本报告将分纸质文献资源建设和数字文献资源建设两个部分展开，主要以数据统计分析法，从经费、数量、结构、采购即年率（即当年采购当年出版的图书比例）、一级出版社覆盖率、好书榜单覆盖率、专家学者推荐书目覆盖率、特色资源建设、使用分析等方面，对我馆 2023 年度资源建设整体情况进行梳理、分析，以评估文献资源对学校教学科研、学科建设、师生阅读教育引导等方面的支持和保障效益，促进文献资源建设质量的不断提升。

一、纸质文献资源建设

（一）经费

2021—2023 年纸质文献（含中文图书、外文图书、中文报刊、外文报刊四类）采购总经费维持在 575 万—580 万元，分别为 2021 年 580.26 万元、2022 年 575.01 万元、2023 年 575.00 万元。

表 1　2021—2023 年纸质文献采购经费及分布

	2021	2022	2023
中文图书	454.75	449.20	438.64
外文图书	39.69	41.55	55.57
中文报刊	45.82	45.00	40.82
外文报刊	40.00	39.26	39.97
合计（万元）	580.26	575.01	575.00

由表 1 可见，学校近三年各类型纸质文献经费投入基本稳定。2023 年，中文图书采购经费占纸质文献采购总经费的 76.29%；外文图书采购经费从 2021 年的 6.84% 增至 2023 年的 9.66%；中文报刊采购经费略有下降，占 7.10%；外文报刊采购经费与往年基本持平，维持在 7.00% 左右。

（二）数量

据统计，近三年中文图书采购数量占比均在 95.00% 以上，外文图书采购数量占比 1.12%—1.83%，中文报刊采购数量占比 2.30%—2.68%，外文报刊采购数量占比在 0.10% 左右。

1. 中文图书

表2　2021—2023 年中文图书采购数量、复本率及均价

年度	数量（册）	复本率（倍）	均价（元／册）
2021	85,940	1.08	52.91
2022	77,597	1.23	57.89
2023	69,868	1.55	62.78

武汉卷藏发布的《2023 年馆配市场分析报告》显示，其采样的 1450 所图书馆 2023 年度参与馆配的图书均价为 63.10 元／册，较 2022 年增长 5.21%；高校馆配册数同比减少 3.86%。[1] 从表 2 可以看出，

1　《2023 年馆配市场分析报告发布》，搜狐网，2024 年 3 月 2 日，https://www.sohu.com/a/761395641_121418230。

2023年度我馆采购的图书均价与馆配市场均价基本一致。受采购政策偏重新书、学术著作，以及图书均价持续增高等影响，2022、2023年我馆中文图书采购数量均同比减少约10.00%。

2. 外文图书

图书馆订购外文图书以学科及学院师生荐购为主。2023年全年采购外文图书1337册，金额55.57万元，均价415.63元/册（详见表3）。2023年度我馆外文图书订购的经费和数量都略有增长，原因主要是师生荐购数量的增加。

表3　2021—2023年外文图书采购数量及均价

年度	数量（册）	均价（元/册）
2021	1210	328.02
2022	901	461.15
2023	1337	415.63

3. 中文报刊

2023年订购的中文期刊以CSSCI来源期刊目录（含扩展刊）和《中文核心期刊要目总览》为主，兼顾部分历史延续订购和读者推荐期刊。订购期刊内容涵盖我校各学科专业。三年来，中文期刊订购数量略有下降，但优质学术期刊的订购基本得到保障。

表4 2021—2023年中文报刊采购数量及均价

年度	数量（种）	均价（元/种）
2021	2056	222.86
2022	1980	227.27
2023	1960	208.27

4. 外文报刊

图书馆外文纸质期刊的采购，根据学院调研情况，并结合读者推荐确定，原则上仅订购无电子刊的外文期刊。

表5 2021—2023年外文报刊采购数量及均价

年度	数量（种）	均价（元/种）
2021	90	4444.44
2022	81	4846.91
2023	80	4996.25

（三）结构

根据《中国图书馆分类法》（第5版）分类，2023年采购纸质图书数量占比前五的分别为：文学16.42%，文化、科学、教育、体育13.51%，经济11.80%，历史、地理9.73%，政治、法律7.90%（如图1所示）。

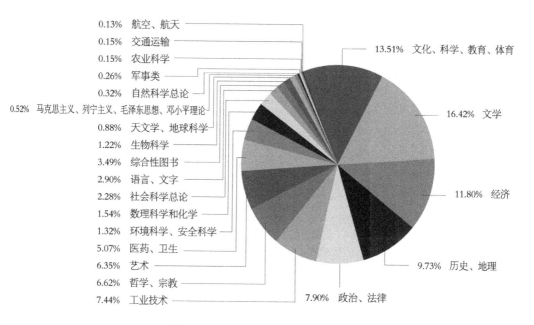

图 1　2023 年度所采纸质图书类别分布

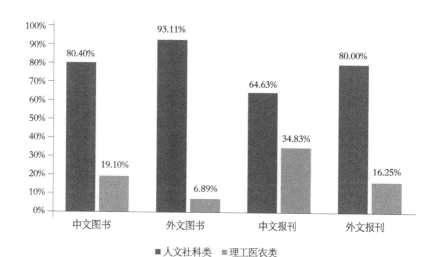

图 2　2023 年度纸质文献的学科类别分布

其中，2023 年新采购纸质文献中，人文社科类文献册数分别占：中文图书的 80.40%，外文图书的 93.11%，中文报刊的 64.63%，以及外文报刊的 80.00%（如图 2 所示）。[1]

由图 3 可知，近三年来我馆当年出版物采选比例逐年提高，尤其随着采选政策的进一步明确，当年出版中文图书采购品种占比从 2021 年的 39.04% 提高至 2023 年的 61.24%。相比武汉卷藏发布的数据——2023 年当年出版物馆配品种比例仅为 9.03%、前一年出版物为 14.27%——我馆纸质图书在出版时效上得到了较好的解决。

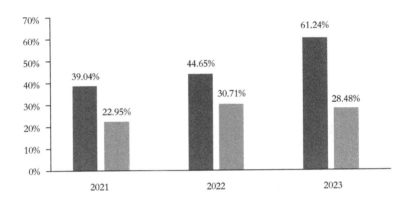

图 3　2021—2023 年所采中文纸质图书中当年及前一年出版图书比例

其中，2023 年度采购的中文图书中 2021、2022、2023 年出版的图书数量分别占 3.90%、28.61%、62.53%，近三年出版图书数量占全年中文图书采购数量的 95.04%（见图 4）。

1　《中国图书馆分类法》（第 5 版）中，A—K 类为人文社科类，N—X 类为理工农医类。

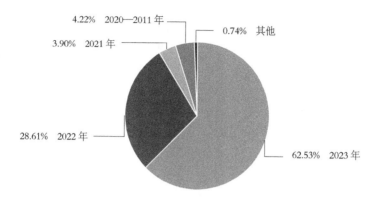

图 4　2023 年度所采中文纸质图书出版时间分布

（四）核心馆藏

1. 核心出版社图书

根据新闻出版总署 2009 年公布的"全国百佳图书出版单位"名单（一级出版社），2021—2023 年采购入藏书目中一级出版社的出版物占比由 36.33% 提升至 44.94%（见图 5）。

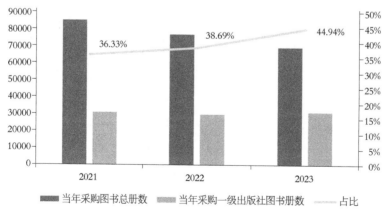

图 5　2021—2023 年一级出版社出版图书占当年采购图书比例

对比部分一级出版社 2023 年度出版图书书目，我馆订购图书种类占相应出版社全年出版总品种的 64.42%—86.79%（见图 6）。未采购的主要原因有：重印或再版、不符合我馆采购方针以及少量未掌握出版信息的图书。

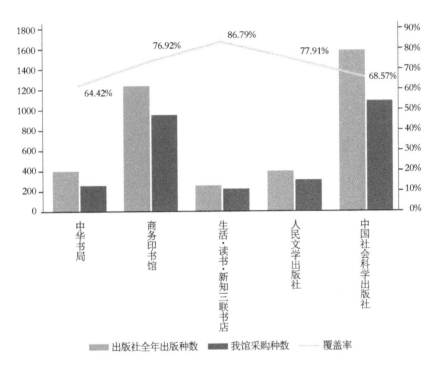

图 6　2023 年度部分国家一级出版社出版物采购覆盖率

2. 推荐图书

选取 2023 年度"文津图书奖""中华读书报月度好书榜"等部分好书榜单进行对比（剔除少儿出版物），我馆采选图书占比最低值 58.45%、最高值 99.27%，平均覆盖率 88.73%（如图 7 所示）。

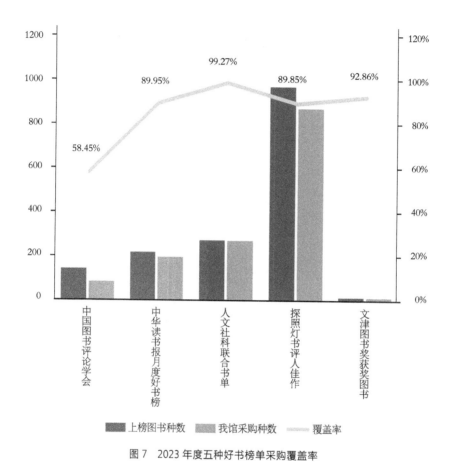

图 7　2023 年度五种好书榜单采购覆盖率

邀请 4 位学者（罗岗、王锐、宋希於、邵宁宁）开列年度好书（10—20 种），[1] 剔除重复书目后形成由 55 种书目构成的比照榜单，我馆未采购数量为 3 种，采购覆盖率 94.55%，详见表 6。

1　本书单由华东师范大学中文系罗岗教授、历史学系王锐副教授，后浪出版公司宋希於先生，以及杭州师范大学人文学院邵宁宁教授开列，特此致谢。

表 6　专家学者推荐年度好书书单覆盖情况

书名	作译者	出版社	出版时间	是否采购
太行山上：中国共产党太行根据地干部政治成长史	赵诺	浙江古籍出版社	2023	是
龙与狮的对话：翻译与马戛尔尼访华使团	王宏志	东方出版中心	2023	是
杂文的自觉：鲁迅文学的"第二次诞生"（1924—1927）	张旭东	生活·读书·新知三联书店	2023	是
两头不到岸：二十世纪初年中国的社会、政治和文化	杨国强	生活·读书·新知三联书店	2023	是
汪晖对话集：巨变中的世界 + 为未来而辩论	汪晖	上海人民出版社	2023	是
中文打字机：一个世纪的汉字突围史	墨磊宁著，张朋亮译	广西师范大学出版社	2023	是
凯列班与女巫：妇女、身体与原始积累	西尔维娅·费代里奇著，龚瑨译	上海三联书店	2023	是
绝对的资产阶级：1848 至 1851 年法国的艺术家与政治	T. J. 克拉克著，赵炎译	商务印书馆	2023	是
连线大脑里的黑格尔	斯拉沃热·齐泽克著，朱羽译	西北大学出版社	2023	是
怎么办?	路易·阿尔都塞著，陈越、王宁泊、张靖松译	西北大学出版社	2023	是

书名	作译者	出版社	出版时间	是否采购
国文的创生：清季文学教育与知识衍变	陆胤	社会科学文献出版社	2022	是
新名词与文化史	余来明、王杰泓主编	武汉大学出版社	2022	是
在中国发现批评史	蒋寅著，陈斐编	文化艺术出版社	2022	是
月蚀的七个半夜——散文集	杨炼	华东师范大学出版社	2020	是
《中国小说史略》校注	鲁迅著，陈平原、鲍国华编注	浙江人民出版社	2024	是
民歌集	约翰·戈特弗里德·赫尔德编著，庞文薇译	同济大学出版社	2023	否
张枣诗文集：1962—2010	张枣著，颜炼军编	四川文艺出版社	2021	是
恋恋红尘：明清江南的城市、欲望和生活	李孝悌	广西师范大学出版社	2022	是
巨流河	齐邦媛	生活·读书·新知三联书店	2016	是
抒情·人物·地方	陈国球	四川人民出版社	2021	是
杜甫：中国最伟大的诗人	洪业著，曾祥波译	上海古籍出版社	2020	是
从艾略特开始：美国现代诗14课	张曙光	广西师范大学出版社	2022	是
清末白话报刊与文学革命	张向东	中华书局	2022	是

续表

书名	作译者	出版社	出版时间	是否采购
中国建筑要素溯源：庭院、斗拱和藻井	谢景	清华大学出版社	2022	是
严家炎全集	严家炎	新星出版社	2021	是
繁花时节怀故人	罗孚著，高林编	生活·读书·新知三联书店	2020	是
刘师培文学思想及其文化语境	施秋香	社会科学文献出版社	2021	是
君臣之际：中国古代的政权与学术	祝总斌	北京大学出版社	2023	是
暴风雨中的中国：尾崎秀实文选	尾崎秀实著，赵京华编选，张秀阁、赵京华译	生活·读书·新知三联书店	2023	是
20世纪之怪物帝国主义（外一种）	幸德秋水著，赵京华编译	生活·读书·新知三联书店	2023	是
东汉时代的政治与社会	东晋次著，付晨晨、薛梦潇、刘莹译	上海古籍出版社	2023	否
建国以来毛泽东文稿	中共中央党史和文献研究院编	中央文献出版社	2023	是
毛泽东年谱	中共中央党史和文献研究院编	中央文献出版社	2023	是

书名	作译者	出版社	出版时间	是否采购
帝国的想象：文明、族群与未完成的共同体	梁展	生活·读书·新知三联书店	2023	是
中国现代学术编年	梅新林、俞樟华等编	华东师范大学出版社	2023	否
重商主义制度及其历史意义	古斯塔夫·冯·施穆勒著，威廉·阿什利英译，严鹏译注	东方出版中心	2023	是
马克斯·韦伯与德国政治：1890—1920	沃尔夫冈·J.蒙森著，阎克文译	南京大学出版社	2023	是
一百年，许多人，许多事：杨苡口述自传	杨苡口述，余斌撰写	译林出版社	2023	是
盐镇	易小荷	新星出版社	2023	是
我在北京送快递	胡安焉	湖南文艺出版社	2023	是
在东大和上野千鹤子学"吵架"	遥洋子著，吕灵芝译	北京联合出版公司	2023	是
那个苹果也很好：在巴黎学会自由	栾颖新	湖南文艺出版社	2023	是
我认识的唐朝诗人	陈尚君	中华书局	2023	是
森林如何思考：超越人类的人类学	爱德华·科恩著，毛竹译	上海文艺出版社	2023	是

续表

书名	作译者	出版社	出版时间	是否采购
现代科学的诞生	保罗·罗西著，张卜天译	商务印书馆	2023	是
无尽的玩笑	大卫·福斯特·华莱士著，俞冰夏译	上海人民出版社	2023	是
太白金星有点烦	马伯庸	湖南文艺出版社	2023	是
一个人的书籍设计史	宁成春编著	生活·读书·新知三联书店	2023	是
我是谁？：段义孚自传	段义孚著，志丞、刘苏译	上海书店出版社	2023	是
一个拣鲨鱼牙齿的男人：胡续冬诗选	胡续冬	北京联合出版公司	2023	是
季风之北，彩云之南：多民族融合的地方因素	杨斌著，韩翔中译	广西师范大学出版社	2023	是
豆子芝麻茶：和妈妈的最后絮叨	杨本芬	广东人民出版社	2023	是
南史（点校本二十四史修订本）	李延寿	中华书局	2023	是
门阀时代：魏晋南北朝的政治与制度	祝总斌	北京大学出版社	2023	是
平乐县志	颜歌	上海三联书店	2023	是

3. 核心期刊

订购中文期刊主要来自 CSSCI 来源期刊目录（含扩展版）、《中文核心期刊要目总览》、中国科学引文数据库来源期刊、中国人民大学复印报刊资料。如表 7 所示，CSSCI 来源期刊目录（含扩展版）（2021—2022）共有 844 种，我馆除台版、内刊外全部订购；《中文核心期刊要目总览》（2020）共收录期刊 1990 种，我馆订购近 1200 种，其中文科除内刊外全部订购，理科订购 437 种。

表 7　2022—2024 年中文期刊采购情况（单位：种）

年度	订购期刊总数量	CSSCI 来源期刊目录（含扩展版）	中文核心期刊要目总览	中国科学引文来源期刊	中国人民大学复印报刊资料
2022	1945	810	1135	402	121
2023	1864	810	1183	460	128
2024	1852	808	1182	459	128

4. 学科支撑图书

提取我校教学大纲课程所列参考图书 12,163 种，根据馆藏进行匹配，45.87% 的参考图书有电子馆藏，54.03% 的参考图书有纸质馆藏，综合教学所需图书中有馆藏支持的图书占比为 55.87%（见表 8）。

表 8　教学大纲参考图书馆藏数量（单位：种）[1]

教学大纲参考图书总量	馆藏电子书	馆藏纸质图书	纸电皆有
12,163	5579	6572	5356

---

[1] 教学大纲由学校教务处提供。

（五）特色馆藏

有学者对 27 个省（市、区）的 169 所高校进行了问卷调查，结果显示，61% 的回收问卷认为缺乏特色馆藏是文献信息资源保障面临的主要问题之一，推动特色馆藏建设是图书馆彰显文献实力、学术地位，避免文献同质化的重点与难点。[1] 2022—2023 年，我馆着力推进以"师大先贤书库"为主的特色馆藏建设，从文献角度展现我校从创校伊始以来的各位"大先生"，发挥特色馆藏文化育人、促进学术研究的功能。

"师大先贤书库"共整理我校早期校长及名师 24 人、校史相关人物 22 人，以应收尽收原则，采购、整理、征集他们的个人著作及研究文献。2022 年 10 月开放时已建设图书 6000 余册。2022—2023 年间，通过访求购买、征集受赠、复制补藏等方式拓宽收集渠道，采购民国前出版的二手书 100 余册，补充民国书库图书近 2000 册。

（六）纸电一体化率

近年来，随着新增数据库数量的增加，馆藏电子书数量也持续增加，尤其是 2022 年新购畅想之星电子书 1.76 万种，2023 年新购京东读书、全国报刊索引·中国近代图书库等中文电子书 34.35 万种及 Literature Online 数据库外文电子书 1.41 万种。详细情况见表 9。

1　高冰洁、姚晓霞，《高校图书馆文献信息资源保障体系发展的机遇、挑战与思考》，《图书情报工作》，2024 年第 6 期。

表 9 2021—2023 年馆藏中外文电子书总量及增量（单位：种）

	2021	2022	2023
总量	3,263,093	3,280,731	3,638,370
增量	2185	17,638	357,639

为保证有限经费内可用图书种类的增加，外文图书原则上在纸、电载体中仅确保购买其中一种；中文电子图书在扩充数量的基础上，积极推进新出版纸质图书的电子版配置工作，努力实现资源的纸电同步建设目标，缓解纸质图书复本不足的问题。但目前看来，这一层面的纸电一体化程度还极低下，经统计，2022—2023 年新购馆藏纸本图书中有电子全文的种类比例仅为 0.28%、3.26%（参见表 10）。

表 10 2021—2023 年新购馆藏纸质书有电子全文的数量（单位：种）

	2021	2022	2023
有电子全文的图书数量	0	190	1501

（七）使用情况

对比采购经费投入和图书借阅量得出图书使用成本，是评估馆藏绩效的重要方法。近三年，纸质图书外借量持续减少，2023 年（79,082 册）同比 2021 年（105,132 册）外借量减少 24.78%。以中文纸质图书为例，单册使用成本增幅高于单册采购成本，单册图书使用成本略低于采购成本（见表 11）。

表 11　2021—2023 年中文纸质图书使用成本

年度	采购总经费 （万元）	外借量（册）	单册使用成本 （元／册）	采购均价 （元／册）
2021	454.75	104,614	43.47	52.91
2022	449.20	100,095	44.88	57.89
2023	438.64	78,708	55.73	62.78

如图 8 显示，2023 年度纸质图书外借量（册）前五的为：文学类（33.77%），文化、科学、教育、体育类（10.92%），哲学、宗教类（7.75%），历史、地理类（7.26%），语言、文字（6.98%）。

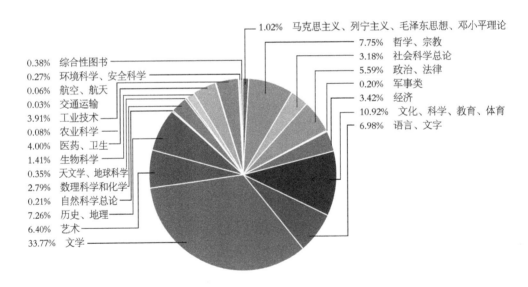

图 8　2023 年度外借纸质图书类别分布

二、数字资源文献建设

（一）经费

数字资源建设经费从 2021 年的 1452.46 万元增至 2023 年的 2594.18 万元，数字资源经费占资源建设经费总额的比例逐年上升，2023 年达到 81.86%（见表 12）。

表 12　2021—2023 年数字资源采购经费及占比

年度	经费（万元）	占比（%）
2021	1452.46	71.45
2022	2022.20	77.86
2023	2594.18	81.86

（二）数量

我馆在优化数字馆藏资源整体布局、保障全校学科均衡发展的基础上，加强重点学科及交叉学科建设的保障工作。如表 13 所示，中外文数据库从 2021 年的 107 个增至 2023 年的 120 个（含自建库 3 个、软件 3 种），电子图书达到 378.43 万种、电子期刊近 11 万种。

表 13　2021—2023 年数字资源数量（单位：个）

	2021	2022	2023
数字资源数量	107	110	120

为方便比较分析，将数字资源分为五类：电子期刊库（含报纸等）、电子图书库（含学位论文）、文摘型数据库、多媒体库，以及软件类。从资源类型来看，我馆数字资源类型分布较为均衡（见表14）。

表14　2023年度各类型数字资源数量

资源类型	资源数量（个）
电子图书库（含学位论文）	25
电子期刊库（含报纸等）	57
多媒体库	15
文摘型数据库	20
软件类	3
合计	120

（三）结构

从资源所属学科来看（如表15所示），我馆数字资源内容覆盖了学校各个学科或专业。

表15　2023年度数字资源学科分布[1]

所属学科	资源数量（个）
经济学	2
法学	3
教育学	2

1　数字资源"所属学科"一列结合教育部《学位授予和人才培养学科目录》和我校学院设置。

所属学科		资源数量（个）
文学、历史学		14
理学、工学、农学	数学、信息	3
	物理	4
	化学	3
	生物	4
医学		11
管理学		2
艺术学		6
综合		66
合计		120

（四）核心数据库

2021—2023 年，我馆数字资源建设经费持续增长，新增数字资源主要用于保障学校"双一流"主干学科和支撑学科的科研需求。尤其是 2023 年进一步完善了 2024 年数字资源采购计划，图书馆数据库总数将从 120 个增至 156 个，新增数据库主要为学校"双一流"分子手性与生物医药交叉学科及教育学交叉学科资源。新增数据库提高了我馆数字资源的质量和数量，实现国际顶级期刊 *Cell*、*Nature*、*Science*、*PNAS* 主刊和子刊全订购；实现 *JAMA*、*BMJ*、*NEJM*、*Lancet* 四大顶级医学期刊全订购；实现综合性数据库 ScienceDirect、Springer、Wiley、Sage、Taylor & Francis Online、中国知网、超星、维普等全订购。

（五）使用情况

数字资源的使用量指用户通过登录、浏览、检索、下载等方式利用数字资源的统计信息。这些统计信息目前主要从数据库出版商或服务提供商处获取，镜像数据库则从本校服务器端统计功能获取。2023年，我馆数字资源全文下载量和检索量浮动较大。除文摘型数据库外，中文数据库使用量最高依次为中国知识资源总库、中国基本古籍库、超星期刊、读秀学术搜索、同花顺iFinD金融数据库，外文数据库下载量最高依次为SciencDirect、Springer、Nature、Wiley、ACS（美国化学学会）等期刊数据库。

1. 使用总量

如表16所示，我馆数字资源使用上电脑端仍占优势地位，电脑端的使用量从2021年的2636余万下降至2022年的2258余万，2023年同比略有回升，相比上年增长14.31%。移动端访问量则呈逐年上升趋势，且增幅不断提升，2023年增长率达27.57%。[1]

表16　2021—2023年数字资源使用量（单位：次）

年度	电脑端	移动端
2021	26,364,817	7,280,147
2022	22,585,364	8,511,411
2023	25,816,302	10,857,683

1　电脑端使用量为全文库下载量、多媒体库点播量和文摘型数据库检索量，移动端访问量则指超星公司的App的移动图书馆或学习通数据。

2. 电子期刊库（含报纸等）

近三年中外文电子期刊库全文下载量均继续呈上升趋势，相比中文电子期刊库下载量趋于稳定，外文电子期刊库却涨势良好，其2023年全文下载量相比2022年增长了43.09%（如图9所示）。此外，2023年中文电子期刊库全文下载量是外文库的3.88倍，2022年是5.55倍。可见中外文期刊全文下载量的差距在逐渐缩小，用户使用外文期刊的意愿逐年增加。

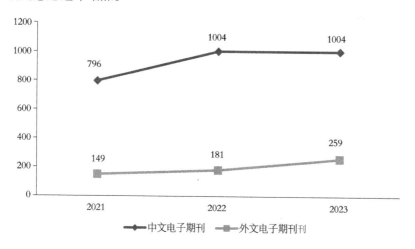

图9　2021—2023年中外文电子期刊全文下载量（单位：万篇）

3. 电子图书库（含学位论文）

图10显示，2023年，中文电子图书库（含学位论文）使用量明显高于往年，同比2021年增加13.32%；外文电子图书库（含学位论文）使用量相比2022年下降3.07%，但高于以往其他年度，同比2021年增加了6.10%；中文电子图书库使用量是外文电子图书库的51.81倍（2022年为39.32倍）。

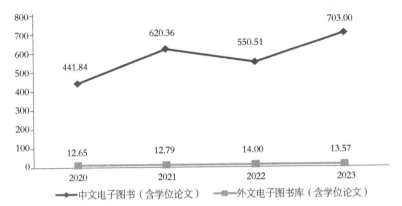

图 10　2020—2023 年中外文电子图书库（含学位论文）使用量（单位：万种 / 页 / 次）

　　对中文电子书馆藏数字化平台使用量分析，发现读者使用较多的电子书为人文社科类图书（如表 17 所示）。

表 17　2023 年度馆藏数字化平台电子书使用量前十的分类及占比

排名	学科分类（按中图法）	占比（%）
1	文化、科学、教育、体育	21.6
2	哲学、宗教	15.6
3	历史、地理	12.3
4	文学	12.1
5	政治、法律	7.5
6	语言、文字	6.6
7	艺术	5.9
8	工业技术	3.3
9	社会科学总论	3.1
10	医药、卫生	2.6

4. 大型综合性学科全文数据库

大型综合学科中文数据库使用中，中国知网的使用量在 2023 年同比下降 2.96%，但仍高于 2021 年及之前年份；中国基本古籍库的使用量 2023 年相比 2022 年有所回升；超星期刊的使用量近两年增长较快，2023 年同比 2022 年增长了 33.63%；超星电子书使用量整体平稳；维普资讯中文科技期刊的下载量近三年也基本保持稳定（如图 11 所示）。

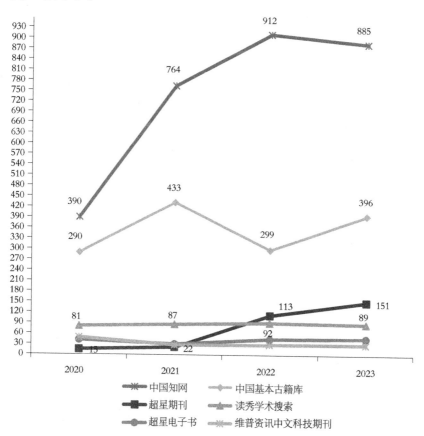

图 11 2020—2023 年大型综合学科中文数据库使用量（单位：万篇 / 种 / 页 / 次）

2023 年，大型综合学科外文期刊数据库使用量基本呈增长趋势，其中 Nature 下载量同比增幅最大，达 231.50%。其他，ScienceDirect、Springer 的下载量增幅分别达到 20.86%、152.07%（如图 12 所示）。

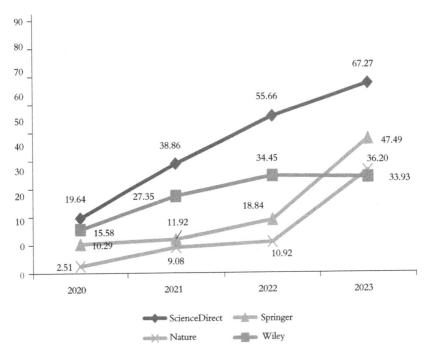

图 12　2020—2023 年大型综合学科外文期刊数据库使用量（单位：万篇）

5. 文摘型数据库

文摘型数据库的建设力度逐步加大，继 2021 年新增 Engineering Village 和 Web of Science 平台的 ESI、InCites 数据库之后，2022 年新增超星发现系统，2023 年底又新增 Web of Science 平台的 Inspec、CSCD（Chinese Science Citation Database）数据库和 ProQuest 平台的 Biological Science Collection、Agricultural & Environmental Science

Collection、Literature Online、Social Science Premium Collection数据库。[1] 截至 2023 年，文摘型数据库已占数字资源总量的 16.67%。

文摘型数据库检索量 2023 年比 2022 年增长 55.13%（2023 年新增库未计入），如图 13 所示，CAS SciFinder、CSSCI 的检索量持续上升，MLA International Bibliography、Engineering Village 和 MathSciNet 检索量小幅稳步上升。Web of Science 平台的 InCites、ESI 和 JCR 的检索量有明显下降，[2] 但同平台的 SCI、SSCI、A&HCI 检索量 2023 年达 137.05 万次，比 2022 年提升了 62%。

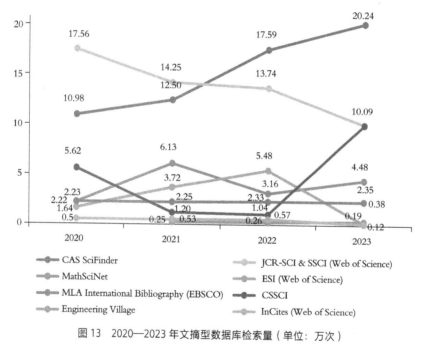

图 13　2020—2023 年文摘型数据库检索量（单位：万次）

1　ProQuest 平台的几个数据库主要为文摘但提供部分全文。

2　数据库商解释用量下降的主要原因为用量追踪方式的更新和统计口径的变化，以及在 4—5 月有约 30%—65% 的数据丢失。

（六）使用效果评估

2023年，除软件、新增库及无统计数据的库外的100个馆藏数据库中，有57个数据库使用量高于上一年度，42个数据库使用量低于上一年度，1个数据库的访问量持平。总体来说，数字资源的使用情况仍然在向好的趋势发展。数字资源的使用绩效一方面体现在为师生提供的教学支持上，另一方面体现在我校的科研产出上。

通过在中国知网学术期刊数据库中检索2021—2023年间以"杭州师范大学"为单位发表的研究论文和综述，以及在Web of Science平台检索2021—2023年间以"杭州师范大学"为单位发表的SCI、SSCI、A&HCI论文，发现近年来发文总量呈快速上升趋势（见图14）。[1]

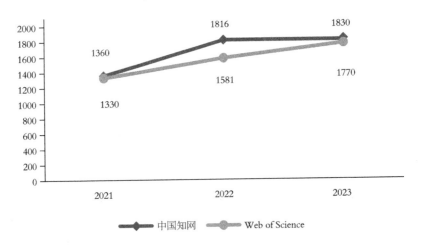

图14　2021—2023年杭师大在中国知网及Web of Science平台
SCI、SSCI、A&HCI的发文总量（单位：篇）

1　2024年4月29日检索所得。

检索我校 ESI 排名，如表 18 所示，虽然进入 ESI 排名的机构越来越多，但同期我校 ESI 排名逐年上升，且上升趋势明显。其中 2024 年 3 月的 ESI 名单中，全球共 9228 个学术机构入围，杭师大位列第 1305，比 2023 年同期上升 46 位。

表 18　2019—2024 年杭师大 ESI 排名

	2019	2020	2021	2022	2023	2024
杭师大排名	1626	1532	1468	1414	1351	1305
入围高校及机构总数	6009	6581	7261	7884	8557	9228

以上我校发文及科研影响力情况，侧面说明了我馆数字资源建设在保障教学、科研方面所发挥的作用。

三、文献资源建设的几点思考

（一）2023 年度我馆文献资源建设总体趋势

1. 文献资源数字化建设增速明显。世界一流大学均高度重视数字化馆藏建设，麻省理工学院图书馆 2018 年用于购买数字资源的预算已经接近 90%，剑桥大学、芝加哥大学等在馆藏规划中也优先考虑数字化馆藏。[1] 近几年，我校加大资源建设力度，所增经费主要集中在

1　孔令芳、田稷、韩子静等，《世界一流大学图书馆馆藏发展趋势研究》，《图书馆杂志》，2021 年第 6 期。

数字资源建设方面，截至 2023 年，我馆数字资源建设经费投入达到 2594.18 万元，与 2021 年相比提高 78.61%，已占资源建设经费总额的 81.86%。

2. 纸质图书采购逐渐形成"以我为主"的态势。在图书馆现有采购体系下，馆配仍是图书采购的主要渠道。这当然为图书馆的资源建设带来许多便利，但同时存在的问题是，当图书馆长期以来依靠馆配商提供的书目进行采购时，图书馆资源建设工作的主体性就在一定程度上被削弱了，书目质量也未能得到有效保障。此外，馆配市场发展、行业竞争及招标采购政策等因素的影响导致了低价中标、馆配商提供图书品种质量不高、书目更新滞后等现象，造成了低价中标和质量、价格、数量之间的矛盾。据《浙江新华近 3 年馆配品种简析》，各图书馆在采购均价上呈现"双一流高校 > 本科院校 > 公共馆"，在复本上呈现"公共馆 > 本科院校 > 双一流高校"的情况。图书馆在追求高质量图书、低复本率的同时，由于低价中标的馆配商利润空间进一步被压缩，其供书能力、服务质量、到货率都难令图书馆满意。最近《世上为什么要有图书馆》一书在阅读界走红，一定程度上反映了其中存在的矛盾。2023 年，我馆通过明确本馆资源需求、关注重点出版社的新出书目、各类好书榜单、专家学者好书推荐以及读者荐购等途径，在通识性、学术性及图书出版即年率等采访指标下，纸质图书采购的主体性有所回升。这在一定程度上规避了单一依赖馆配书目采购的弊端，也在一定程度上提升了纸质图书的采购质量。

3. 特色馆藏文献建设成效明显。"师大先贤书库"已经成为杭师大图书馆（学术期刊社）的形象窗口，彰显了我校办学精神和文化传承，通过举办展览、讲座等方式，进一步融入校园文化建设，在立德树人、文化育人方面产生积极作用。因受相关专题图书出版规模的限制，特色书库建成后的文献增补量减少，后期将在数字化文献、专题数据库上着力。

4.纸电一体化推进不力。高校图书馆纸电一体化建设工作应该包含两个层面：一是指纸质图书与电子图书的建设同步推进，两者同等重要；二是指图书馆在购置纸质图书的同时，加购电子版。其中在第一个层面纸质书与电子书不要求一一对应，电子化的程度主要取决于数量，因而其工作相对容易推进；但第二个层面的工作是从单本图书的角度，要求纸电两种介质的资源同体推进，其工作难度就大大增加。近三年来，我馆至少在这个层面上纸电一体化率总体仍处极低水平，虽然 2023 年比 2022 年增加 1311 种。

（二）资源建设的几点思考

基于以上现状，在实际工作过程中，我们也形成以下一些思考，供图书馆界同人参考。

1.文献资源建设数量和质量的平衡问题

根据教育部《普通高等学校基本办学条件指标（试行）》文件，各类普通高等学校基本办学条件"合格"的指标要求，成为各高等学校图书馆资源建设的指挥棒。其中规定综合、师范、民族院校的本科学校生均图书须达 100 册，生均年进书量达 4 册，并备注"凡折合在校生超过 30,000 人的高校，当年进书量超过 9 万册，该项指标即为合格"。2021 年，教育部《普通高等学校本科教育教学审核评估实施方案（2021—2025 年）》发布，指出各类定量指标的测算按照《中国教育监测与评价统计指标体系（2020 年版）》执行，后者在生均图书测算时使用的"图书资源总量"包括了"数字资源量"，即允许"数字资源折合后计入图书资源总量，且所占比例最高不超过图书资源总量的 40%"。这虽然在一定程度上缓解了图书采购的数量压力，但对高校图书馆来说，相关的数字要求仍然"压力山大"。

由此，在采购经费有限的前提下，高校图书馆是优先考虑采购图书数量以达标，还是优先考虑图书质量以真正实现资源对于教学科研的保障，仍然是一个需要谨慎处理的问题。2023 年，在图书质量优先的采购政策下，我馆的图书采购数量有所下降，中文图书从 2021 年的 85,940 册减至 69,868 册，降幅达 18.70%；但 9 万册的增量要求，仍然是我们的核心关注之一，我们通过接受捐赠图书、学院部门购书、期刊合订及旧书回溯等方式，弥补了 2 万余册图书的达标缺口。然而图书捐赠、旧书回溯等途径都有相当的不确定性，因此，如何在政策上、机制上实现高校图书馆纸质图书采购在数量和质量上的平衡，还需要教育主管部门、学校、图书馆在文献资源建设的政策规划上达成共识。我们的建议是，高校图书馆在藏书总量达到一定规模以后，可以不再对其进行年度增量和生均增量的评估考核。

2. 资源采购的质量保障问题

根据《2022 年中国高校图书馆基本统计数据分析》，当前高校图书馆普遍存在工作人员减少、队伍老龄化问题。[1] 不仅如此，由于图书馆馆员队伍中一直存在的结构性偏差，高校图书馆还面临专业人员不

---

1 吴汉华、王波，《2022 年中国高校图书馆基本统计数据分析》，《大学图书馆学报》，2023 年第 6 期。

足的问题。这里所说的"专业人员",不仅仅是指图书情报方面的专业人员,也是在指各学科的专业人员。一个典型的例子是,学科馆员的概念以前一度受到图书馆界的关注,但受制于当下高校图书馆的人员数量与结构,这一呼声已渐趋消淡。事实上,即便是在人员相对充裕的时代,图书馆要为每个学科配置学科馆员,以相对专业的学科素养来保障图书馆资源建设的专业性,又谈何容易。

这样,一个必然的问题就是,在图书馆学科专业人员紧缺的前提下,如何保障其所采选资源的学术质量,以及其所选购的资源对我校学科发展而言是有其针对性与有效性的。2023 年,虽然我们通过开展必读书目征集、走访学院、向全校师生发放数字资源建设问卷,以及比照北大、清华、北师大、复旦、华东师大、浙大等高校数字资源采购情况等途径,试图提升资源采购的质量与有效性,但毋庸讳言,在这个问题上,我们仍显底气不足。这不仅仅是一个众口难调的问题,更牵涉图书馆对本校学科布局、发展、现状等诸多问题的理解,具有复杂性和系统性。将来,依赖于技术的进步,我们或许可以真正加强师生个体和图书馆采购工作的融合,在一定程度上弱化此类问题,但这不但需要新的技术与新的采购机制,而且仍然建立在图书馆对本校学术、学科发展的理解能力之上。这就意味着,在一个可以预期的时期内,图书馆都将长期面临自身专业学术能力不足与图书馆资源专业性保障之间的矛盾。以目前的条件而言,解决这一问题的办法可能是,图书馆需要秉持一种开放的理念,不但是在资源采购的权限上向更多的师生开放,提供一种更为便捷的采购渠道,而且需要培养一支具有学科兼容性的图书采访队伍。

3. 纸电资源的协同发展问题

纸电一体话题虽然提出已久，并为高校图书馆界所关注，但实际进展缓慢。存在的主要问题有：（1）馆配市场以传统纸书为主，纸电同步模式无法突破。（2）整库购买的电子书数据库中，新的高质量学术书较少、畅销书少，大部分图书使用率低。（3）电子书分散在众多不同平台中，很难同平台畅通使用。

基于此种现状，图书馆的纸电一体化建设，一方面需要加强与相关企业、平台的合作，利用各种社会力量的中央数据平台，加大纸电一体化建设的力度；另一方面，也需要积极将本馆资源数字化，建设起本馆馆藏资源的纸电一体化体系。在此基础上，还要利用数字化建设项目的机会，打造一个馆内的数字运行平台，将分散在各个数据库上的电子资源，整合到一个统一平台检索与使用。在这个问题上，图书馆不能被动地等待电子资源馆配平台的建设与完善。

4. 资源使用率的提升问题

高校图书馆资源建设的根本任务是为教学、科研服务，资源使用率因此也必然成为图书馆资源建设工作所必须考虑的重要一环。然而，目前大多数高校图书馆普遍存在资源利用率不高的问题。根据 2022 年 1363 所高校图书馆基本业务统计数据，图书馆资源利用率较上年度降低，馆均书刊外借量仅 4.2 万册。[1] 2022 年，我馆图书外借量 100,765 册，但人均外借量仅 3.3 册，借书学生也仅占全校学生的 32.9%。数字资源的利用率虽然有所提升，但使用增量也还不及经费增量。正是这样，

---

1 吴汉华、王波，《2022 年中国高校图书馆基本统计数据分析》，《大学图书馆学报》，2023 年第 6 期。

报告

如何提升图书资源的使用效率，仍然是高校图书馆所面临的一大问题。其中的原因颇为复杂，但从图书馆的方面考虑，不断优化学术资源的可用性，提升资源的揭示度则是必然的方向。我们需要通过优化资源配置、加强资源推介、推进学科聚合等服务，以及不断优化数字资源使用环境，搭建统一平台，畅通校内外登录，通过与教务处选课系统、科研系统对接等途径，主动匹配和发送个人教参图书，建设个人书房，提升读者的使用体验，进而提升资源的使用效率。

文献资源建设是图书馆的立馆之本。只有馆藏文献资源质量、开放环境和读者需求、使用意愿相符合，图书馆海量的文献资源利用率、对教学科研的支撑能力才得以提升，资源建设的价值也才能真正体现。

图书在版编目（CIP）数据

现代图情评论 . 第 1 辑 / 朱晓江主编 . -- 北京 : 商
务印书馆，2024. -- ISBN 978-7-100-24534-0
　I.G250
中国国家版本馆 CIP 数据核字第 20243TH832 号

现代图情评论

第 1 辑

朱晓江　主编

商 务 印 书 馆 出 版
（北京王府井大街 36 号　邮政编码 100710）
商 务 印 书 馆 发 行
北京虎彩文化传播有限公司印刷
ISBN　978-7-100-24534-0

2024 年 11 月第 1 版　　　　开本 700×1000　1/16
2024 年 11 月第 1 次印刷　　印张 20¾

定价：128.00 元